Schöningh

EinFach Deutsch
Unterrichtsmodell

Joseph Roth

Hiob

Von
Melanie Prenting

Herausgegeben von
Johannes Diekhans

Baustein 4: Heimat und Fremde (S. 69–88 im Modell)

4.1	Was ist Heimat?	S. 29–30 S. 41–43 S. 52–54 Anhang der Textausgabe S. 216–217	Schreibauftrag Textarbeit Tafelskizze Arbeitsblätter 21–23
4.2	Gründe für die Auswanderung	Erster Teil des Romans Anhang der Textausgabe S. 174–189	Textarbeit Präsentation Tafelskizze Arbeitsblätter 24–27
4.3	Amerika als gelobtes Land?	S. 88–92 S. 105–107	Textarbeit Schreibauftrag Tafelskizze Arbeitsblätter 28–30 Zusatzmaterial 7

Baustein 5: Autor und Erzähler (S. 89–112 im Modell)

5.1	Biografische Bezüge	gesamter Roman Anhang der Textausgabe S. 157–167	Textarbeit Tafelskizze Kurzreferate
5.2	Epochenzuordnung: Schluss mit der Neuen Sachlichkeit	gesamter Roman	Schreibauftrag Textarbeit Tafelskizze Arbeitsblätter 31–35
5.3	Zur Erzählweise des Romans	gesamter Roman	Textarbeit Tafelskizze Arbeitsblätter 36–38 Zusatzmaterial 7
5.4	Wirkungsgeschichtliche Aspekte	gesamter Roman	Textarbeit Schreibauftrag Arbeitsblätter 39–40 Zusatzmaterial 11

Baustein 6: Schicksal, Leiden, Theodizee (S. 113–136 im Modell)

6.1	Das Leid in der Welt		Schreibauftrag Textarbeit Arbeitsblätter 41–42
6.2	Versuche der Rechtfertigung Gottes	S. 115–125	Textarbeit Schreibauftrag Tafelskizze Arbeitsblätter 43–48
6.3	Der Mensch und das Leid	gesamter Roman	Textarbeit Tafelskizze szenisches Spiel Arbeitsblätter 49–52 Zusatzmaterialien 8–10

Baustein 7: Das Hiobmotiv in der Literatur und in der Kunst (S. 137–152 im Modell)

7.1	Das Hiobmotiv in der Literatur	Anhang der Textausgabe, S. 218–224	Arbeitsblätter 53–56 Textarbeit interpretierendes Sprechen Schreibauftrag
7.2	Aufbereitung des Romanstoffs für Bühne und Film	gesamter Roman	Textarbeit Film Arbeitsblätter 57–59
7.3	Künstlerische Umsetzungen des Hiobmotivs	Anhang der Textausgabe, S. 214–215	Arbeit mit Bildern Gestaltungsaufgabe Arbeitsblätter 60–61

Hiob

Baustein 1: Einstiege in die Arbeit mit dem Roman (S. 19–30 im Modell)			
1.1	Hiobsbotschaft	ges. Roman	Textarbeit Arbeitsblätter 1–2
1.2	Austausch von Leseeindrücken und ersten Deutungshypothesen	ges. Roman	Aufstellen Begriffe finden
1.3	Buchcover als Interpretation	ges. Roman	Gestaltungsauftrag szenisches Spiel Schreibauftrag Arbeitsblätter 3
1.4	Sicherung eines globalen Textverständnisses	ges. Roman	Skizze Arbeitsblätter 4–5
1.5	Der Romananfang	S. 5–7 Anhang der Textausgabe S. 212	Textarbeit Tafelskizze Arbeitsblatt 6

Baustein 2: Mendel Singer (S. 31–48 im Modell)			
2.1	Mendel Singer – ein ganz alltäglicher Jude	gesamter Roman Anhang der Textausgabe S. 195–197	Textarbeit Schreibauftrag Tafelskizze Arbeitsblätter 7–10 Zusatzmaterial 1
2.2	Mendel und Deborah	S. 6–7 S. 18–20 S. 30–31 S. 90–91 S. 98, S. 102, S. 111	Textarbeit Schreibauftrag Tafelskizze Arbeitsblätter 11–12
2.3	Mendel und sein Gottesglaube	S. 55–56 S. 119–125 S. 129–130 Anhang der Textausgabe, S. 197–200	Textarbeit Kurzreferate Schreibauftrag Tafelskizze Arbeitsblatt 13 Zusatzmaterial 2

Baustein 3: Die Familie Singer (S. 49–68 im Modell)			
3.1	Deborah als Frau und Mutter	S. 13–15 S. 30–31 S. 72–74	line up szenisches Spiel Textarbeit Schreibauftrag Tafelskizze Arbeitsblätter 14–16 Zusatzmaterialien 3–5
3.2	Die drei gesunden Kinder	S. 30 gesamter Roman	interpretierendes Sprechen Textarbeit Arbeitsblätter 17–18
3.3	Menuchim	S. 18 S. 145–148 gesamter Roman	Textarbeit Skizze Tafelskizze Arbeitsblätter 19–20 Zusatzmaterial 6

Bildnachweis:

S. 9: Foto: Andreas Hartmann – **S. 27 v. o. li. n. u. re.:** marixverlag GmbH, Wiesbaden 2010, Deutscher Taschenbuch Verlag, Schöningh Verlag, Diogenes Verlag, Verlag Kiepenheuer & Witsch, Mono Verlag, Hamburger Lesehefte Verlag, Nr. 225 – **S. 45:** © picture-alliance/Christian Fürst – **S. 78:** © picture-alliance/Uwe Anspach – **S. 85:** akg-images GmbH – **S. 87:** © picture-alliance/dpa – **S. 120:** © vario images – S. 122: © Kitty Kahane – **S. 147:** © picture-alliance/dpa – **S. 149:** © Andreas Pohlmann – **S. 150:** © Filmarchiv Austria/Hoanzl – **S. 151 li.:** © VG Bild-Kunst, Bonn 2012; re.: © VG Bild-Kunst, Bonn 2012/akg-images/Erich Lessing – **S. 152 (alle):** http://www.uni-leipzig.de/~ru/hilfe/copy.htm

Sollte trotz aller Bemühungen um korrekte Urheberangaben ein Irrtum unterlaufen sein, bitten wir darum, sich mit dem Verlag in Verbindung zu setzen, damit wir eventuell notwendige Korrekturen vornehmen können.

www.schoeningh-schulbuch.de
Schöningh Verlag, Jühenplatz 1–3, 33098 Paderborn

Druck 5 4 3 2 1 / Jahr 2016 15 14 13 12
Die letzte Zahl bezeichnet das Jahr dieses Druckes.

Umschlaggestaltung: Jennifer Kirchhof
Druck und Bindung: westermann druck GmbH, Braunschweig

ISBN 978-3-14-022556-4

Vorwort

Der vorliegende Band ist Teil einer Reihe, die Lehrerinnen und Lehrern erprobte und an den Bedürfnissen der Schulpraxis orientierte Unterrichtsmodelle zu ausgewählten Ganzschriften und weiteren relevanten Themen des Faches Deutsch bietet.
Im Mittelpunkt der Modelle stehen Bausteine, die jeweils thematische Schwerpunkte mit entsprechenden Untergliederungen beinhalten.
In übersichtlich gestalteter Form erhält der Benutzer/die Benutzerin zunächst einen Überblick zu den im Modell ausführlich behandelten Bausteinen.

Es folgen:

- Hinweise zu den Handlungsträgern
- Zusammenfassung des Inhalts und der Handlungsstruktur
- Vorüberlegungen zum Einsatz des Romans im Unterricht
- Hinweise zur Konzeption des Modells
- Ausführliche Darstellung der einzelnen Bausteine
- Zusatzmaterialien

Ein besonderes Merkmal der Unterrichtsmodelle ist die Praxisorientierung. Enthalten sind kopierfähige Arbeitsblätter, Vorschläge für Klassen- und Kursarbeiten, Tafelbilder, konkrete Arbeitsaufträge, Projektvorschläge. Handlungsorientierte Methoden sind in gleicher Weise berücksichtigt wie eher traditionelle Verfahren der Texterschließung und -bearbeitung.
Das Bausteinprinzip ermöglicht es dabei den Benutzern, Unterrichtsreihen in unterschiedlicher Weise und mit unterschiedlichen thematischen Akzentuierungen zu konzipieren. Auf diese Weise erleichtern die Modelle die Unterrichtsvorbereitung und tragen zu einer Entlastung der Benutzer bei.

Das vorliegende Modell bezieht sich auf folgende Textausgabe:
Joseph Roth: Hiob. Paderborn: Schöningh Verlag 2012 (EinFach Deutsch Textausgabe). ISBN: 978-3-14-022555-7

Arbeitsfrage

Einzelarbeit

Partnerarbeit

Gruppenarbeit

Unterrichtsgespräch

Schreibauftrag

szenisches Spiel, Rollenspiel

Mal- und Zeichenauftrag

Bastelauftrag

Projekt, offene Aufgabe

Inhaltsverzeichnis

6. Zusatzmaterialien

Hiob

Und er ruhte aus von der Schwere des Glücks und der Größe der Wunder.

Joseph Roth: Hiob. Paderborn: Schöningh, 2012, S. 156.

Die Hauptfiguren des Romans

Mendel Singer ist ein jüdischer Lehrer in einem Cheder („Zimmer", eine Tora- Schule für jüngere Kinder). Sein Beruf ist nicht sehr angesehen und sein Verdienst reicht eher schlecht als recht für das Familienauskommen.

Mendel ist tief in seiner Religion verwurzelt. Dies zeigt sich einerseits in seinem Äußeren – er trägt nach jüdischer Sitte einen Vollbart, einen schwarzen Kaftan und eine Kopfbedeckung –, andererseits in seiner Lebenseinstellung: Er lebt gottesfürchtig und in großem Vertrauen darauf, dass sein Schicksal in Jahwes Hand liegt.

Mendel Singer ist zu Beginn der Romanhandlung 30 Jahre alt und lebt zusammen mit seiner Familie zunächst in Zuchnow, einem geografisch nicht genau lokalisierbaren Ort in Wolhynien, im Grenzgebiet Russlands zu Polen. Später emigriert die Familie nach New York.

Durch eine Reihe von Schicksalsschlägen gerät Mendel in eine tiefe Gotteskrise. Erst in hohem Alter, nachdem er seinen Sohn Menuchim auf wunderbare Weise wiedergesehen hat, ist er in der Lage, sich mit der Welt und dem Leben auszusöhnen.

Deborah ist Mendels Ehefrau und eine zupackende Hausfrau. Besonders liebt sie ihren kranken Sohn Menuchim. Anders als ihr Mann sieht sie ihr Schicksal nicht als völlig von Gott gegeben an, sondern sie ist unzufrieden und versucht aktiv, die Lebenssituation ihrer Familie zu verbessern: Sie spart heimlich Geld, sie konsultiert einen Wunderrabbi, um Hilfe für Menuchim zu erbitten, sie engagiert einen Schlepper, der Schemarjah bei der Desertierung hilft, und sie hätte auch Menuchim in einem Krankenhaus behandeln lassen. Deborah leidet schon früh unter dem Altern ihres Körpers. Sie stirbt sehr plötzlich in Amerika, nachdem sie die Todesnachricht ihres Sohnes Jonas erhalten hat.

Jonas ist Mendels und Deborahs ältester Sohn. Er wird beschrieben als stark, plump und ein wenig naiv. Jonas liebt Pferde und träumt davon, Bauer zu werden, was einem Juden aber untersagt ist. Auch das Soldatenleben erscheint ihm positiv. Jonas wird zunächst Pferdeknecht, rückt dann ein und gilt später als im Krieg verschollen.

Schemarjah ist der zweite Sohn der Familie Singer; er wird als klug, flink und geschickt beschrieben. Er möchte schon als junger Mann Kaufmann werden und erfüllt sich diesen Wunsch später erfolgreich in Amerika. Vor dem Soldatenleben flieht er mithilfe des Schleppers Kapturak, den seine Mutter angeheuert hatte. Das neue Lebensumfeld verändert Schemarjah nicht nur äußerlich: Er tauscht die traditionelle schwarze Kleidung gegen bunte, nennt sich fortan „Sam" und zieht als Freiwilliger in den Krieg, in dem er bald darauf fällt.

Mirjam ist die Tochter von Mendel und Deborah. Sie ist eine attraktive junge Frau, die sich ihrer Wirkung auf Männer bewusst ist. Mirjam hat Affären mit Kosaken, nicht jüdischen Soldaten, mit denen sie sich heimlich trifft. Ihrer Familie gegenüber ist Mirjam kaltherzig; sie quält ihren kranken Bruder Menuchim bis hin zum Tötungsversuch. In Amerika ist Mirjam zunächst die Partnerin von Mac, bis sie wieder in alte Gewohnheiten verfällt und schließlich als unheilbar geisteskrank in einer Klinik leben muss.

Menuchim ist Mendels und Deborahs jüngster Sohn. Er wird behindert geboren, hat Krampfanfälle, lernt kaum laufen und sprechen. Das Einzige, auf das er aufmerksam reagiert, sind Klänge. Bei der Ausreise der Familie nach Amerika muss Menuchim wegen des Einreiseverbots für Kranke in Wolhynien zurückbleiben und wird von Familie Billes gepflegt. Erst durch den Schrecken eines Hausbrands lernt er unvermittelt zu sprechen, kommt anschließend in die Obhut eines Arztehepaares und lernt dort die Musik kennen. Menuchim wird nicht nur gesund, er entwickelt auch ein außergewöhnliches musikalisches Talent, das ihn unter dem Pseudonym „Alexej Kossak" zu einem erfolgreichen Komponisten und Dirigenten macht.

Mac ist der Freund und Geschäftspartner von Sam und zeitweise der Lebensgefährte von Mirjam in Amerika. Mac überbringt sowohl den Brief von Sam an seine Eltern in Russland, in dem er ihnen von seinem Wohlergehen in New York berichtet und sie ebenfalls zur Auswanderung einlädt, als auch später die Todesnachricht von Sam.

Skowronnek, Rottenberg, Groschel, Menkes sind Mendels Freunde in Amerika. Sie sind ebenfalls Juden, jedoch nicht so tiefgläubig, wie Mendel es einst war. Sie begleiten ihn in der Zeit seines Gotteszweifels und Skowronnek gewährt ihm Quartier und Gastfreundschaft.

Der Inhalt des Romans

Mendel Singer, ein rechtschaffener Jude, lebt mit seiner Familie im Süden Russlands, in der wolhynischen Stadt Zuchnow. Die Familie muss mit dem kargen Einkommen, das Mendel als Tora-Lehrer erwirtschaftet, auskommen.
Deborah, Mendels Frau, ist unzufrieden mit den ärmlichen Verhältnissen und macht ihrem Mann deshalb Vorwürfe. Heimlich versteckt sie etwas Geld, um Rücklagen für die Familie zu bilden. Mendel und Deborah haben drei Kinder: den feingliedrigen und klugen Schemarjah, den etwas tumben und groben Jonas und die anmutige und liebestolle Mirjam. Mit dem vierten Kind ist Deborah schwanger. Das Unglück der Familie nimmt seinen Lauf mit der Geburt dieses Jungen, Menuchim. Schon von Geburt an ist er kränklich und leidet unter Krampfanfällen. Später lernt er kaum laufen und nur das einzige Wort „Mama" sprechen. Er wird zum Gespött und zur Last seiner Geschwister, die sogar versuchen, ihn zu töten, indem sie ihn kopfüber in ein Fass mit brackigem Wasser eintauchen.
Deborahs Ansinnen, Menuchim in einem Krankenhaus behandeln zu lassen, wird von Mendel abgelehnt, der das Schicksal seines Kindes rein in Gottes Hand sieht. Als Deborah dennoch einen Wunderrabbi aufsucht in der Hoffnung auf Heilung oder zumindest auf eine Prophezeiung über die Zukunft ihres jüngsten Sohnes, sagt dieser voraus: „Menuchim […] wird gesund werden. Der Schmerz wird ihn weise machen, die Hässlichkeit gütig, die Bitternis milde und die Krankheit stark. Seine Augen werden weit sein und tief, seine Ohren hell und voller Widerhall. Sein Mund wird schweigen, aber wenn er die Lippen auftun wird, werden sie Gutes künden." (S. 14, Z. 33 ff.) Lange Jahre hält Deborah an der Hoffnung auf das Eintreffen dieser Weissagung fest, widmet sich ihrem kranken Sohn mit all ihrer Liebe und vernachlässigt darüber ihre anderen Kinder.
Unterdessen erhalten Schemarjah und Jonas ihren Einberufungsbescheid zur Armee. Deborah betet, sie mögen eine leichte Krankheit haben, die sie vor dem Militärdienst bewahre, doch beide sind gesund und werden einberufen. Deborah ist bereit, ihr Erspartes einzusetzen, um beiden die Desertierung zu ermöglichen, jedoch reicht das Geld nur für einen der beiden jungen Männer. Jonas kann sich das Leben bei der Armee gut vorstellen, er liebt Pferde und träumt von einem Leben als Bauer, welches Juden verwehrt ist. So lässt er seinem Bruder Schemarjah den Vortritt. Mithilfe des Schleppers Kapturak gelingt diesem schließlich die Flucht nach Amerika. Später lässt Schemarjah den Eltern aus seiner neuen Heimat einen Brief zukommen, in dem er beschreibt, dass er gut Fuß gefasst habe und bald Geld schicken werde, damit seine Familie nachkommen könne.
Unterdessen bereitet die Tochter Mirjam ihren Eltern Sorgen. Sie treibt sich mit den nicht jüdischen Kosaken herum und wird eines Nachts von ihrem Vater mit einem von ihnen im Kornfeld beim Liebesspiel beobachtet. Diese Situation ist der Auslöser für Mendel, sich schlussendlich für die Auswanderung nach Amerika zu entscheiden. Der kranke Menuchim, dem die Einreise nach Amerika verwehrt ist, soll zurückbleiben und bei einem jungen Paar aufwachsen, das für diesen Dienst das Wohnrecht in Mendels Haus erhält. Deborah leidet sehr unter dem Abschied von Menuchim.
Der erste Teil des Romans endet mit der Schilderung der Überfahrt und der Ankunft in New York.
In der ersten Zeit auf dem neuen Kontinent scheinen zunächst glücklichere Zeiten für die Familie Singer anzubrechen. Mendel bleiben zwar einige Gewohnheiten fremd, aber man lebt sich insgesamt gut ein. Zwischen Mirjam und Schemarjahs – der sich inzwischen Sam nennt – Freund Mac entspinnt sich eine Beziehung. Sam hat geheiratet, ist Vater eines Sohnes und beruflich erfolgreich, sodass er eines Tages von einem großen Geldgewinn berichten kann. Mendel überlegt daraufhin, ob es nicht sogar möglich sei, zurück nach Wolhynien zu fahren, um Menuchim zu besuchen. Darüber bricht der Erste Weltkrieg aus, die

Pläne sind zunichtegemacht. Sam hat sich inzwischen so weit mit seinem neuen „Vaterland" identifiziert, dass er freiwillig einrückt und in den Krieg zieht. Wenig später überbringt Mac die Nachricht, dass Sam gefallen ist. Deborah zerreißt es im Wortsinne das Herz und sie stirbt. Mirjam beginnt wieder, sich mit anderen Männern abzugeben, und verfällt mehr und mehr in den Wahnsinn, der sie schließlich als unheilbar geisteskrank in eine Klinik bringt.
Nach all diesen Schicksalsschlägen ist Mendel Singer derart verzweifelt, dass er seine Gebetsutensilien nimmt und sie verbrennen will mit der Erklärung, er wolle Gott verbrennen. Im letzten Moment halten ihn Nachbarn davon ab. Die herbeigerufenen Freunde wollen Mendel davon überzeugen, dass sein Leid irgendeinen verborgenen Sinn habe und es, gegen alle Zweifel des alten Juden, einen gerechten Gott gebe. Mendel lässt sich nicht überzeugen, er lebt fortan arm und heruntergekommen im Hinterzimmer der Nachbarsfamilie Skowronnek, erledigt kleinere Dienste für sie und man sagt ihm nach, er verstoße bewusst gegen die Speisevorschriften der Juden. An den Gebeten der Juden nimmt er nicht mehr teil.
Am Tag des Kriegsendes, die Menschen nehmen an Friedensfeiern teil, ist Mendel allein und hört auf dem Grammofon der Skowronneks eine Schallplatte. Das Lied rührt ihn zutiefst. Erst als die Nachbarn heimkehren, erfährt er den Titel des Stücks: „Menuchims Lied".
Kurz vor dem Pessachfest gastiert ein russisches Orchester in New York und Mendel erhält eine Nachricht, dass der Dirigent und Komponist, Alexej Kossak, aus seiner Heimat Zuchnow stamme und ihn gerne treffen würde. Am Abend, während der Feierlichkeiten, erscheint Kossak als Gast im Hause Skowronnek. Nach und nach klärt sich alles auf und Mendel begreift, dass dieser Besucher Menuchim selbst ist. Durch Zufälle habe er sprechen gelernt und sei im Haus eines Arztes aufgewachsen, sei dort mit der Musik in Berührung gekommen und so habe sich sein Talent entwickeln können. Inzwischen ist Menuchim, alias Alexej, ein angesehener Musiker, er ist verheiratet und hat zwei Kinder. Von Jonas weiß er zu berichten, dass dieser verschollen sei. Es besteht also noch Hoffnung, dass er lebt. Für Mirjam will er sich in Europa um die bestmögliche Versorgung kümmern. In einem modernen Hotel, in das Menuchim seinen Vater mitgenommen hat, ruht Mendel schließlich aus „von der Schwere des Glücks und der Größe der Wunder".

Vorüberlegungen zum Einsatz des Romans im Unterricht

Der Roman „Hiob" von Joseph Roth zählt zur Weltliteratur. Dennoch ist er in den letzten Jahren selten im Deutschunterricht der Oberstufe gelesen worden. Das Land NRW hat ihn für das Jahr 2014 als obligatorische Lektüre für das Zentralabitur festgelegt.
Der Roman erzählt die Geschichte einer vergangenen Kultur, die in ihren Grundthemen zeitlos ist. Es geht um die Suche nach Glück, um die Frage, wie sehr sich das eigene Schicksal beeinflussen lässt, und darum, wie man mit leidvollen Erfahrungen umgeht. Welche Werte geben dem Leben Orientierung, welche Bedeutung haben Traditionen, was ist Familienzusammenhalt und wie können Kinder ihren eigenen Weg finden? All das sind Fragen, die der Roman stellt und die auch für junge Menschen heute gleichermaßen relevant sind.
Der Text ist für die Schülerinnen und Schüler aus mehreren Gründen zunächst gut verständlich: Es gibt einen einzigen chronologischen Handlungsstrang ohne Nebenhandlungen, verwirrende Zeitsprünge, Rückblenden oder Ähnliches. Die Gliederung ist eindeutig den Schauplätzen zugeordnet (erster Teil: Russland, zweiter Teil: Amerika). Die Figurenkonstellation ist leicht zu überschauen, denn im Mittelpunkt steht die Familie Singer, auf die alle Nebenfiguren hingeordnet sind. Die Schülerinnen und Schüler können den Roman eigenständig ohne Hilfe lesen und ein erstes Textverständnis entwickeln.
In anderer Hinsicht ist der Roman für Schülerinnen und Schüler jedoch nicht ganz leicht zugänglich: Der Roman spielt in einer vergangenen Zeit und im ersten Teil in der untergegangenen Kultur des russischen Schtetls. Er lebt von zahllosen Rückgriffen und Anspielungen auf biblische Motive, die für viele Schülerinnen und Schüler vermutlich weder auf den ersten Blick erkennbar, geschweige denn deutbar sind. Um Joseph Roths Werk wirklich verstehen zu können, bedarf es einiger Kenntnisse der historischen Umstände und der theologischen und religionswissenschaftlichen Hintergründe.
Dies ist eine Herausforderung für den Deutschunterricht, nicht nur, aber im Speziellen in multikulturellen Lerngruppen. Wenn ein jüdisch-christlicher Wertehintergrund fehlt, ist dies aber nicht nur als Mangel zu sehen, sondern auch als große Chance. Gerade bei Schülerinnen und Schülern aus Familien mit Migrationshintergrund gewinnt möglicherweise die Frage nach der identitätsstiftenden Funktion von Religion und Kultur, Sitten und Gebräuchen eine besondere Relevanz. Was ist Heimat? Bedeutet Assimilation Selbstaufgabe? – Das sind Themen, in denen mancher vielleicht seine eigene Geschichte wiederentdeckt.

Fachübergreifendes Arbeiten bietet sich besonders zu folgenden Themenschwerpunkten an:

Religion:
- Die Theodiziee-Frage
- Das biblische Buch Ijob: Inhalt, Entstehung, Antwortversuche auf die Theodizee-Frage
- Das Judentum: jüdische Sitten und Gebräuche, jüdische Feste, die Bedeutung des Gebets, aufgeklärtes und chassidisches Judentum
- Die biblischen Hintergründe des Romans: Josephs-Geschichte, Messias-Verheißung, Wunderverständnis usw.

Geschichte:
- Die Situation des Ostjudentums, Leben im Schtetl
- Auswanderungsbewegungen um die Jahrhundertwende
- Das jüdische Leben in Amerika und in Europa
- Die Geschichte des jüdischen Volkes

Philosophie:
- Die Frage nach der Determiniertheit des Menschen
- Der Umgang mit Schuld

Kunst:
- Das Hiobmotiv in der Kunst

Der Roman „Hiob“ markiert eine Wende in Joseph Roths Werk. Er setzt hier eine neue Erzählweise um, erschafft als Romancier eine „neue Melodie“, wie er es selbst formuliert hat, und löst sich damit von den poetischen Ansprüchen der Neuen Sachlichkeit. Der Stil ist nicht distanziert-berichtend, sondern rückt den Leser durch den Wechsel zwischen auktorialem und personalem Erzählverhalten nah an und in das Geschehen. Roths Ton erinnert an biblische Texte ebenso wie an Märchen. Durch zahlreiche Adjektivreihungen, Wiederholungen und metaphorische Wendungen gestaltet er die Atmosphäre des Romangeschehens. Zugleich erschafft er eine Erinnerung an die untergegangene Kultur des Schtetls und dessen Bewohner, die wenige Jahre nach der Abfassung des Romans durch die Nationalsozialisten grausam ausgerottet werden sollten. Joseph Roths Roman selbst wurde unmittelbar nach seinem Erscheinen im Jahr 1930 in mehrere Sprachen übersetzt und in mehreren Ländern verlegt. Drei Jahre später fielen in Deutschland seine Bücher den Bücherverbrennungen durch die Nazis zum Opfer. Nach dem Krieg wurden seine Werke vom Verleger Joseph Caspar Witsch wiederentdeckt und mit Erfolg herausgegeben. Der Roman „Hiob“ wurde im Jahr 1978 von dem Regisseur Michael Kehlmann verfilmt; der Stoff wird bis heute immer wieder auf Theaterbühnen gespielt.

Vorschläge für Klausuren:

1. Analysieren Sie die Szene aus Joseph Roths Roman „Hiob“, in der Deborah sich im Spiegel betrachtet (S. 18, Z. 24–S. 20, Z. 19 (oder gekürzt bis S. 20, Z. 6)). Arbeiten Sie dabei besonders heraus, wie Deborahs Wahrnehmung der Situation erzählt wird.
2. Analysieren Sie das Gespräch zwischen Deborah und Mirjam in Joseph Roths Roman „Hiob“ (S. 72, Z. 7–S. 74, Z. 19). Arbeiten Sie dabei besonders die Mutter-Tochter-Beziehung heraus.
3. Erläutern Sie, ausgehend von den beiden Textstellen S. 34, Z. 26–S. 36, Z. 5 und S. 129, Z. 26–S. 130, Z. 36, welche Bedeutung die Musik in Joseph Roths Roman „Hiob“ für Menuchim und für Mendel hat.
4. Charakterisieren Sie die Figur Schemarjah aus Joseph Roths Roman „Hiob“.
5. Analysieren Sie die Parabel „Vor dem Gesetz“ von Franz Kafka (Arbeitsblatt 16, S. 64). Vergleichen Sie die Szenerie und das Verhalten der Figuren mit Joseph Roths Roman „Hiob“ (zum Beispiel S. 13–15).
6. Vergleichen Sie den Auszug aus Joseph Roths Essay „Juden auf Wanderschaft“ (Arbeitsblatt 26, S. 83: „Auswandern oder bleiben?“) unter inhaltlichen und sprachlichen Aspekten mit dem Roman „Hiob“ von Joseph Roth.
7. Joseph Roth hat über seinen Roman „Hiob“ im Nachhinein gesagt: „Es ist mir zu virtuos in seinem Geigenton; […] das Leid ist zu schmackhaft und weich.“ Nehmen Sie begründet Stellung zu dieser Einschätzung.
8. Verfassen Sie – angeregt durch den Text von Iris Radisch „Zum Verzweifeln glücklich“ (Arbeitsblatt 40, S. 111 f.) – einen eigenen Essay, in dem Sie begründet den Roman „Hiob“ von Joseph Roth für die Lektüre im Deutschunterricht der Oberstufe empfehlen oder davon abraten.

Vorschläge für Facharbeitsthemen:

1. Joseph Roth als Journalist und Romancier – der Essay „Juden auf Wanderschaft" und der Roman „Hiob" im Vergleich
2. Joseph Roth: „Radetzkymarsch" – ein Roman vom Niedergang der österreichisch-ungarischen Monarchie
3. Menschen und Schicksale in Joseph Roths Roman „Hotel Savoy"
4. Das Leben im ostjüdischen Schtetl und seine Darstellung im Werk von Joseph Roth
5. Die Familie Singer – ein typisches Schicksal jüdischer Einwanderer in Amerika?
6. Die Frauen in Joseph Roths Leben und die Frauengestalten im Roman „Hiob"
7. Wichtige Stationen im Leben des Schriftstellers Joseph Roth

Zur Konzeption des Unterrichtsmodells

Die Bausteine des Unterrichtsmodells sind so angelegt, dass sie in der vorgeschlagenen Abfolge eingesetzt werden können. Wenn ein offeneres Arrangement gewählt werden soll, ist es sinnvoll, nach dem gemeinsamen Einstieg in die Reihe (Baustein 1) die beiden folgenden Bausteine 2 und 3 („Mendel Singer" und „Die Familie") als Grundgerüst zu nehmen. Elemente der Bausteine 4 und 6 („Heimat und Fremde" sowie „Schicksal, Leiden, Theodizee") können darin integriert werden. Gleiches gilt für Teile aus dem Baustein 5 („Autor und Erzähler"), der vor allem unter Punkt 5.3 einige sprachliche und erzählerische Gestaltungsmittel systematisch betrachtet. Die dort gegebenen Hinweise und vorgeschlagenen Übungen können vorbereitend oder ergänzend zu jeder Textanalyseaufgabe hinzugezogen werden.
Generell sind die Arbeitsblätter so angelegt, dass die Schülerinnen und Schüler selbstständig damit arbeiten können. An manchen Stellen dieses Unterrichtsmodells wird explizit auch auf die Möglichkeit eines arbeitsteiligen Vorgehens hingewiesen, welches sich insbesondere für kooperative Unterrichtsformen wie zum Beispiel das Gruppenpuzzle eignet.
Im Sinne eines kompetenzorientiert angelegten Unterrichts werden durch die vorgeschlagenen Arbeitsschritte sowohl die Sach- als auch die Methoden- und die Urteilskompetenz der Schülerinnen und Schüler gestärkt. Die Aufgabentypen berücksichtigen den schriftlichen wie den mündlichen Bereich des Deutschunterrichts: Zu textanalytischen Verfahren und Methoden des erörternden sowie des produktionsorientierten Schreibens treten Formen des mündlichen Austauschs, der Argumentation sowie der Präsentation.

Die Bausteine setzen im Einzelnen folgende Schwerpunkte:

Baustein 1
Dieser Baustein ermöglicht den Schülerinnen und Schülern im Sinne eines rezeptionsorientierten Ansatzes zunächst den Austausch über ihre subjektive Verhakung im Text. Darüber hinaus werden erste inhaltliche Klärungen zur Sicherung eines globalen Textverständnisses vorgenommen und erste Interpretationsansätze formuliert. Durch vielfältige methodische Zugänge, aus denen auch eine Auswahl getroffen werden kann, erhalten Lehrer wie Schüler einen Einblick in den Verstehenshorizont der Lerngruppe nach der Lesephase und können so, wenn gewünscht, in gemeinsamen Überlegungen die Schwerpunkte für die Unterrichtsreihe planen.

Baustein 2
Der Baustein 2 widmet sich der Hauptfigur des Romans, dem Juden Mendel Singer. Die Schülerinnen und Schüler ermitteln wesentliche Charakterzüge Mendels und betrachten den Protagonisten in seinem familiären Kontext sowie in seiner jüdischen Identität.

Baustein 3
In diesem Baustein werden die Mitglieder der Familie Singer genauer in den Blick genommen. Deborah, Mendel Singers Frau, wird in ihrem ambivalenten Charakter, der zwischen einer sorgenden Mutter und einem bedrohlichen Weib changiert, betrachtet. Die sehr unterschiedlichen Charaktere und Lebensentwürfe der drei gesunden Kinder der Familie werden miteinander verglichen. Die Besonderheit des kranken Sohnes Menuchim, der später zur Erlösergestalt des Romans wird, wird herausgearbeitet.

Baustein 4
Dieser Baustein widmet sich der Frage nach Heimat. Mendel Singer erlebt weder Wolhynien noch Amerika als Heimat. Diese Größe ist für ihn nicht lokal bestimmt, vielmehr ist seine Heimat sein Judesein. Die Schülerinnen und Schüler denken zunächst darüber nach, was für sie selbst Heimat bedeutet, und beschäftigen sich dann mit der Lebenssituation in einem

Schtetl und den Gründen, die viele osteuropäische Juden in die Auswanderung getrieben haben.

Baustein 5
Unter den Stichworten „Autor und Erzähler" wird zunächst der biografische Hintergrund Joseph Roths, der sich zum Teil in seinem Roman niederschlägt, angeschaut. Die Schülerinnen und Schüler erarbeiten die Merkmale von Roths neuem Erzählstil anhand seiner Schrift „Schluss mit der ‚Neuen Sachlichkeit'!" und identifizieren typische sprachliche Gestaltungsmittel anhand einer detaillierten Textanalyse.

Baustein 6
In diesem Baustein stellen die Schülerinnen und Schüler die Frage nach dem Grund des Leidens in der Welt und der Rechtfertigung Gottes angesichts des Leids. Im Vergleich der Romanpassage, die Mendels Streitgespräch mit seinen Freunden erzählt, und der biblischen Vorlage aus dem Buch Ijob werden verschiedene Optionen im Umgang mit diesem Rechtfertigungsproblem einander gegenübergestellt. Weitere thematisch passende literarische Texte (von Wolfgang Borchert, Elie Wiesel und Thomas Hürlimann) werden exemplarisch zum Vergleich hinzugezogen.

Baustein 7
Als letzter Baustein stehen hier Materialien bereit, welche die vielfältige Aufnahme und Verarbeitung des Hiobmotivs vor allem in der Literatur, aber auch im Film und in der Kunst zeigen. Die Auswahl zeigt eine Vielfalt von künstlerischen Adaptionen des Themas und macht Vorschläge vor allem zur intensiveren Auseinandersetzung mit den literarischen Texten.

Die thematischen Bausteine des Unterrichtsmodells

Baustein 1

Einstiege in die Arbeit mit dem Roman

1.1 Hiobsbotschaft

Die erste Stunde dieser Unterrichtsreihe soll den Schülerinnen und Schülern Gelegenheit geben, sich über ihre subjektiven Leseeindrücke oder Erwartungen an die kommende Arbeit auszutauschen. Auf diese Weise erhalten sie selbst ebenso wie die Lehrperson einen ersten Eindruck von den individuellen Zugängen, Einschätzungen und Schwierigkeiten, von denen ausgehend sich die Unterrichtseinheit gestalten wird.
Die Auswahl aus den folgenden methodischen Möglichkeiten richtet sich auch danach, ob die Schülerinnen und Schüler den Roman bereits vollständig gelesen haben und von welchem Verständnisniveau in der konkreten Lerngruppe auszugehen ist.
Die erste Annäherung kann über den Titel und die namensgebende Figur geschehen (**Arbeitsblatt 1**, S. 25):

- *Im heutigen Sprachgebrauch ist manchmal die Rede davon, dass jemand eine „Hiobsbotschaft" bekommt. Erklären Sie, was damit gemeint ist.*
- *Lesen Sie den Text „Gottes tolle Typen – Hiob" von Hans-Albrecht Pflästerer. Erläutern Sie, mit welcher Begründung der Autor Hiob als „tollen Typen" bezeichnet.*
- *Diskutieren Sie, inwiefern das Thema der Hiob-Erzählung auch für den heutigen Menschen noch aktuell sein kann.*
- *Stellen Sie sich vor, Sie wollten selbst als Autor/Autorin einen modernen Roman nach dem Motiv des biblischen Hiob schreiben. Wie würden Sie die Geschichte in die Gegenwart übertragen? Schreiben Sie ein kurzes Exposé.*

Joseph Roths Romanfragment „Wasserträger Mendel" (**Arbeitsblatt 2**, S. 26) gilt als Vorentwurf zum Roman „Hiob". Der Name der Hauptfigur und Grundzüge ihres Schicksals sind hier bereits angelegt. Es gibt jedoch einige interessante und entscheidende Änderungen. So endet der Entwurf hoffnungslos und fast beiläufig negativ („Er blieb einsam und begann alt zu werden.") und enthält kein wunderhaftes Ende wie der Roman. Auch den Beruf des Protagonisten hat Roth für den Roman geändert; aus dem Wasserträger wurde ein Melamed (ein einfacher Thora-Lehrer), ein „Wasserträger Gottes", wie der jüdische Schriftsteller Manès Sperber formulierte. Somit vereinen sich im Beruf des Mendel Singer Armut und seine Religiosität. Jedoch erst im zweiten Teil des Romans, in Amerika, ist Mendel „ganz unten" angekommen: Er verrichtet niedere Dienstleistungen für die Familie Skowronnek und hat sein Vertrauen auf Gott verloren. Dieser Fall lässt sich mit einem Kleinkindlehrer ungleich besser erzählen als mit einem Wasserträger, der von Beginn an zu den Untersten der Gesellschaft gehört.

- *Für seinen Roman „Hiob" hat Joseph Roth einige Änderungen im Vergleich zum ersten Entwurf („Wasserträger Mendel", Arbeitsblatt 2) vorgenommen. Welche davon halten Sie für besonders entscheidend?*
- *Ein Wasserträger stand in der Gesellschaft des jüdischen Schtetls an unterster Stelle. Erläutern Sie, welche Folgen es hat, dass Roth die Hauptfigur des Romans einen Melamed (Kleinkindlehrer) sein lässt. (Informationen über die Arbeit eines Melameds finden Sie zum Beispiel im Anhang der Textausgabe, S. 184 f.).*

1.2 Austausch von Leseeindrücken und ersten Deutungshypothesen

In einer offenen Phase werden die Schülerinnen und Schüler zunächst um eine allgemeine, noch nicht kriteriengeleitete Stellungnahme zum Roman gebeten. Dazu wird ein Exemplar der Textausgabe in der Mitte des Raumes auf den Boden gelegt und die Schüler erhalten den Auftrag, sich im Raum zu positionieren: Je näher sie zum Buch stehen, desto besser hat ihnen der Roman gefallen, je weiter entfernt sie stehen, desto negativer war ihre Leseerfahrung. Nachdem jeder Schüler seinen Platz eingenommen hat, werden einzelne aufgerufen, ihren Standpunkt zu begründen. Es ist sinnvoll, einige Stellungnahmen sowie das Meinungsbild dieser Phase zu protokollieren und am Ende der Unterrichtsreihe einen Abgleich vorzunehmen, ob die bestehenden Schwierigkeiten ausgeräumt werden konnten und inwiefern sich der erste Eindruck verändert oder auch gefestigt hat. Auf diese Weise wird für die Schülerinnen und Schüler auch der hermeneutische Prozess deutlich, wie sie durch die Arbeit am Text zu einem vertieften Verstehen gelangen, mit dem sich die eigene Interpretation entwickelt und schärft.

- *Auf dem Boden liegt ein Exemplar der Textausgabe des Romans „Hiob". Nehmen Sie Stellung im Raum und machen Sie dabei durch Ihre Position deutlich, wie Ihnen der Roman gefallen hat: Je näher Sie zur Mitte stehen, desto besser, je weiter entfernt, desto schlechter.*
- *Wenn alle Mitschüler ihren Platz gefunden haben, schauen Sie sich im Raum um. Hätten Sie das Meinungsbild so erwartet?*
- *Tauschen Sie sich in einer kurzen Murmelphase mit den Mitschülern aus, die in Ihrer Nähe stehen. Mit welcher Begründung haben sie sich ihren Platz gesucht?*
- *Nennen Sie einzelne Meinungen und Begründungen im Plenum. Achten Sie dabei darauf, dass alle Positionen (nah zur Mitte, weit entfernt, Mittelfeld) zu ihrem Recht kommen.*

Diese Phase erlaubt es einerseits den Schülerinnen und Schülern, ihren individuellen Textzugang zu reflektieren, die für sie interessanten Aspekte zu benennen und möglicherweise auch frustrierende Leseerfahrungen auszusprechen. Die Lerngruppe bekommt einen Eindruck vom gemeinsamen Anfangspunkt der Arbeit und die Lehrperson erhält im Sinne einer Erhebung der Lernausgangslage am Beginn einer Unterrichtsreihe eine Übersicht über den Interessensstand und die Schwierigkeiten, die sich beim Leseprozess aufgetan haben. Möglicherweise gibt es auch Figuren oder Handlungszusammenhänge, die auf der inhaltlichen

Ebene einen inneren Widerstand bei den Schülern ausgelöst haben (zum Beispiel Mendels Verhalten, das sehr fromm, aber recht tatenlos ist; Deborahs ständige Unzufriedenheit mit ihrem Leben oder aber der „wunderbare" Schluss des Romans, der von manchen als zu unrealistisch kritisiert werden könnte).
Aus den Ergebnissen dieses Austauschs kann die weitere Unterrichtsreihe mit den Schülerinnen und Schülern geplant werden.

- *Welche Aspekte haben beim Lesen Ihr Interesse geweckt? An welchen Punkten würden Sie in dieser Unterrichtsreihe gerne weiterarbeiten?*
- *Auf welche Schwierigkeiten sind Sie beim Lesen gestoßen? Was war schwer verständlich oder unklar und müsste in unserer Unterrichtsreihe geklärt werden?*
- *Gibt es Szenen, Figuren, Zusammenhänge etc., die beim Lesen Ihren Widerstand hervorgerufen haben? Wenn es solche Punkte gibt, erläutern Sie möglichst genau, was Ihnen daran missfallen hat.*

Aus diesem ersten Austausch über die Leseerfahrungen heraus sollen die Schülerinnen und Schüler nun über ihr inhaltliches Verständnis miteinander ins Gespräch kommen. Je nachdem, wie aufmerksam der Roman gelesen wurde, ist es für manche hilfreich, die wichtigsten Handlungsschritte gemeinsam zu rekapitulieren. Als Anregung dazu sollen die Schüler zunächst in Einzelarbeit das Wesentliche des Romans auf zehn Begriffe reduzieren. Genannt werden könnten etwa: Jude, Armut, Familie, Schicksalsschläge, Auswanderung, Unglück, Glaube, Wunder usw. Im anschließenden Austausch in Kleingruppen und in der Diskussion über eine gemeinsame Liste sollen sich die Schüler für einige Begriffe und gegen andere entscheiden. Um diese Auswahl treffen zu können, müssen auch bereits erste Ansätze einer Deutungshypothese bedacht werden.

- *Notieren Sie in Einzelarbeit zehn Worte, die Ihnen im Hinblick auf den Roman besonders wichtig erscheinen.*
- *Bilden Sie Vierergruppen. Tragen Sie Ihre Worte zusammen und einigen Sie sich auf acht gemeinsame Begriffe.*
- *Stellen Sie diese in der Lerngruppe vor und begründen Sie Ihre Auswahl.*

1.3 Buchcover als Interpretation

Einen Schritt komplexer ist der folgende Zugang über verschiedene Buchcover. Auf dem **Arbeitsblatt 3**, S. 27, sind einige Umschlagsseiten unterschiedlicher Textausgaben und Hörbuchversionen des Romans zusammengestellt. Die Schülerinnen und Schüler sollen aufgrund ihres Textverständnisses begründen, welches der Cover sie für besonders gelungen halten. Ein maßgebliches Kriterium soll sein, inwiefern es gelungen ist, Wesentliches des Textes ins Bild zu setzen. Neben der Beurteilung vorliegender Entwürfe wäre es auch eine Möglichkeit, die Schülerinnen und Schüler selbst Coverbilder designen zu lassen. Sie können hierzu die Bildersuche im Internet nutzen oder aber auch eigene Fotos machen. Wichtig ist auch bei diesem kreativeren Zugang eine inhaltliche Begründung für das gewählte Bild.

- *Sie sehen hier (Arbeitsblatt 3) die Cover verschiedener Textausgaben und Hörbuchversionen des Romans „Hiob" von Joseph Roth. Notieren Sie zunächst in Partnerarbeit für jede Version in einigen Stichworten, was zu sehen ist und in welchem Zusammenhang das jeweilige Bild zum Inhalt des Romans steht.*

- *Wenn Sie einen eigenen Vorschlag für ein Buchcover entwerfen müssten – wie sähe er aus? Skizzieren Sie Ihr eigenes Cover.*
- *Stellen Sie sich vor, Sie seien Mitglied in einer Verlagskonferenz und müssten über die unterschiedlichen Vorschläge beraten. Welchen Entwurf würden Sie bevorzugen? Führen Sie in Ihrer Lerngruppe eine fiktive Konferenz durch und diskutieren Sie.*
- *Verfassen Sie auch einen Klappentext für den Roman.*

1.4 Sicherung eines globalen Textverständnisses

In Lerngruppen, in denen es sinnvoll erscheint, das grundlegende Textverständnis zunächst detaillierter zu sichern, können die Schülerinnen und Schüler nach der Lektüre den Arbeitsauftrag erhalten, jedem Kapitel eine Überschrift zu geben. Alternativ dazu können mithilfe des **Arbeitsblattes 4**, S. 28, auch wesentliche Handlungsschritte rekapituliert und in die richtige Reihenfolge gebracht werden. Wenn diese Aufgabe in Partner- oder Kleingruppenarbeit bearbeitet wird, bekommen die Schülerinnen und Schüler dabei zugleich die Gelegenheit, sich gegenseitig helfend die Handlung in Erinnerung zu rufen und eventuelle Verstehenslücken im Austausch mit den Mitschülern zu füllen. Zugleich üben sie sich in der mündlichen Zusammenfassung eines Textes.

- *Bringen Sie diese Handlungsschritte (Arbeitsblatt 4) in die Reihenfolge, in der sie im Roman „Hiob" geschehen.*
- *Machen Sie den Verlauf der Handlung auch grafisch deutlich, etwa indem Sie einen Handlungsbogen anlegen, aus dem Höhe- und Tiefpunkte hervorgehen.*

Als dritte Alternative zur Sicherung des Textverständnisses ist denkbar, die Schülerinnen und Schüler selbst jeweils einige wesentliche Ereignisse aus dem ersten und aus dem zweiten Teil des Romans benennen zu lassen. Diese können – ebenso wie es im Anschluss an das Sortieren der Handlungsschritte vorgeschlagen wird – anschließend zu einem Handlungsverlauf angeordnet werden. Eine grafische Darstellung kann dabei entweder nach dem Prinzip eines literarischen Spannungsbogens angelegt werden oder aber auch zum Beispiel den Höhepunkt der Ereignisse und entsprechend auch den/die Tiefpunkt(e) ausweisen. Dabei kann deutlich werden, dass der erzählerische Höhe- bzw. Wendepunkt an der Stelle des tiefen Haderns Mendels mit Gott liegt. Emotional ist dies für Mendel hingegen der Tiefpunkt, während der Hochpunkt in der Situation der Wiederbegegnung mit Menuchim ganz am Schluss des Romans liegt.

- *Wählen Sie in Partnerarbeit jeweils fünf Geschehnisse aus dem ersten und fünf aus dem zweiten Teil des Romans aus, die Ihnen als besonders wichtig erscheinen. Notieren Sie jedes Geschehnis auf einem eigenen Zettel.*
- *Tragen Sie in der Lerngruppe die gewählten Szenen zusammen. Legen Sie gemeinsam einen chronologischen Handlungsverlauf an.*
- *Gestalten Sie den so entstandenen Handlungsverlauf grafisch. Aus Ihrem Ergebnis sollte auch die Entwicklung der Handlung hervorgehen.*
- *Vergleichen Sie Ihre Ergebnisse mit dem Lösungsvorschlag auf dem Arbeitsblatt 5, S. 29. Diskutieren Sie, wie hier Hoch- und Tiefpunkte gesetzt worden sind.*

Während in Bezug auf den ersten Teil des Romans vermutlich Einigkeit herrschen wird, dass das Leben für die Familie Singer durch die Geburt des behinderten Menuchim, durch die Einberufung der Söhne Jonas und Schemarjah zur Armee und durch Mirjams Verhältnis mit einem Kosaken, einem nicht jüdischen Russen, immer schwieriger wird, kann es mit Blick auf den zweiten Romanteil lebhafte Diskussionen geben. Ist die Hoffnung auf ein besseres Leben in Amerika anfangs wirklich erfüllt? Wiegt die finanzielle Sicherheit das Zurücklassen des kranken Menuchim auf? Welchen Stellenwert hat Menuchims Rückkehr am Ende des Romans? Übersteigt dieses Ereignis die Situation zu Beginn des Romans, als die Familie zwar in Armut, aber doch in relativer Zufriedenheit beieinander lebt? Zweifelsohne stellt Menuchims Wiederkehr den Höhepunkt dar, der aber von verschiedenen Interpretatoren auch in der Fachliteratur unterschiedlich gedeutet wird. Manche sind der Meinung, dass Mendel nun endlich seine Ruhe gefunden habe und das Glück zu ihm zurückgekehrt sei, andere deuten hingegen die Aussage „Mendel schlief ein" (S. 156, Z. 34) als dessen Tod.
Eine mögliche Lösung könnte so aussehen, wie auf **Arbeitsblatt 5**, S. 29, vorgeschlagen.

1.5 Der Romananfang

Der Beginn des Romans erinnert in den Formulierungen und im Ton zunächst an ein Märchen. Der Zeitpunkt, zu dem die Handlung spielt, bleibt unbestimmt („Vor vielen Jahren"), der Handlungsort ist fiktiv („Zuchnow" – erinnert an das biblische „Uz", den Schauplatz der Hiob-Erzählung) und sowohl Vor- als auch Nachname des Protagonisten sind im Milieu geläufige Namen. Der Leser tritt also in eine Handlung ein, die weniger ein konkretes, individuelles denn ein eher beispielhaftes Geschehen erzählt.
Vergleicht man den Romananfang mit dem Anfang der biblischen Hiob-Erzählung (Textausgabe, S. 212, oder **Arbeitsblatt 6**, S. 30), liegen die Parallelen und Abweichungen auf der Hand. Dem absolut rechtschaffenen und hoch angesehenen Hiob wird der zwar ebenso rechtschaffene, aber erfolglose und durchschnittliche Mendel gegenübergestellt. Es wird von den ersten Zeilen an deutlich gemacht, dass es nur vordergründig um den individuellen Charakter Mendel Singer geht, vielmehr wird er als Vertreter einer typischen jüdischen Lebensform dargestellt („Hunderttausende vor ihm hatten wie er gelebt und unterrichtet. Unbedeutend wie sein Wesen war sein blasses Gesicht." (S. 5, Z. 8f.)).
Es wird berichtet, Mendel habe von Gott drei wesentliche Eigenschaften erhalten: Fruchtbarkeit, Gleichmut der Seele und Armut. Die Figur trägt also positive, neutrale und negative Züge und wird damit wie jeder Sterbliche dargestellt, nicht idealisiert wie sein biblisches Vorbild. Der auktoriale Erzähler benennt in klarer Sprache auch die Schwächen der Figuren und ihres Lebens. In diesen ersten Sätzen klingt bereits einerseits der märchenhaft-mythologische Ton des Romanciers, andererseits der schonungslos sachliche Ton des Journalisten Roth durch. (Näheres zur Epochenzuordnung und zu Roths Stil siehe Baustein 5 „Autor und Erzähler", S. 89ff.)

- *Lesen Sie den Romananfang (bis S. 5, Z. 24). Halten Sie fest, wie der Leser in die Handlung eingeführt wird: Welche Informationen bekommt er über Ort, Zeit, Figuren und Themen?*

- *Untersuchen Sie den Standort und die Haltung des Erzählers.*
- *Vergleichen Sie den Anfang des biblischen Buchs Hiob (Textausgabe, S. 212, oder Arbeitsblatt 6) und des Romans von Joseph Roth miteinander. Stellen Sie Gemeinsamkeiten und Unterschiede heraus.*

- *Erörtern Sie mögliche Gründe für die Abwandlungen.*

Der Romananfang – Parallelen zu

Märchen:
- unbestimmter Ort
- unbestimmte Zeit
- Protagonist nicht als Stellvertreter einer bestimmten Gruppe

der biblischen Ijob-Erzählung:
- Ijob und Mendel als fromme, gottesfürchtige Männer
- Mendel als Gegenentwurf zu Ijob (reich/arm, hoch angesehen/unbedeutend) → jüdischer Jedermann

Es wird am Beispiel von Mendel eine Geschichte mit mythologischem Charakter erzählt, die Gültigkeit über die konkrete Person sowie über Zeit und Raum hinweg hat.

Notizen:

Hans-Albrecht Pflästerer: Gottes tolle Typen – Hiob

Seine Frau fragt ihn, ob er denn noch richtig ticke. Eine Hiobsbotschaft nach der anderen holt ihn ein. Seine riesigen Rinder- und Kamelherden werden geplündert oder verbrennen im Feuer, Feinde metzeln die Knechte nieder, seine sieben Söhne und drei Töchter kommen ums Leben, als ein Haus einstürzt. Er selber ist mit schrecklichen Geschwüren am ganzen Körper geschlagen. So schwer, dass er die Gemeinschaft verlassen muss und außerhalb des Dorfes auf einem Asche- und Abfallhaufen sitzt. Aber noch beklagt er sich bei seinem Gott mit keinem einzigen Wort und hält an seinem Glauben unbeirrt fest. Verständlich, dass sein Weib an seinem Verstand zweifelt und ihn böse angiftet: „Sag Gott ab und stirb!"
Hiob ist ein unbescholtener und gottesfürchtiger Mann. Er lebt einige Jahrhunderte vor Christus mit sehr viel Gesinde irgendwo im Osten Palästinas. Und er ist reicher als alle anderen in der Gegend. Er weiß nicht, dass er als Spielball einer Wette zwischen Gott und dem Satan herhalten muss. Eine riskante Wette: Sollte Hiob versagen, hätte sich auch Gott selbst aufs Spiel gesetzt. Und Satan ist ganz sicher, dass Hiob sich von Gott abwenden wird, wenn er ihm nur übel genug mitspielt. Aber auch Gott vertraut auf Hiobs unerschütterliche Frömmigkeit. Der Teufel hat grünes Licht für alle Heimsuchungen, nur Hiobs Leben muss er schonen.
Leben? Was heißt hier Leben? Da wird ein Mensch körperlich und seelisch gequält, dass es seinen Freunden die Sprache verschlägt, er selbst den Tag verflucht, an dem er geboren wurde, und sein Leben verwünscht. Wäre er doch bei seiner Geburt gestorben, dann hätte er jetzt Ruhe und müsste nicht so sinnlos leiden. Nach wie vor ist er sich seiner tadellosen Lebensführung bewusst. Immer rätselhafter erscheint ihm der Gott, der ihm solche Schmerzen zufügt und sich weigert, ihm zu sagen, warum: Warum schenkt Gott Menschen überhaupt das Leben, wenn er es ihnen später doch nur verleidet?
Jeder Ehrlose darf Hiob verspotten: „Jetzt verlachen mich die, deren Väter ich nicht wert geachtet hätte, sie zu meinen Hunden bei der Herde zu stellen", klagt er. Und leidet selbst wie ein Hund unter der Hand Gottes. Doch was ist das für ein Gott, der solche Leiden auferlegt? Hiob erfährt ihn als Unterdrücker, Zerstörer, Gewalttäter, als unverständlich Grausamen, der kein Recht hat, die Treue eines Menschen zu fordern.
Der zwar verzweifelt klagende, aber standhafte Hiob erhält am Ende Wohlstand und Gesundheit zurück. Er hat mehr Kamele und Rinder, mehr Esel und Schafe als zuvor. Alles wird doppelt ersetzt. Die Verwandten wenden sich ihm wieder zu, es werden ihm so viele Kinder geboren, wie er früher hatte. Und keiner im Land hat schönere Töchter. Vor Hiob liegt noch ein langes Leben, das viel Segen erfährt.
Ende gut, alles gut? Für viele ist die Hiobsgeschichte eine Parabel von dem Gott, der Menschen eine Chance gibt, sich in Prüfungen zu bewähren. Ihr Ausgang kann nicht übertünchen, dass das Gottesbild des Buches Hiob ein Rückschritt hinter den Gott der Propheten Israels ist, zu dessen besonderen Merkmalen Recht und Gerechtigkeit gehörten und der eher aus dem Leid befreite, als dass er es verschuldete. „Dieser Gott zwingt zur Gottlosigkeit", schreibt der Theologe Jörg Zink, „und wenn Hiob ihr nicht verfällt, so liegt es daran, dass er eine dichterische Figur, ein gedichtetes Urbild übermenschlichen Stehvermögens ist."

Hans-Albrecht Pflästerer: Gottes tolle Typen – Hiob aus: Gottes tolle Typen. Eine Serie aus JS – Für Leute beim Bund. Das Magazin der Evangelischen Militärseelsorge

- *Erläutern Sie, mit welcher Begründung der Autor Hiob als „tollen Typen" bezeichnet.*
- *Diskutieren Sie, inwiefern das Thema der Hiob-Erzählung auch für den heutigen Menschen noch aktuell sein kann.*
- *Stellen Sie sich vor, Sie wollten selbst als Autor/Autorin einen modernen Roman nach dem Motiv des biblischen Hiob schreiben. Wie würden Sie die Geschichte in die Gegenwart übertragen?*

Joseph Roth: Wasserträger Mendel

Als Vorstufe zum Roman „Hiob" gilt Joseph Roths Romanfragment mit dem Titel „Wasserträger Mendel":

Mendel war ein jüdischer Wasserträger. Er lebte in einer kleinen galizischen Stadt, an der russischen Grenze. Von den sieben Kindern, die ihm seine Frau geboren hatte, starben vier. Es waren zum Glück nur Mädchen gewesen. Die Jungen blieben am Leben. Sie lernten das Drechslerhandwerk und wanderten aus. Der Älteste ließ sich in Wien nieder. Der Zweite ging nach Berlin. Der Dritte floh aus Angst vor den Soldaten – er war der stärkste – in seinem einundzwanzigsten Lebensjahr nach Amerika. Mendels Frau starb an der Cholera. Mendel suchte nach einer neuen Frau, fand aber keine. Er blieb einsam und begann alt zu werden.

Aus: Joseph Roth. Werke. Romane und Erzählungen 1930–1936. Hrsg. von Fritz Hackert, Bd. 5, Köln 1990, S. 850.

- *Für seinen Roman „Hiob" hat Joseph Roth einige Änderungen im Vergleich zum ersten Entwurf vorgenommen. Welche davon halten Sie für besonders entscheidend?*
- *Ein Wasserträger stand in der Gesellschaft des jüdischen Schtetls an unterster Stelle. Erläutern Sie, welche Folgen es hat, dass Roth die Hauptfigur des Romans einen Melamed (Kleinkindlehrer) sein lässt. (Informationen über die Arbeit eines Melamed finden Sie zum Beispiel im Anhang der Textausgabe, S. 184 f.)*

Eine Auswahl an Buchcovern

- Sie sehen hier die Cover verschiedener Textausgaben und Hörbuchversionen des Romans „Hiob" von Joseph Roth. Notieren Sie zunächst in Partnerarbeit für jede Version in einigen Stichworten, was zu sehen ist und in welchem Zusammenhang das jeweilige Bild zum Inhalt des Romans steht.
- Wenn Sie einen eigenen Vorschlag für ein Buchcover entwerfen müssten – wie sähe er aus? Skizzieren Sie Ihr eigenes Cover.
- Stellen Sie sich vor, Sie seien Mitglied in einer Verlagskonferenz und müssten über die unterschiedlichen Vorschläge beraten. Welchen Entwurf würden Sie bevorzugen? Führen Sie in Ihrer Lerngruppe eine fiktive Konferenz durch und diskutieren Sie.
- Verfassen Sie auch einen Klappentext für den Roman.

Wichtige Handlungsschritte des Romangeschehens

Geburt von Menuchim	Der Beschluss zur Auswanderung wird gefasst.	Mendel, Deborah und Mirjam setzen nach Amerika über.
Jonas und Schemarjah werden gemustert.	Deborah sucht einen Wunderrabbi auf.	Ankunft in New York
Jonas verlässt das Elternhaus.	Die Kinder versuchen, Menuchim zu töten.	Sam und Mac haben eine große Summe Geld verdient.
Schemarjah desertiert und flieht.	Mendel beantragt in Dubno die Papiere zur Auswanderung.	Der Weltkrieg beginnt.
Sam fällt im Krieg.	Mirjam trifft sich mit Kosaken.	Die Familie Mendel lebt in Armut.
Deborah stirbt.	Mac bringt einen Brief von Schemarjah/Sam.	Menuchim sagt „Mama".
Mendel ist zornig auf Gott.	Jonas ist verschollen.	Mendel will seine Gebetsutensilien verbrennen.
Mendel hört „Menuchims Lied".	Mirjam wird geisteskrank.	Mendel plant, in seine Heimat zurückzureisen.
Menuchim ist zurückgekehrt.		

- *Bringen Sie diese Handlungsschritte in die Reihenfolge, in der sie im Roman „Hiob" geschehen.*
- *Machen Sie den Verlauf der Handlung auch grafisch deutlich, etwa indem Sie einen Handlungsbogen anlegen, aus dem Höhe- und Tiefpunkte hervorgehen.*

Handlungsverlauf (Lösungsvorschlag)

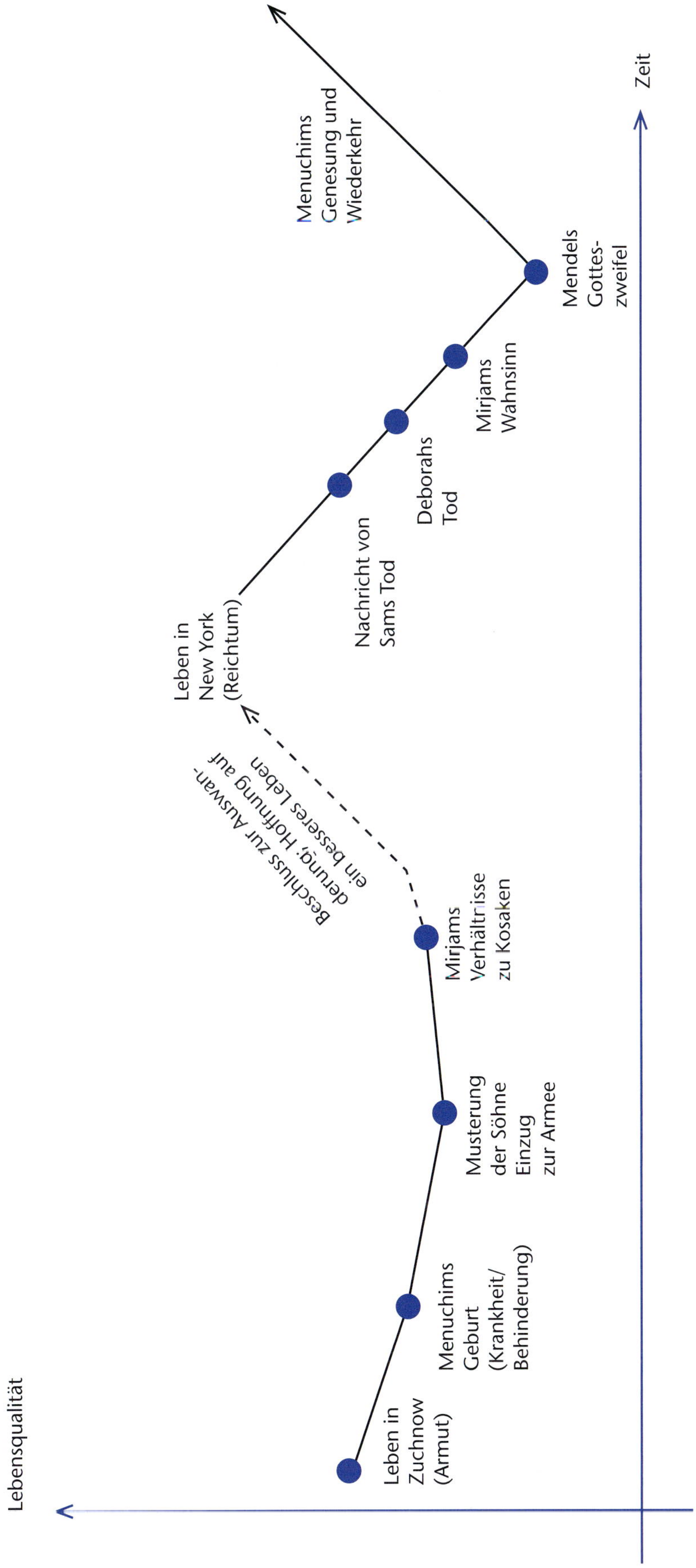

- *Vergleichen Sie Ihre Ergebnisse mit dem Lösungsvorschlag auf diesem Arbeitsblatt. Diskutieren Sie, wie hier Hoch- und Tiefpunkte gesetzt worden sind.*

Der Anfang der biblischen Erzählung und des Romans im Vergleich

Ijob 1,1 ff.

1 Im Lande Uz lebte ein Mann mit Namen Ijob. Dieser Mann war untadelig und rechtschaffen; er fürchtete Gott und mied das Böse. 2 Sieben Söhne und drei Töchter wurden ihm geboren. 3 Er besaß siebentausend Stück Kleinvieh, dreitausend Kamele, fünfhundert Joch Rinder und fünfhundert Esel, dazu zahlreiches Gesinde. An Ansehen übertraf dieser Mann alle Bewohner des Ostens.

Joseph Roth: Hiob

Vor vielen Jahren lebte in Zuchnow ein Mann namens Mendel Singer. Er war fromm, gottesfürchtig und gewöhnlich, ein ganz alltäglicher Jude. Er übte den schlichten Beruf eines Lehrers aus. In seinem Haus, das nur aus einer geräumigen Küche bestand, vermittelte er Kindern die Kenntnis der Bibel. Er lehrte mit ehrlichem Eifer und ohne aufsehnerregenden Erfolg. Hunderttausende vor ihm hatten wie er gelebt und unterrichtet.

Aus: Joseph Roth: Hiob. Paderborn: Schöningh, 2012, S. 5.

- *Vergleichen Sie den Anfang des biblischen Buchs Hiob und des Romans von Joseph Roth miteinander. Stellen Sie Gemeinsamkeiten und Unterschiede heraus.*
- *Erörtern Sie mögliche Gründe für die Abwandlungen.*

Baustein 2

Mendel Singer

2.1 Mendel Singer – ein ganz alltäglicher Jude

Der Protagonist des Romans, Mendel Singer, wird von Beginn des Romans an als einfacher, gewöhnlicher Mensch dargestellt. Joseph Roth stellt keinen idealisierten, gottesfürchtigen Gerechten dar, wie es der biblische Ijob ist, sondern er zeichnet das Bild eines jüdischen Jedermann. Hierfür sind zwei wesentliche Gründe anzunehmen: Zum einen wollte Roth in literarischer Überformung doch ein realistisches Abbild eines typischen orthodoxen Juden im wolhynischen Schtetl zur Zeit der Jahrhundertwende zeichnen. Es war ihm ein Anliegen, das Leben und die Kultur dieser Menschen achtungsvoll in Erinnerung zu halten, wie er explizit auch im Vorwort seines Essays „Juden auf Wanderschaft" formuliert. Zum anderen ist durch die Entidealisierung des Protagonisten eine Identifikation des Lesers mit der Figur leichter möglich.

- *Tragen Sie zusammen, aufgrund welcher äußerer und innerer Merkmale (Aussehen, Einstellungen, Lebenswandel etc.) der Erzähler Mendel als „ganz alltägliche[n] Juden" (S. 5, Z. 4 f.) bezeichnet.*
- *Auch der Untertitel „Roman eines einfachen Mannes" weist darauf hin, dass der Protagonist keine Idealfigur ist wie sein biblisches Vorbild, sondern ein Jedermann. Überlegen Sie, warum Joseph Roth diese Änderung vorgenommen haben könnte.*
- *Lesen Sie das Vorwort des Essays „Juden auf Wanderschaft" von Joseph Roth (Textausgabe, S. 168 f.). Formulieren Sie mit eigenen Worten, für welche Leserschaft und mit welcher Intention Roth diesen Essay geschrieben hat.*
- *Nehmen Sie Stellung, ob sich diese programmatischen Überlegungen Roths Ihrer Meinung nach auch auf den Roman „Hiob" übertragen lassen.*

Mendel ist ein Mann ohne Wünsche und Träume, ohne materielle Zukunft, aber auch ohne Schuld. In all dieser Aussichtslosigkeit hat Mendel sich aber grundlegende vitale Impulse erhalten: Er begehrt seine Frau und nimmt sein Essen mit Appetit zu sich (vgl. S. 6). Mendel ist im gesamten Roman das einzige Mitglied der Familie Singer, das körperlich unbeschadet bleibt und nicht durch Krankheit oder die Gewalteinwirkungen des Krieges beeinträchtigt wird. Dies ist umso interessanter, als der biblische Ijob durch eine quälende Hautkrankheit geplagt wird, die den letzten, zermürbenden Schritt seines Leidens darstellt. Mendel ist ein demütiger Mensch, der sein Leben und alle Widerfahrnisse als gottgegeben hinnimmt. Seine Weise, mit guten wie mit schwierigen Situationen umzugehen, ist Gebet und Gottvertrauen, die religiösen Vollzüge geben ihm Halt und Struktur. Menschliches Handeln und Hilfe haben für ihn nur einen geringen Stellenwert, was ihn, anders als seine Frau Deborah, oft in seinem Tun hemmt. Mendel lehnt jede Vermittlungsinstanz zwischen Gott und den Menschen ab und ist damit ein typischer Vertreter des orthodoxen Judentums.
Mithilfe einiger Vorarbeiten sollen die Schülerinnen und Schüler für Mendel Singer eine literarische Charakterisierung erstellen. Diese Schreibform wird vermutlich im Deutschunterricht der Mittelstufe eingeführt und eingeübt worden sein. Eine Hilfe zu möglichen Aspekten

findet sich als **Zusatzmaterial 1**, S. 153. Je nach Anspruchsniveau kann sich das Ergebnis nur auf die Erkenntnisse dieses ersten Teilbausteins zu Mendel Singer beziehen oder aber am Schluss dieses Bausteins auch die Überlegungen zum Verhältnis Mendels zu seinen beiden wichtigsten Bezugsgrößen – seiner Frau und seinem Gott – mit einbeziehen.

Die Vorarbeiten des Auffindens und Auswertens ertragreicher Textstellen können die Schülerinnen und Schüler in arbeitsteiliger Gruppenarbeit erledigen. Es wurde hier bewusst darauf verzichtet, gezielt einige Textstellen anzugeben, da durch die eigene Recherche auch die Sicherheit des Zurechtfindens im Roman gestärkt werden soll. Das **Arbeitsblatt 7**, S. 39, bereitet den Arbeitsauftag in Form eines kooperativen Lernarrangements (Gruppenpuzzle) auf, sodass zugleich Selbstständigkeit und Teamarbeit innerhalb der Lerngruppe gefördert werden.

Manche Verhaltensweisen Mendels mögen auf die Schülerinnen und Schüler möglicherweise zunächst befremdlich wirken. Die Texte von Andrea Ehrlich und Christine Schmidjell (**Arbeitsblatt 8**, S. 40f.) stellen die typischen sozialen Strukturen im Schtetl dar und lassen erkennen, dass zum Beispiel Mendels tatenlose Duldsamkeit ein typischer Zug der Mentalität der Menschen war. Was sein Ansehen angeht, erfüllt Mendel nur wenige Kriterien eines „schejnen jidn“: Als Melamed verkörpert er zwar die Hingabe an die Thora, er ist aber weder vermögend noch von respektabler Herkunft. Allein seine Rechtgläubigkeit kann ihm soziale Geltung verschaffen. Diese schließt eine innere Haltung ein, die ihn sein Schicksal als determiniert und von Gott gegeben annehmen lässt.

- *Legen Sie dar, inwiefern Joseph Roth der Handlung seines Romans „Hiob“ typische soziale Strukturen des Lebens in einem russischen Schtetl zugrunde legt. Lesen Sie dazu den Text von Andrea Ehrlich (Arbeitsblatt 8).*
- *Erörtern Sie, ob Mendel Singer ein „schejner jidn“ ist. Beziehen Sie dazu auch die Ausführungen von Christine Schmidjell über den Beruf des Melamed (Arbeitsblatt 8) mit ein.*

Soziale Stellung im Schtetl

- soziales Ansehen im Schtetl als „schejner jidn“ durch:
  - Vermögen
  - Gelehrsamkeit
  - Familienabstammung
  - soziales und gottesfürchtiges Verhalten

– Mendel verfügt weder über Reichtum noch über eine gute Familienherkunft
– seine Gelehrsamkeit und sein Beruf als Melamed sind auf der geringsten Stufe angesiedelt und geben ebenfalls kein Prestige

↓

klagloses Ertragen seines Schicksals und Vertrauen auf Gottes Plan als einzige Möglichkeit für Mendel, soziales Ansehen zu erlangen

Mendel hat im Verlauf des Romangeschehens sein Schicksal nicht nur fromm erduldet, sondern durchaus Entscheidungen getroffen, deren Richtigkeit infrage gestellt werden kann. Hätte er sich nicht widersetzt, Menuchim als Kind im Krankenhaus behandeln zu lassen, hätte dieser vielleicht schon eher gefördert werden können und wäre gesundet. Hätte Mendel sich nicht letztlich für die Auswanderung ausgesprochen, wären der Familie der Abschied von Menuchim und mancher Schicksalsschlag erspart geblieben. Der Frage nach der Richtigkeit seines Handelns soll hier in zwei Schritten nachgegangen werden. Zunächst wird Mendel Singer mit der Figur Bonze Schweig in der Erzählung von Izchok Lejb Perez (**Ar-**

beitsblatt 9, S. 42f., verglichen. Bonze Schweig erscheint fast als Überzeichnung Mendels. Er ist ein Mann, so unscheinbar, dass er im Augenblick seines Todes schon vergessen ist. Selbst im Himmel, als ihm alle Wünsche offenstehen, bittet er um nicht mehr als ein Butterbrot. Erst hier erfährt er, dass er zeit seines Lebens die Kraft zum Schreien und Rebellieren gehabt hätte.

- *Charakterisieren Sie die Figur „Bonze Schweig" (Arbeitsblatt 9).*
- *Vergleichen Sie Bonze Schweig mit Mendel Singer.*
- *Stellen Sie sich vor, Bonze würde nach dieser Szene eine zweite Chance bekommen und könnte sein Leben noch einmal leben. Wie würde er sich verhalten?*

Der Frage nach Mendels Schuld geht der Text von Michael Zimmer (**Arbeitsblatt 10**, S. 44) nach. Der Autor legt dar, dass es nicht nur die Erkaltung des ehelichen Verhältnisses zu Deborah war, die in seine Schuldigkeit fällt und Auslöser der Ereignisse war. Diese Erklärung, die Mendel sich selbst gibt (vgl. S. 111, Z. 21 ff.), greife zu kurz. Vielmehr sei es seine „Dogmatik und Engstirnigkeit seines Denkens", die ihn schuldig werden lasse und die er erst als alter Mann, geläutert durch das Leid, aufzulösen in der Lage sei.

- *In welchen Situationen empfinden Sie Mendel Singers Verhalten als schuldhaft? Diskutieren Sie Ihre Einschätzungen.*
- *Arbeiten Sie aus dem Text „Mendel Singers Schuld" von Michael Zimmer (Arbeitsblatt 10) heraus, von welchem Schuldverständnis der Autor ausgeht.*
- *Inwiefern ist die Schuld wichtig für die Entwicklung von Mendel Singer?*
- *Der Roman endet damit, dass Mendel sich hinlegt und ausruht. Verfassen Sie einen inneren Monolog, in dem Mendel vor dem Einschlafen noch einmal die Ereignisse seines Lebens Revue passieren lässt.*

Mendels Schuld

schuldhafte Situationen

- Ablehnung, Menuchim im Krankenhaus behandeln zu lassen
- körperliche Züchtigung der Kinder
- keine erzieherische Einflussnahmen auf Mirjam
- Zurücklassen des kranken Menuchim bei der Auswanderung
- mangelnde Liebe zu Deborah
- kein Eingreifen bei Meldung Sams zur Armee

eigentlicher Grund der Schuld

- Handlungsunfähigkeit und mangelndes Eingeständnis seiner Unfähigkeit aus dogmatischen Gründen

Auflösung nach der Krise

- gewandeltes Gottesbild
- neues Selbstverständnis
- Zuwendung zur Welt und Menschen jenseits strenger Gebote

2.2 Mendel und Deborah

Mendel Singer und seine Frau Deborah sind sehr unterschiedliche Charaktere. Neben dem still erduldenden Mann steht eine tatkräftige Frau, die mit allen ihr zur Verfügung stehenden Mitteln versucht, gegen ihr Schicksal anzukämpfen.
Der folgende Baustein 3 setzt sich genauer mit dieser Frauenfigur auseinander. Hier soll nun zunächst die Rolle Deborahs in Bezug auf den Protagonisten Mendel untersucht werden.
Von Beginn des Romans an werden Deborahs Klagen und ihre Kritik am einfachen Beruf und schlechten Einkommen ihres Mannes genannt. Mit ihren Vorwürfen hält sie nicht hinter dem Berg, sondern konfrontiert Mendel schonungslos mit ihrer Unzufriedenheit. Während in der ersten Szene noch von einem Begehren Mendels seiner Frau gegenüber die Rede ist, schläft ihr körperliches Miteinander mit der Geburt Menuchims vollständig ein. In einer Schlüsselszene wird offenkundig, wie sehr damit auch eine emotionale Kälte und innere Entfernung der Eheleute eingetreten ist. Deborah wacht eines Nachts auf, stellt sich im Schlafzimmer vor einen Spiegel und betrachtet ihren alternden Körper. Sie bemerkt, wie sich ein Auge des schlafenden Mendel öffnet. Obwohl dieser erst wenig später durch ein Geräusch tatsächlich erwacht und keinen bewussten Blick getan hat, ist diese Situation für Deborah erschütternd. Ab diesem Zeitpunkt versiegt die Sexualität zwischen den Eheleuten, mehr noch: „Sie schämten sich voreinander und schwiegen" (S. 20, Z. 10) wie die ersten Menschen im Paradies nach dem Sündenfall.
Die grundsätzliche Verschiedenheit zwischen Mendel und Deborah schlägt sich im Romanverlauf in mehreren Szenen nieder, in denen von Streit und Vorwürfen erzählt wird und davon, dass Deborahs Unzufriedenheit auch in Amerika nicht aufhört. Erst nachdem sie gestorben ist, reflektiert Mendel sein Verhältnis zu ihr und fragt sich, ob der Kern des Unglücks nicht in der erkalteten Beziehung zu seiner Frau gelegen habe: „In jungen Jahren habe ich dein Fleisch genossen, in späteren Jahren habe ich es verschmäht. Vielleicht war das unsere Sünde. Weil nicht die Wärme der Liebe in uns war, sondern zwischen uns der Frost der Gewohnheit, starb alles rings um uns, verkümmerte alles und wurde verdorben." (S. 111, Z. 23ff.). Für die Arbeit an diesem Thema siehe auch **Arbeitsblätter 11** und **12** (S. 45 und 46).

- *Analysieren Sie die Textpassage S. 18, Z. 24–S. 20, Z. 6. Deuten Sie dabei besonders das Verhältnis von äußerem Geschehen und innerem Erleben („Gar nichts geschah. Dennoch schien Unendliches geschehen zu wollen.", S. 19, Z. 35f.).*

- *Untersuchen Sie das Verhältnis zwischen den Eheleuten Mendel und Deborah im Romanverlauf und stellen Sie Ihre Ergebnisse entweder in Form eines zusammenhängenden Textes oder in Form einer Grafik dar.*
  Folgende Textstellen geben Ihnen Hinweise dazu:
  - *S. 6, Z. 7–S. 7, Z. 29*
  - *S. 30, Z. 30–S. 31, Z. 19*
  - *S. 90, Z. 28–S. 91, Z. 24*
  - *S. 98, Z. 17ff.*
  - *S. 102, Z. 9–21*
  - *S. 111, Z. 9–30*

- *Stellen Sie Mendel und Deborah aus der Sicht ihres jeweiligen Ehepartners vor. Füllen Sie dazu entweder das Arbeitsblatt 11 aus oder verfassen Sie einen Text als Rollenbiografie aus der Sicht Mendels in der Ich-Form und einen weiteren Text aus der Sicht Deborahs, in dem sie ihren Mann vorstellt. Vergleichen Sie die beiden Sichtweisen miteinander.*

- *Inwiefern sind die Sichtweisen der beiden Ehepartner deckungsgleich? Wo unterscheiden sich Selbst- und Fremdbild?*
- *Lesen Sie den Text von Joseph Roth über aufgeklärte Juden und Chassidim und den Text über den Chassidismus von Andrea Übelhack (Arbeitsblatt 12) und stellen Sie wesentliche Merkmale dieser Glaubensrichtungen zusammen.*
- *Überprüfen Sie, inwiefern sich Mendel Singer und seine Frau Deborah dem aufgeklärten oder dem chassidischen Judentum zuordnen lassen.*

Mendel	**Deborah**
• nimmt sein Schicksal als gegeben an	• kämpft gegen die Schicksalsschläge an
• ist duldsam	• ist zupackend-pragmatisch
• hält sich streng an jüdische Gebote und Verbote	• erfüllt die Aufgaben im Haushalt, unterstützt bei den jüdischen Festlichkeiten
• „Sein gerader Sinn war auf die einfachen irdischen Dinge gerichtet und vertrug kein Wunder im Bereich der Augen." (S. 15, Z. 15 ff.)	• hofft auf Wunder, z. B. Menuchims Heilung, Bewahrung der Söhne vor dem Kriegsdienst
• „Seine schlichte Frömmigkeit bedurfte keiner vermittelnden Gewalt zwischen Gott und den Menschen." (S. 15, Z. 18 ff.)	• glaubt an Vermittler zwischen Menschen und Gott: wendet sich an den Wunderrabbi; betet auf dem Friedhof zu den Ahnen
vertritt das orthodoxe Judentum	**steht dem Chassidismus nahe**

Als Abschluss dieser Überlegungen zu den beiden Hauptfiguren können die Schülerinnen und Schüler herausgefordert werden, sich persönlich mit den beiden dargestellten Lebensentwürfen auseinanderzusetzen. Im Roman „Hiob" ist letztlich keiner der beiden Wege erfolgreich. Deborah bleibt zeit ihres Lebens unzufrieden und auch Mendel scheitert. Er kann erst zur inneren Ruhe finden, nachdem er seine strenge Haltung aufgegeben hat und als ganzheitlicher Mensch lebt.

- *Vorherbestimmtheit oder Selbstbestimmung? Wie schätzen Sie diese beiden Größen mit Blick auf Ihr eigenes Leben ein? Machen Sie in einer Prozentzahl Ihre eigene Lebenseinstellung deutlich (z. B. 50 % Vorherbestimmtheit, 50 % Selbstbestimmung). Tauschen Sie sich über Ihre Ergebnisse aus.*
- *Diskutieren Sie Mendels und Deborahs Lebenseinstellung: Welche liegt Ihnen persönlich näher? Als wie „erfolgreich" werden sie von Joseph Roth dargestellt? Was ist Ihre eigene Strategie und Deutungsweise, mit dem Schicksal umzugehen?*

2.3 Mendel und sein Gottesglaube

Für Mendel Singer stellen sein Glaube und dessen Vollzüge einen, wenn nicht den entscheidenden Halt in seinem Leben dar. Sein Tagesablauf und das Jahr werden strukturiert durch regelmäßige Gebets- und Festzeiten, sein Broterwerb besteht in der Weitergabe religiöser Traditionen an die nächste Generation und sein Aussehen ist durch die jüdischen Kleidungsvorschriften geprägt. Jude zu sein ist das identitätsstiftende Merkmal Mendels. Umso existenzieller trifft ihn sein späterer Gotteszweifel
In einer Textpassage, die Mendel allein im Bethaus zeigt (S. 55, Z. 22 ff.), ist deutlich abzulesen, wie sehr sein Glaube für ihn Verwurzelung bedeutet. Er berührt sein Gebetpult „mit einer zärtlichen Hand" (S. 55, Z. 24), einer Geste, die er ansonsten weder für seine Frau noch für seine Kinder aufbringt. Anders als seine Gegend, sein Haus und sein Land ist sein Gebetbuch ihm „heimisch" und „vertraut". Das Gebet, das Mendel dann anstimmt, lässt ihn aus der Wirklichkeit entfliehen und sein Selbst völlig auflösen in der Hinwendung an die Transzendenz. Er ist nichts anderes mehr als ein Beter, der sich an seinen Gott wendet: „[…] die Worte gingen durch ihn den Weg zum Himmel, ein hohles Gefäß war er, ein Trichter." (S. 56, Z. 22 ff.)

- *Analysieren Sie die Textpassage S. 55, Z. 22 bis S. 56, Z. 24. Zeigen Sie dabei auf, welche Bedeutung das Gebet für Mendel Singer hat.*
- *Deuten Sie die Metapher „ein hohles Gefäß war er, ein Trichter" (S. 56, Z. 23 f.).*
- *Im Text wird nicht gesagt, welche Gebete Mendel gesprochen hat. Das wichtigste Gebet der Juden ist das „Sch'ma Israel", ähnlich wie für Christen das „Vaterunser" oder das „Glaubensbekenntnis". Lesen Sie den Gebetstext (Sie finden ihn zum Beispiel im Anhang der Textausgabe, S. 199) und stellen Sie dar, wie dessen Inhalt und Mendels Haltung zusammenpassen.*
- *Lesen Sie den Text „Das Gebet um alltägliche Dinge" von Rabbi Nachman von Bratzlav (**Arbeitsblatt 13**, S. 48). Inwiefern findet sich Mendels und/oder Deborahs Spiritualität hier wieder?*

In der Regel haben die Schülerinnen und Schüler sich im Religionsunterricht in der Mittelstufe mit dem Judentum und seinen religiösen Vollzügen beschäftigt. Feste, Gebräuche und Speisevorschriften dürften also in Gründzügen bekannt sein. In kleinen Präsentationen oder Kurzreferaten können an dieser Stelle einige Informationen aufgefrischt werden, etwa um besser zu verstehen, warum Mendel seinen Sohn Menuchim nicht im Krankenhaus behandeln lassen will (weil dort die jüdischen Speisevorschriften nicht eingehalten werden) oder welche Bedeutung die Vorbereitungen und die Feier des Sabbat und dabei die Rolle Deborahs als Hausfrau haben. Hilfen finden sich z.B. im Internet unter http://www.talmud.de/artikel/Kaschrut2.htm und im **Zusatzmaterial 2** (Der Sabbat), S. 154 f.

- *Stellen Sie in Kurzreferaten wichtige Sitten und Gebräuche des Judentums vor, zum Beispiel: Speisevorschriften, typische Kleidung, Gebetsutensilien, Vorbereitungen und Verlauf des Sabbat, Bedeutung der Thora. Informationen finden Sie im Anhang der Textausgabe (S. 197 ff.) und im Zusatzmaterial dieses Unterrichtsmodells. Recherchieren Sie darüber hinaus in Ihren Religionsbüchern der Mittelstufe, in Lexika und im Internet.*

Als Mendel am Tiefpunkt seines Lebens angekommen ist (sein Sohn Schemarjah ist gefallen, Deborah ist an Kummer gestorben, Mirjam ist verrückt geworden und liegt im Krankenzimmer wie in einem Sarg (vgl. S. 155, Z. 34 und S. 116, Z. 1), seine beiden anderen Söhne wähnt er tot), stürzt er in eine tiefe Glaubenskrise. Er spottet über den Rat des Doktors, für seine Tochter zu beten und auf Gottes Hilfe zu vertrauen (S. 116, Z. 18 ff.), und ist im Begriff, seine Gebetsutensilien, die ihn sein Leben lang begleitet haben, zu verbrennen. „Gott will ich verbrennen" (S. 119, Z. 8), beschreibt er sein Vorhaben selbst. Etwas in ihm hält ihn im letzten Moment davon ab, das Säckchen mit seinen Gebetsriemen, seinem Gebetsmantel und seinen Gebetbüchern dem Feuer zu übergeben, sodass letztlich die Nachbarn auf Mendel aufmerksam werden und ihn von seinem Tun abbringen. Im Gespräch mit ihnen – das parallel gestaltet ist zu den Redegängen im biblischen Buch Ijob – zeigt sich, wie Mendel Gott für sein Unglück anklagt und dabei zwar die Güte, jedoch nie die Existenz Gottes anzweifelt. Das Gebet jedoch, als Weise mit Gott in Kontakt zu treten, ist für Mendel unmöglich geworden (vgl. S. 122, Z. 33). Diese Gotteskrise erschüttert ihn und die Nachbarn tief, macht Mendel andererseits aber auch ein Stück weit innerlich frei. Er verspürt keine Angst mehr, nicht einmal mehr vor der Vorstellung einer Hölle (vgl. S. 122, S. 21 ff.). In der Folge verweigert Mendel sich fast wie ein trotziges Kind den traditionellen Vorschriften, indem er unkoscheres Schweinefleisch isst. Auffällig ist auch, dass in diesem Zusammenhang zum ersten und einzigen Mal der Gottesname „Jehovah" genannt wird (S. 123, Z. 31), was ebenfalls im jüdischen Verständnis eine Respektlosigkeit ist, denn der Gottesname wird in der Regel nicht ausgesprochen. Auch äußerlich sichtbar hat Mendel sich in dieser existenziellen Krise verändert. Plötzlich erscheint er nicht mehr unscheinbar und in schwarz-grauer Farbe: „Warum erschien er allen größer und stattlicher? Warum ging so ein weißer und furchtbarer Glanz von seinem Angesicht aus? [...] Seine Majestät, der Schmerz, dachte der Doktor, ist in den alten Juden gefahren." (S. 116, Z. 14 f.) Die Prophezeiung, die der Wunderrabbi über den jungen Menuchim ausgesprochen hat, bekommt hier eine universelle Gültigkeit: Auch Mendel ist durch den Schmerz weise und durch die Bitterkeit milde geworden (vgl. S. 14, Z. 34 ff.).

Dieser Wandel, der an Mendels Tiefpunkt beginnt, wird ins Positive umgekehrt durch das Hören von „Menuchims Lied". Dieses Musikstück rührt den alten Juden zutiefst, ihn, der im ersten Teil des Romans eher als buchstabentreu, aber gefühlskalt dargestellt wird. Nun endlich hat er Zugang zu seinen Emotionen. Letztlich kann Mendel durch Menuchims Wiederkehr zu einer erlösten Religiosität finden, die ihn in Kontakt bringt zur Welt und zu den Menschen.

- *Beschreiben Sie genau, welche Wirkung das Hören von „Menuchims Lied" auf Mendel Singer hat. (Textgrundlage: S. 129, Z. 26 bis S. 130, Z. 36)*
- *Erörtern Sie, inwiefern davon gesprochen werden kann, dass diese Stelle einen wichtigen Entwicklungsschritt des Protagonisten zeigt. Betten Sie dazu die Stelle in den Kontext des gesamten Romans ein.*

Mendel Singer, der sich früher an sämtliche Gebote, Verbote und Vollzüge gehalten hat, kann in der Schlussszene seine Kopfbedeckung abnehmen, nur um die Sonne auf seinem Schädel zu fühlen und ohne dadurch sein Judentum beschädigt zu sehen. Als sinnfälliges Zeichen dafür hat er sein Samtsäckchen mit den Gebetsutensilien entstaubt und es mitgenommen in die neue Glitzerwelt des modernen Amerika. Mendel, der orthodoxe Jude aus dem Osten, ist schließlich in der neuen Welt im Westen angekommen.

- *Untersuchen Sie, wie sich Mendels Gottesbeziehung durch die Leiderfahrungen wandelt. Vergleichen Sie dazu Mendels Verhalten und Reden in Kap. XIII/XIV (S. 119, Z. 9 bis S. 125, Z. 19) mit seinem Verhalten zu Beginn des Romans (Kap. I).*
- *Stellen Sie Mendels Verhalten am Schluss des Romans (S. 151, Z. 22–33) in einen Zusammenhang zu Ihren Erkenntnissen.*

Mendels Gotteskrise

vorher: Mendel ...	in der Krise: Mendel ...	nachher: Mendel ...
vertraut auf Gott als Lenker des Lebens	zweifelt nicht an Existenz, aber an Güte Gottes („Gütiger als Gott ist der Teufel." (S. 122, Z. 24 f.))	glaubt durch das Wunder wieder an die Güte Gottes
denkt, dass Gott bisweilen die Menschen straft; dieses Los haben sie mit Ergebenheit zu tragen	bezeichnet Gott als „Isprawnik"	bittet Gott um den Segen für seine Familie
strukturiert sein Leben unhinterfragt nach den jüdischen Ge- und Verbote, Riten und Festen	kann nicht mehr beten und verstößt bewusst wie aus Trotz gegen die Speisevorschriften	lernt in der Pessach-Nacht wieder beten und „Halleluja" rufen; entblößt sein Haupt und grüßt so die Welt
benutzt seine Gebetsutensilien selbstverständlich jeden Tag	will seine Gebetsutensilien verbrennen	entstaubt seine Gebetsutensilien und nimmt sie mit in die neue Welt
→ Entwicklung einer neuen Gottesbeziehung		

Als Abschlussaufgabe kann nun eine vollständige literarische Charakterisierung diesen gesamten Unterrichtsbaustein abschließen.

- *Verfassen Sie aus Ihren Erkenntnissen über die Person Mendel Singer, sein Verhältnis zu Deborah und seinen Gottesglauben eine zusammenhängende Charakterisierung der literarischen Figur.*

Notizen:

Die Entwicklung des Charakters Mendel Singer

Gruppe A

1.
in Einzelarbeit:
Arbeiten Sie am 1. Teil des Romans. Finden und markieren Sie Textstellen, die Ihnen wesentliche Informationen über Mendel Singer geben.

2.
in Kleingruppenarbeit:
a) Tragen Sie Ihre Beobachtungen zusammen und sortieren Sie sie (mögliche Kategorien wären z. B. Aussehen, Beruf, Lebenseinstellung, Verhalten in der Familie, Religiosität etc.).
b) Differenzieren Sie, aus welcher „Quelle" die Informationen stammen (z. B. vom Erzähler, aus der Sicht Deborahs, aus dem Verhalten oder den Worten Mendels selbst abgeleitet).

Gruppe B

1.
in Einzelarbeit:
Arbeiten Sie am 2. Teil des Romans. Finden und markieren Sie Textstellen, die Ihnen wesentliche Informationen über Mendel Singer geben.

2.
in Kleingruppenarbeit:
a) Tragen Sie Ihre Beobachtungen zusammen und sortieren Sie sie (mögliche Kategorien wären z. B. Aussehen, Beruf, Lebenseinstellung, Verhalten in der Familie, Religiosität etc.).
b) Differenzieren Sie, aus welcher „Quelle" die Informationen stammen (z. B. vom Erzähler, aus der Sicht Deborahs, aus dem Verhalten oder den Worten Mendels selbst abgeleitet).

Expertengruppe A + B

3. Stellen Sie sich gegenseitig Ihre Ergebnisse vor und vergleichen Sie die Charaktermerkmale Mendel Singers im ersten und im zweiten Teil des Romans miteinander.
4. Diskutieren Sie, ob und inwiefern davon gesprochen werden kann, dass Mendel sich verändert oder entwickelt.

Rückkehr in die Stammgruppen A bzw. B

5. Informieren Sie sich gegenseitig über die Ergebnisse der Gespräche in den Expertengruppen, vor allem zu Aufgabe 4 (Mendel Singers Entwicklung?), und diskutieren Sie gegebenenfalls Unstimmigkeiten.
6. Halten Sie Ihr Fazit in ein bis zwei Sätzen fest.

(evtl. 7. Einzelarbeit/Hausaufgabe: Verfassen Sie eine schriftliche Charakterisierung der Figur Mendel Singer.)

Soziales Leben im Schtetl

Andrea Ehrlich: Soziale Strukturen im Schtetl

Die Menschen im Schtetl sahen das Universum als ein geplantes Ganzes, worin alles seinen Platz, seine Funktion und seinen Sinn hat. Wenn etwas heute unverständlich erschien, würde es sich morgen erklären lassen, man verstand es als Teil eines Langzeitprozesses, dessen Ungereimtheiten sich später auflösten. Diese Vorstellung, unter anderem, machte es erst möglich, die Armut zu ertragen. Aber die Schtetlmenschen lebten deshalb nicht passiv in ihrem Elend, denn der Talmud sagt: Alles ist vorbestimmt, aber die Wahl ist gegeben. Gott hat die Welt für den Menschen erschaffen, das Wohlergehen der Menschen ist darin wichtig, deshalb wird sich, auch wenn man heute arm ist, alles zum Guten wenden. Gott hat den Sabbat geschenkt, und es ist eine mizvah[1], ihn zu feiern und zu genießen. Im Judentum gibt es keine Askese, außer an einigen wenigen Fasttagen, es gibt keine jüdischen Klöster, Genuss ist für den Menschen da. Die Sabbatfeier brachte somit auch der ärmsten Familie im Schtetl ein wenig Freude und Ablenkung vom harten Alltag.

Jeder musste seine Bürde tragen. Aber im Schtetl bedeutete, ein schweres Joch zu tragen, auch die Möglichkeit, soziales Ansehen zu erlangen, ein Mechanismus, der die Schtetlbewohner wohl vor dem Untergang und der Kapitulation vor der Armut gerettet hat. Es war eine Genugtuung, viel Arbeit zu haben, und die Hausfrau brüstete sich stolz damit. [...]

Derartige soziale Abhängigkeiten gab es im Schtetl viele, angefangen in der kleinsten Einheit, der Familie. Die Eltern brauchten einander, ihre Gegensätze ergänzten sich. Der Vater verkörperte den Verstand und den Denker, die Mutter stand für emotionale Aufopferung. Beide wiederum brauchten ihre Kinder, die natürlich von den Eltern durch Versorgung und Erziehung abhängig waren, denn Kinder zu bekommen ist eine mizvah, genauso wie diese traditionell und religiös aufzuziehen, und so konnten die Eltern durch ihre Kinder ihre guten Taten für den Himmel erhöhen.

Soziales Ansehen war im Schtetl sehr wichtig. Status konnte man durch Gelehrsamkeit, Vermögen, soziales Verhalten oder Familienabstammung erlangen. Am wichtigsten war das soziale Ansehen, das durch Gelehrsamkeit erworben wurde. Im Ostjudentum war das Studium der Thora die wichtigste mizvah für den Mann. Schon im frühesten Kindesalter wurden die Söhne der Schtetlbewohner in den Cheder, die jüdische Schule, geschickt, wo sie im Alter von drei Jahren hebräisch lesen und beten lernten. Jeder Junge erhielt von der Gemeinde die Möglichkeit, sein Leben ganz dem Studium der Thora zu widmen, und stellte es sich heraus, dass er besonders begabt war, trug die Gemeinde die Kosten seiner Ausbildung. So konnte ein Sohn armer Eltern seiner Familie zu sozialem Aufschwung verhelfen. [...]

Aber auch durch das richtige soziale Verhalten konnte Prestige erworben werden. Besaß jemand weder Geld, noch jichus[2] oder Gelehrsamkeit, konnte er durch die strikte Einhaltung aller religiösen Vorschriften und Wohltaten, die nicht materieller Art waren, Ansehen gewinnen.

Am kompliziertesten ist die Bedeutung der Abstammung für das soziale Prestige. Der jichus setzte sich aus der Abstammung von verschiedenen gelehrten, wohlhabenden oder charismatischen Persönlichkeiten zusammen. Je wichtiger die Vorfahren waren, desto größer war der jichus. Gleichzeitig war damit aber auch das eigene Prestige bezeichnet, das durch die vorherigen drei Komponenten erworben wurde, denn wer durch die Vorfahren jichus besaß, musste sich trotzdem behaupten. Ein Mädchen aus einer bedeutenden Familie durfte auf keinen Fall unter ihrem jichus heiraten.

Das Ideal war eine Verbindung aller dieser Kriterien, also ein vermögender Mann mit beachtlichem jichus, der sein Leben der Thora und einem richtigen sozialen Verhalten widmete. Man nannte sie auch die *„schejne(n) jidn"*. [...]

In: Andrea Ehrlich: Das Schtetl. Wirtschaftliche und soziale Strukturen der ostjüdischen Lebensweise. URL: http://www.hagalil.com/galluth/shtetl/au3.htm#4.4) Soziale [1.10.2012]

Christine Schmidjell: Über den Melamed

Mendel Singer übte im Schtetl den Beruf des jüdischen Lehrers für kleine Kinder, des melamed, aus. In der bei den Ostjuden als *chejder* bezeichneten Elementarschule, die meist durch materielle Gründe bedingt im Haus des Lehrers stattfand, wurden kleinen Jungen die Grundkenntnisse des Hebräischen und der Bibel, insbesondere der Thora [...], beigebracht. Der soziale Status eines *melamed* innerhalb der jüdischen Gemeinde war jedoch äußerst gering.

„Der m'lamed kann auch kaum von seinen schmalen Unterrichtsgebühren leben, die er von den Eltern einnimmt; so sind er und seine Familie chronisch

---

[1] ein jüdisches Gebot

[2] gute Familienherkunft, Abstammung

unterernährt. Es gibt so manche Geschichte wie die von der Frau des m'lamed oder deren Töchtern, die die Butter und das Brot, das die Mütter den Kindern für das Mittagsmahl mitgaben, ‚wegzauberten' und dann erklärten: ‚Die Katze hat es gestohlen.' Zu der traurigen Lage des m'lamed kommt hinzu, dass die ganze Gemeinde auf ihn herabblickt. Den Reichtum des Wissens mit anderen zu teilen, ist die ‚schönste' aller Taten; von dem kärglichen Bestand des Wissens auch noch zu verkaufen, das ist unwürdig ... ‚Man soll aus der Thora keine Axt machen', sagt man."[1]

Die Lehrmethoden im *cheder* waren, dem Alter der Kinder angepasst, meist sehr einfach und bestanden in der unermüdlichen Wiederholung der hebräischen Wörter, wobei jeder Buchstabe und jede Silbe auswendig gelernt werden musste, der Sinn aber weniger erfasst wurde.

„Sich zu wiegen, während man liest, und die Worte in einem Singsang nach einer unveränderlichen Melodie zu sprechen, nach der *nign*, wird als notwendig für ein erfolgreiches Studium erachtet. Wie Beten, so ist das Lesen eines geistlichen Textes immer von einem unablässigen Schaukeln – vorwärts-rückwärts, vorwärts-rückwärts – begleitet; die Worte werden laut gelesen, mit tiefer Stimme in einem Singsang, der steigt und fällt. ‚Es ist einfacher zu behalten, was man studiert, wenn man dabei schaukelt.' Der überfüllte Raum im Hause des m'lameds, in dem die Kinder vom frühen Morgen bis spät abends studieren, ist immer mit einem Brummen und Summen erfüllt, über das sich die schrille Stimme des Kindes erhebt, das gerade vorliest, oder das plötzliche Donnern des melameds, wenn er einen Missetäter straft. Das Geräusch des Studierens – ‚so laut wie ein Markt' – kann bis draußen dringen und auf der Straße gehört werden, wenn man sich dem Hause nähert. Das Schaukeln und der Singsang gehen automatisch in Fleisch und Blut über."[2] Wenn die beiden Söhne Mendel Singers beim Nachhausekommen im „Singsang der lernenden Kinder" ein Gefühl der Vertrautheit und Geborgenheit erleben, wird diese lebensprägende Bedeutung des *cheders* deutlich.

Aus: Christine Schmidjell: Joseph Roth: Hiob. Erläuterungen und Dokumente, Reclam, Stuttgart 2004, S. 9f. und 15f.

---

[1] Mark Zborowski/Elizabeth Herzog, Das Schtetl. Die untergegangene Welt der osteuropäischen Juden, aus dem Amerikan. von Hans Richard, München 1991, S. 67.

[2] Dies., S. 70.

- *Legen Sie dar, inwiefern Joseph Roth der Handlung seinem Roman „Hiob" typische soziale Strukturen des Lebens in einem russischen Schtetl zugrunde legt.*
- *Erörtern Sie, ob Mendel Singer ein „schejner jidn" ist.*

Izchok Lejb Perez: Bonze Schweig

„Die 1894 entstandene Erzählung „Bonze Schweig" wurde zu einem Schlüsseltext für die jüdische Hiobrezeption im 20. Jahrhundert. Der Autor Izchok Lejb Perez, der als russischer Beamter auf vielen Inspektionsreisen durch die Provinz die bittere Armut der russischen Juden im Schtetl kennengelernt hatte, setzte den unzähligen namenlosen Jidden mit Bonze Schweig ein Denkmal. Ganz bewusst knüpft er damit an das biblische Hiobbuch an. Auch er lässt die Erzählung auf zwei Ebenen spielen, auf der Erde und im Himmel. Und doch ist Bonze Schweig eine Hiobsgestalt ganz anderer Art. Die Erzählung setzt da ein, wo das Hiobbuch endet, mit dem Tod Bonzes."[1]

Hier auf dieser Welt machte Bonze Schweigs Tod gar keinen Eindruck! Man kann lange fragen, wer Bonze Schweig war, wie er lebte, woran er starb: ob ihm das Herz barst, ob ihm die Kräfte ausgingen, ob ihm unter einer schweren Last das Rückgrat brach ... Wer weiß es? Vielleicht starb er gar vor Hunger ...
Wenn ein Trambahnpferd stürzt, macht das schon viel mehr Eindruck: Die Zeitungen berichten darüber, Hunderte von Menschen rennen aus allen Gassen herbei, um das gestürzte Pferd oder wenigstens die Stelle, wo sich der Unfall ereignete, zu sehen ... Doch auch dem Trambahnpferd würde diese Ehre nicht zuteil, wenn es ebenso viele Millionen Trambahnpferde gäbe wie Menschen.
Bonze hat still gelebt und ist still gestorben. Wie ein Schatten glitt er durch unsere Welt.
Bei Bonzes Beschneidungsfeier trank man keinen Wein, klirrten keine Becher. Bei seiner Bar Mizwa hielt er keine wohlgesetzte Rede ... Er lebte wie ein farbloses Sandkörnchen am Meeresufer unter Millionen seinesgleichen. Und als der Wind das Sandkörnchen aufhob und zum anderen Ufer des Meeres hinübertrug, merkte es niemand.
Solange er lebte, blieb nicht eine Spur seiner Füße im Straßenschmutz. Und als er in der Erde lag, warf der Wind die kleine Holztafel auf seinem Grabe um. Die Frau des Totengräbers fand das Brettchen später weit vom Grab entfernt, machte Feuer damit und kochte darauf ihre Kartoffeln ... Drei Tage nach Bonzes Tod wusste der Totengräber nicht mehr, wo er ihn beerdigt hatte!
Hätte Bonze ein richtiges Grabmahl gehabt, so wäre es möglich, dass hundert Jahre nach seinem Tode Altertumsforscher den Grabstein gefunden hätten; dann wäre Bonze Schweigs Name noch einmal in unserer Luft erklungen.
Ein Schatten! In keinem Menschenherzen, in keinem Menschenhirn blieb Bonze Schweigs Bild zurück. Nichts erinnert an ihn.
Elend gelebt, elend gestorben.

„Nach Bonzes Tod steht er vor seinem himmlischen Richter. Sein Verteidiger rechnet ihm seine Leiden und sein geduldiges Schweigen als Verdienst zu, sein Ankläger, der himmlische Staatsanwalt, der die klassische Rolle des Satans spielt, muss letztlich kapitulieren und schweigen. Schließlich spricht der göttliche Richter selbst zu ihm:"[2]

„Mein Kind!", fährt der Allbarmherzige Herr des Gerichts fort. „Du schwiegst immer! Du hast kein einziges Glied, keinen einzigen Knochen in deinem Leibe, der nicht wund geschlagen wäre; es ist keine noch so verborgene Stelle in deiner Seele, die nicht blutete ... und du schwiegst immer ... Dort kehrte sich niemand daran; vielleicht wusstest du sogar nicht einmal, dass du schreien kannst und dass vor deinem Schreien die Mauern Jerichos erzittern und einstürzen würden? Du wusstest nichts von der Kraft, die in dir schlummerte ... In jener Welt wurde dein Schweigen nicht belohnt. Doch jene Welt ist die Welt der Lüge. Hier, in der Welt der Wahrheit, wirst du deinen Lohn bekommen! Dich wird der himmlische Gerichtshof nicht richten, über dich wird er keinen Spruch fällen. Dir wird er nichts zuteilen und nichts zumessen: Nimm dir, was du willst! Alles ist dein!"
Bonze hebt zum ersten Mal den Blick. Das Licht, das von allen Seiten auf ihn eindringt, blendet ihn. Alles blitzt, alles glänzt und funkelt, von allen Seiten schießen Strahlen; von den Wänden, von den Geräten, von den Engeln und von den Richtern.
Und er senkt die müden Lider wieder.
„Ist es wahr?", fragt er ungläubig und verschämt.
„Gewiss!", antwortete sehr bestimmt der Herr des Gerichts. „Ich sage dir ja: Alles ist dein! Alles im Him-

[1] Aus: Rüdiger Lux: Gott und das Böse im Buch Hiob, Vortrag in Leipzig am 3. November 2006. Online unter: http://www.uni-leipzig.de/~rp/rlt/rlt05/lux05.html#_ftn1 [Aufruf: 1.9.2012]. Siehe auch: Rüdiger Lux: „Hiob – Im Räderwerk des Bösen". Aus der Reihe: Biblische Gestalten. Leipzig: Evangelische Verlagsanstalt, 2012.

[2] A.a.O.

mel gehört dir! Wähle und nimm dir, was du willst: denn du nimmst nur von dem, was dir gehört!“

„Ist es wahr?“, fragt Bonze wieder, doch schon etwas sicherer.

„Gewiss! Gewiss! Gewiss!“, versicherte man ihm von allen Seiten.

„Nun, wenn es so ist“, sagt Bonze lächelnd, „dann möchte ich jeden Morgen eine warme Semmel mit frischer Butter!“

Richter und Engel schlagen verlegen die Augen nieder.

Der Ankläger beginnt zu lachen.

Aus: I. L. Perez, Baal Schem als Ehestifter und andere Erzählungen, Berlin 1969, S. 279 f. und S. 289 f.

- *Charakterisieren Sie die Figur „Bonze Schweig“.*
- *Vergleichen Sie Bonze Schweig mit Mendel Singer.*
- *Stellen Sie sich vor, Bonze würde nach dieser Szene eine zweite Chance bekommen und könnte sein Leben noch einmal leben. Wie würde er sich verhalten?*

Michael Zimmer: Mendel Singers Schuld

„Schuld", von „sollen" hergeleitet, meint zunächst die Verpflichtung zu einer Leistung, besonders einer finanziellen. Als Verpflichtung zu einer Bußleistung verstanden, bezeichnet das Wort dann auch deren Ursprung: die Verfehlung, das Verbrechen.

Im Bekenntnis ihrer wird Schuld als ein Nicht-sein-Sollendes und Nicht-sein-Müssendes bekannt. Sie wird bekannt als Verfehlung und Versäumnis gegenüber einem unbedingten „heiligen" Anspruch und sie wird bekannt als von sich und dem Schuldigen her aufhebbar – zugleich mit dem Verlangen und dem Ruf nach ihrer Tilgung. Nicht Bosheit, sondern Schwäche ist offenbar die wesentliche Bestimmung menschlichen Schuldigwerdens. Denn gerade und nur unter der Voraussetzung eines allmächtig-gerechten Gottes stellt sich das Problem des leidenden Gerechten in solcher Schärfe.

Damit ist unausweichliche Aufgabe geworden: das Thema der Theodizee, der Rechtfertigung Gottes.[1]

Für Mendel Singer wird die Frage nach seiner subjektiven Schuld zu einer Erkenntnis, die ihn zur Freiheit führt. Seiner Auffassung nach waren es mangelnde Liebe zu Deborah, die ihn scheitern ließ in der Ehe, und mangelnde Aufklärung, die seinen Sohn Sam hätte abhalten können, zur amerikanischen Armee zu gehen. In diesem Erkenntnisprozess verlieren soziologische und ökonomische oder gar psychologische Faktoren jegliche Erklärungsrelevanz. So reduziert auf subjektiv-emotionale Kräfte bleiben tiefere und abstraktere Komponenten menschlichen Lebens im Dunkeln. Damit fallen gleichzeitig Alternativen im Handlungsspektrum des Individuums aus der relativen Vielfalt der Handlungsmöglichkeiten heraus und bringen jene Starrheit in alle Überlegungen, deren Konsequenzen für das Individuum mit hoher Wahrscheinlichkeit in der Lebenspraxis nicht befriedigend sein müssen. Mendel Singers Schuld liegt nicht nur darin, seine Frau zu wenig geliebt zu haben, sondern auch in der Unfähigkeit, seine Überforderung durch die auf ihn und die Familie hereinbrechenden Ereignisse einzugestehen. Dogmatik und Engstirnigkeit seines Denkens und Glaubens bilden wohl eher Schuldfaktoren. Sein strenger und strafender Gott lässt ihn zu einem strengen und strafenden Vater werden. Sein Misstrauen gegen sich selbst lässt ihn nicht anderen vertrauen, weder seiner Frau noch dem russischen Arzt oder dem Wunderrabbi. Deshalb hat Deborah ihm auch nicht die Prophezeiung des Wunderrabbis von Kluczysk mitgeteilt, weil sie genau wusste, wie seine Reaktion ausfallen würde. Aus demselben Grund geht Mirjam auf Distanz zu ihrem Vater, und deshalb empfindet Jonas das Familienleben als Enge.

Dass es eine Handlungsalternative hätte geben können, bekennt Mendel Singer nach der wundersamen Wiederkehr seines Sohnes Menuchim. Jetzt kann er gegen die engen religiösen Vorschriften verstoßen und ein Dasein ohne diese genießen. Sein Gottesbild hat sich gewandelt und damit auch die Sichtweise der Dinge. Sein neues Bild von Gott stimmt ihn milde und gütig. In seinem tiefsten Inneren beginnt der Niedergang der Orthodoxie und die Geburt des humanen Individuums. Vielleicht bewahrheitet sich in Mendel Singers Leben und Leiden nicht nur der Mythos des biblischen Hiob, sondern auch die tiefe Erkenntnis, dass nur derjenige, der die Sünde und damit die eigene Schuld (er)kennt, der Wahrheit ein Stückchen näher rückt. Diese Freiheit gewährt Gott dem Menschen.

Aus: Michael Zimmer: Joseph Roth. Hiob. Hollfeld: Beyer Verlag 2008, S. 60ff.

[1] J. Splett: Schuld. In: H. Krings u. a., Handbuch philosophischer Grundbegriffe, Studienausgabe, Bd. 5, München 1974, S. 1277f.

- *Arbeiten Sie aus dem Text heraus, von welchem Schuldverständnis der Autor ausgeht.*
- *Inwiefern ist die Schuld wichtig für die Entwicklung von Mendel Singer?*

Mendel über Deborah, Deborah über Mendel

- *Stellen Sie Mendel und Deborah aus der Sicht ihres jeweiligen Ehepartners vor. Füllen Sie dazu entweder die Sprechblasen aus oder verfassen Sie einen Text als Rollenbiografie aus der Sicht Mendels in der Ich-Form und einen weiteren Text aus der Sicht Deborahs, in dem sie ihren Mann vorstellt. Vergleichen Sie die beiden Sichtweisen miteinander.*
- *Inwiefern sind die Sichtweisen der beiden Ehepartner deckungsgleich? Wo unterscheiden sich Selbst- und Fremdbild?*

Chassidismus

Joseph Roth: Aufgeklärte Juden und Chassidim

Sehr deutlich ist die Trennung zwischen sogenannten aufgeklärten Juden und den Kabbalagläubigen, den Anhängern der einzelnen Wunderrabbis, von denen jeder seine bestimmte Chassidimgruppe hat. Die aufgeklärten Juden sind nicht etwa ungläubige Juden. Sie verwerfen nur jeden Mystizismus, und ihr fester Glaube an die Wunder, die in der Bibel erzählt werden, kann nicht erschüttert werden durch die Ungläubigkeit, mit der sie den Wundern des gegenwärtigen Rabbis gegenüberstehen. Für die Chassidim ist der Wunderrabbi der Mittler zwischen Mensch und Gott. Die aufgeklärten Juden bedürfen keines Mittlers. Ja, sie betrachten es als Sünde, an eine irdische Macht zu glauben, die imstande wäre, Gottes Ratschlüssen vorzugreifen, und sie sind selbst ihre eigenen Fürsprecher. Dennoch können sich viele Juden, auch wenn sie keine Chassidim sind, der wunderbaren Atmosphäre, die um einen Rabbi weht, nicht entziehen, und ungläubige Juden und selbst christliche Bauern begeben sich in schwierigen Lagen zum Rabbi, um Trost und Hilfe zu finden.

Aus: Joseph Roth: Juden auf Wanderschaft, München: dtv 2010, S. 27

Andrea Übelhack: Der Chassidismus

Der Chassidismus entstand zu einer Zeit, als die Juden in West- und Mitteleuropa das Getto verließen, sich emanzipierten und sich unter dem Einfluss der Aufklärung mehr und mehr assimilierten. D. h., sie gaben mehr und mehr ihre religiösen Bräuche und Lebensweise auf und passten sich an die christliche Umgebung an. In Osteuropa ging dieser Prozess aber wesentlich langsamer vor sich, v. a. weil die rechtliche Gleichstellung der jüdischen Minderheit in Polen und Russland noch lange Zeit undenkbar war. Hier gab es viele blutige Pogrome, aber die jüdische Gesellschaft in Osteuropa wurde auch von schweren inneren, religiösen Krisen erfasst.

Die Hoffnung auf das Kommen des Messias, der das Leiden beenden würde, war in der Bevölkerung sehr stark. Das klassische Judentum, also die Rabbiner und Gelehrten, konzentrierten sich als Antwort darauf noch strikter auf das rationale Studium der heiligen Schriften und die Erfüllung der rituellen Gesetze. Das führte zu einer großen Kluft zwischen den Gelehrten und der einfachen jüdischen Bevölkerung.

In diesem politischen und geistigen Klima entstand die Bewegung der Chassidim (der Frommen). Der Begründer des Chassidismus war Israel ben Elieser, genannt der Baal-Schem-Tow (Meister des guten Namen) oder kurz Bescht, der etwa 1700 bis 1760 lebte. Die Hauptwirkung des Chassidismus kam zunächst nicht allein durch die Lehre, sondern auch durch die Kraft der Persönlichkeit seines Begründers. Er führte die Bewegung weg von der Askese, die zu dieser Zeit zusammen mit mystischen Theorien enorm populär war. Anstelle dessen setzte Bescht eine neue Führungspersönlichkeit, den Zaddik, den Gerechten, ein Mittler zwischen Gott und den Menschen, der die bisher vorherrschende Führungsschicht deutlich veränderte.

Es ist leicht nachvollziehbar, dass die Lehre des Baal-Schem-Tow bald von weiten Teilen der Juden in Polen, vor allem aber in der Jugend, begeistert aufgenommen wurde. Sie bot eine Alternative zu der streng orthodoxen Form des klassischen Rabbinismus oder der Rätselsprache der rein theoretischen Kabbalah, der jüdischen Mystik. Die Chassidim hatten eine positive Lebensauffassung, Freude, Tanz und Gesang waren alltäglich.

Schon in der dritten Generation hatte sich der Chassidismus über weite Teile Osteuropas verbreitet. In Polen mussten an hohen jüdischen Feiertagen Sonderzüge eingesetzt werden, um die Chassidim zu ihrem Zaddik zu bringen. In der Spätphase wurde der Zaddikismus zunehmend selbstherrlicher und weniger charismatisch.

Historiker beschäftigen sich vor allem mit dem ungewöhnlich schnellen Tempo der Ausbreitung des Chassidismus und der Ursache für diesen Erfolg. Heute sieht man den Grund nicht mehr, wie lange Zeit angenommen, in der sozialen Botschaft des Chassidismus, sondern vielmehr in seiner religiösen. Der Chassidismus öffnete jedem Einzelnen die mystische Welt, die enge Bindung an Gott war nicht mehr einer kleinen Elitegruppe, den Rabbinern, vorbehalten.

Eigene Bestimmungen im Bereich des religiösen Lebens separierten die Chassidim nicht unbedeutend von der übrigen jüdischen Gesellschaft. Zum Konflikt mit den Rabbinern führte jedoch vor allem die Tatsache, dass der Chassidismus zu einem bedeutenden sozialen Faktor im jüdischen Leben wurde und dadurch die Strukturen der Gesellschaft veränderte. Die Bedeutung der Rabbiner wurde in chassidischen Gemeinden beträchtlich geschmälert, der chassidische Rebbe hatte nun dort die höchste Autorität inne. Es kam daher zu sehr schweren Auseinandersetzungen zwischen den Rabbinern und den Chassidim, was das jüdische Leben in Osteuropa sehr geprägt hat.

Mit der Vernichtung des osteuropäischen Judentums während des Zweiten Weltkrieges drohte auch die physische Vernichtung des Chassidismus. Zahlreichen Chassidim gelang jedoch die Flucht vor den Nazis, heute lebt die große Mehrheit von ihnen in New York und Israel. Doch auch in Europa lassen sich in vielen Gemeinden Anhänger chassidischer Rebbes finden.

Quelle: http://www.hagalil.com/czech/festival/chassidismus.htm (Aufruf: 4.10.2012)

Baal-Schem Tow (1740)

■ *Lesen Sie den Text und überprüfen Sie, inwiefern sich Mendel und Deborah dem klassischen oder dem chassidischen Judentum zuordnen lassen.*

Rabbi Nachman von Bratzlav: Das Gebet um alltägliche Dinge

Einmal sprach der Rebbe mit einem seiner Anhänger über Bekleidung. Er sagte ihm: „Du musst für alles beten. Wenn dein Gewand zerrissen ist und du brauchst ein neues, bete zu Gott, dass er dir Kleider zum Anziehen gebe. Dasselbe gilt für alle großen und kleinen Bedürfnisse: Gewöhne dich daran, immer Gott um ihre Befriedigung zu bitten.

Im Zentrum steht das Gebet um das Wichtigste, nämlich darum, dass Gott dir helfen möge, in seiner Nähe zu sein. Dennoch musst du auch für die Befriedigung deiner alltäglichen Bedürfnisse beten.

Vielleicht gibt dir Gott Kleider, Nahrung und alles andere, was du brauchst, auch ohne dass du ihn darum bittest. Aber dann bist du wie ein Tier. Gott gibt dem Tier seine Nahrung, ohne dass es betet. Wenn du deinen Lebensunterhalt ohne Gebet erhältst, wirst du in der gleichen Form wie ein Tier am Leben erhalten. Der Mensch soll seinen Lebensunterhalt und seinen Bedarf ausschließlich durch Beten und Bitten von Gott erhalten."

Der Rebbe sagte mir einmal – so der aufzeichnende Schüler, Nathan von Nemirow – im Zusammenhang mit einer kleinen und unwichtigen Sache, die ich benötigte: „Bete dafür zu Gott."

Ich stand da und staunte. Ich wunderte mich, warum ich wegen einer solchen Kleinigkeit beten sollte, die ich nicht einmal unbedingt benötigte.

Der Rebbe fragte mich: „Ist es unter deiner Würde, Gott um eine solche Kleinigkeit zu bitten?"

- *Analysieren Sie die Textpassage S. 55, Z. 22 bis S. 56, Z. 24. Zeigen Sie dabei auf, welche Bedeutung das Gebet für Mendel Singer hat.*
- *Deuten Sie die Metapher „ein hohles Gefäß war er, ein Trichter" (S. 56, Z. 23 f.).*
- *Im Text wird nicht gesagt, welche Gebete Mendel gesprochen hat. Das wichtigste Gebet der Juden ist das „Sch'ma Israel", ähnlich wie für Christen das „Vaterunser" oder das „Glaubensbekenntnis". Lesen Sie den Gebetstext (Sie finden ihn zum Beispiel im Anhang der Textausgabe, S. 199) und stellen Sie dar, wie dessen Inhalt und Mendels Haltung zusammenpassen.*
- *Lesen Sie den Text „Das Gebet um alltägliche Dinge" von Rabbi Nachman von Bratzlav. Inwiefern findet sich Mendels und/oder Deborahs Spiritualität hier wieder?*

Baustein 3

Die Familie Singer

3.1 Deborah als Frau und Mutter

Deborah als weibliche Hauptfigur des Romans von Joseph Roth ist ein ambivalent gestalteter Charakter. Einerseits ist sie diejenige, die sich durch Initiative auszeichnet und alles daransetzt, für das Wohl ihrer Familie zu sorgen. Andererseits überschreitet sie mit ihrem Verhalten häufig auch Grenzen zum Unguten: Sie spart heimlich Geld und hintergeht damit Mendel. Sie liebt ihren kranken Sohn Menuchim abgöttisch und vernachlässigt darüber ihre anderen Kinder. In der Formulierung „mit Küssen schlagen" (vgl. S. 13, Z. 32f.) kommt diese Grenzüberschreitung von Liebe bis fast in den Wahn zum Ausdruck. In der Bedeutung ihres Namens Deborah, „Biene", stecken beide Komponenten: ihre sorgende Seite gleichwie ihr wehrhafter „Stachel". Deborah ist eine ungezügelte Frau mit präsenter Körperlichkeit, breitem Rücken und großen Brüsten, die am Altern ihres Leibes leidet. In Amerika scheint sie zunächst ein neues Aufblühen zu erleben, indem sie sich aufreizend kleidet und damit ihrer Tochter ähnlich wird. Dieses ist aber eher ein Aufbäumen, das jäh zunichtegemacht wird durch die Todesnachricht ihres Sohnes Sam, die Deborah tödlich trifft.
Eine Annäherung an die Romanfigur kann zunächst über die ganz subjektiven Einschätzungen der Schülerinnen und Schüler geschehen: Durch eine Stellungnahme, wie sympathisch oder unsympathisch die Figur wirkt, wird die Ambivalenz ihres Charakters deutlich werden. Methodisch bietet sich hier zum Beispiel ein „line up" an, ein Vorgehen, bei dem die Schülerinnen und Schüler sich auf einer gedachten Linie im Klassenraum zwischen den Polen „sehr sympathisch" und „völlig unsympathisch" aufstellen sollen. Dieses Meinungsbild und die Begründung einzelner Positionen dienen als Grundlage für ein Unterrichtsgespräch.
Im Anschluss daran bietet sich ein szenisches Spiel an, in dem die ganze Expressivität Deborahs zum Ausdruck kommen kann. Die Schülerinnen und Schüler sollen die Szene spielen, in der Deborah sich wütend echauffiert und über Mendels Tatenlosigkeit ärgert, nachdem sie davon erfahren haben, dass Jonas und Schemarjah zum Militär einberufen werden.
Nach diesen ersten punktuellen Zugängen erhalten die Schülerinnen und Schüler den Arbeitsauftrag, die Figur Deborah zu charakterisieren.

- *Wie sympathisch ist Ihnen als Leserin/Leser die Figur Deborah? Stellen Sie sich auf einer gedachten Linie im Klassenraum zwischen den Polen „sehr sympathisch" und „völlig unsympathisch" auf. Begründen Sie Ihre Meinung.*
- *Stellen Sie sich vor, Sie würden für eine Verfilmung des Romans „Hiob" ein Casting machen und suchten eine Besetzung für die Rolle der Deborah: Welche Anforderungen hätten Sie an das Aussehen und die Körpersprache der Schauspielerin?*
- *Spielen Sie die Szene S. 30, Z. 30 – S. 31, Z. 19. Bringen Sie dabei den Charakter der Deborah in Ihrer Darstellungsweise zum Ausdruck.*
- *Verfassen Sie eine literarische Charakterisierung der Figur Deborah. (Hilfen finden Sie im Zusatzmaterial 1, S. 153.)*

Deborah ist einerseits in ihrem Charakter als Gegenentwurf zu ihrem Mann Mendel gestaltet. Andererseits hat Joseph Roth ihr auch typische Aufgaben und Eigenschaften jüdischer Frauen zugeschrieben. Der Text von Charlotte Knobloch (**Arbeitsblatt 14**, S. 60f.) beleuchtet diese sowohl aus der Tradition als auch aus heutiger Perspektive. Knobloch weist darauf hin, dass es eine unterschiedliche Aufgabenverteilung zwischen Mann und Frau gebe, die aber nicht als Ungleichberechtigung misszuverstehen sei. Der Frau seien zwar die gottesdienstlichen Vollzüge verwehrt, sie sei aber so etwas wie eine Priesterin des Hauses. Die Führung des Haushalts, auch der Finanzen, und der familiäre Zusammenhalt seien ihre Aufgaben. In der Orthodoxie sage man sogar, Gott habe „die Frau mit mehr Verstand und Einsicht ausgestattet" als den Mann und sie sei „Quell der jüdischen Identität". Viele dieser Züge treffen auf Deborah zu. Inwiefern sie jedoch schlussendlich der klügere Teil des Ehepaares Singer ist und die jüdische Identität bewahrt, ist zu diskutieren.

- *Lesen Sie den Text „Die Stellung der Frau im Judentum" von Charlotte Knobloch (Arbeitsblatt 14). Inwiefern entspricht Deborah dem beschriebenen Rollenbild?*

präsente Körperlichkeit (rundes Gesicht, kräftige Hände, breite Schultern, großer Busen, tiefe Stimme)

expressive Sprache (neigt zu Appellen und Ausrufen, in emotionalen Situationen oft nur Schreie oder Laute)

aktiv und entschlossene Haltung (kümmert sich um den Haushalt, spart heimlich Geld, kämpft sich zum Wunderrabbi vor, führt Verhandlungen zur Desertierung Sams)

Deborah

sinnlich-konkreter Glaube (sucht Hilfe bei Wunderrabbi, betet zu den Ahnen)

mütterliche Liebe (sorgt für ihre Kinder, liebt vor allem Menuchim abgöttisch, Küsse sind fast wie Schläge)

Unzufriedenheit mit den Lebensumständen (macht Mendel Vorwürfe wegen seines geringgeschätzten Berufs und der Armut der Familie, klagt oft)

Joseph Roth zeichnet die Figur Deborah in expressiver Weise und rückt sie an manchen Stellen explizit oder implizit in die Nähe einer Teufelin („manchmal ritt sie der Teufel.", S. 6, Z. 26). Sinnenfällig wird dies zum Beispiel in der Romanszene, in der Deborah mit feurigem Temperament den Wunderrabbi konsultiert, mit „offene[m] roten Mund, aus dem ein sengender Hauch zu strömen schien" (S. 14, Z. 10). Das **Arbeitsblatt 15**, S. 62f., splittet die Textstelle in zwei Teile auf und lässt beide einzeln, gegebenenfalls arbeitsteilig analysieren. Auffällig ist vor allem die konträre Farbgestaltung in den beiden Teilen. In der Passage, die Deborah zeigt, wie sie sich wie eine Wahnsinnige den Weg zum Wunderrabbi bahnt, herrscht die Beschreibung von Rottönen vor, welche die Dynamik, das Kämpferische, das Brennen Deborahs für ihren Plan unterstützen. Der Rabbi hingegen wird in verschwimmenden Schwarz-Weiß-Tönen beschrieben. In Deborahs ganzen verzweifelten Kampf kehrt plötzlich Ruhe ein, die in der Verheißung ihren Grund findet. Die Wirkung der Worte auf Deborah ist augenfällig: Als sie den Raum verlässt, sind auch ihre Wangen blass und ihre Augen trocken. Sowohl der Ton der Verheißungsworte als auch die Formulierung „Gnade im Herzen, kehrte sie heim" (S. 15, Z. 12) erinnern sehr an den Duktus biblischer Verheißungen. Zum Vergleich sind auf dem **Arbeitsblatt 15**, S. 62 f., zwei Perikopen aus dem Lukasevangelium abgedruckt, die von der Verheißung an Elisabeth und an Maria erzählen. Dass Joseph Roth den Wunderrabbi über Menuchim solche Worte sprechen lässt, zeigt, als welch ausgezeichnete Persönlichkeit er ihn schon von Beginn des Romans an darstellt. Menuchim wird schon hier in der Rolle des Messias gezeigt, eine Zuschreibung, die sich am Romanende erfüllen wird.

- *Analysieren Sie die Szene, in der Deborah den Wunderrabbi konsultiert (Arbeitsblatt 15). Gehen Sie arbeitsteilig vor, wie auf dem Arbeitsblatt vorgeschlagen. Präsentieren Sie sich anschließend gegenseitig Ihre Ergebnisse.*
- *Vergleichen Sie den Auszug aus Joseph Roths Roman und die beiden Bibelstellen aus dem Lukasevangelium (Arbeitsblatt 15) miteinander und benennen Sie gemeinsame Muster.*
- *Welche Schlüsse kann ein Leser, der mit den Bibelstellen vertraut ist, bereits im ersten Kapitel des Romans über Menuchim ziehen?*
- *Diskutieren Sie, inwiefern sich diese Deutung später bestätigt.*

Deborah beim Wunderrabbi

Zutritt
- hypotaktischer Satzbau, lange Sätze
- Farbgebung: Rot, Blau, feurig
- Verhalten Deborahs: kämpferisch, zielstrebig, an der Grenze zur Gewalt
- Szenerie: dynamisch, bedrohliches Auftreten Deborahs, „Teufelsweib"

Begegnung
- kürzere Sätze, auch parataktischer Satzbau
- Farbgebung: Schwarz, Weiß, Grau
- Verhalten der Figuren: ruhig, ergriffen
- Szenerie: unwirklich-gedämpft, Deborahs Energie schlägt um in eine hoffnungsvolle Hingabe an den Rabbi

Interessant ist an dieser Stelle auch, einen Zusammenhang der Wunderrabbi-Szene mit Franz Kafkas Parabel „Vor dem Gesetz" (**Arbeitsblatt 16**, S. 64) herzustellen. Dieser kurze Text zeigt einen Menschen, der sich dem abweisenden Verhalten eines Türhüters beugt, bis er am Ende seines Lebens erfährt, dass der Einlass zwar versperrt schien, aber einzig und allein für ihn gedacht war. Anders als Deborah sucht er in dieser entscheidenden Situation nicht mit aller Macht Einlass, sondern ergibt sich dem Verbot. Die Parabel bietet Vergleichspunkte sowohl zur Situation Deborahs vor dem Wunderrabbi als auch in Bezug auf das Verhalten der Figuren. Der „Mann vom Lande" ist in seiner Haltung eher mit Mendel als mit Deborah zu vergleichen.

- *Der Text „Vor dem Gesetz" von Franz Kafka (Arbeitsblatt 16) ist eine Parabel, d. h. eine gleichnishafte Erzählung, die zur Deutung von der Bild- auf die Sachebene übertragen werden muss. Analysieren Sie die Parabel „Vor dem Gesetz" und arbeiten Sie heraus, welche Lehre darin enthalten sein könnte.*
- *Stellen Sie den Inhalt und die Aussage dieser Parabel der Szene aus dem Roman „Hiob" gegenüber, in der Deborah den Wunderrabbi aufsucht.*
- *Vergleichen Sie das Verhalten des Mannes vom Lande mit dem Mendel Singers.*

Ein weiterer Motivvergleich lässt sich mit dem Märchen vom Fischer und seiner Frau (**Zusatzmaterial 5**, S. 159 ff.) ziehen, in dem erzählt wird, wie ein Butt der Fischersfrau Ilsebill einen Wunsch nach dem anderen erfüllt. Da sie unersättlich ist, wird er irgendwann ärgerlich und versetzt sie zurück in ihre arme Ausgangssituation: das Leben in einem alten Topf. Neben offenkundigen Parallelen gibt es doch einen entscheidenden Unterschied zwischen Ilsebill und Deborah, denn Letztere ist nicht ausschließlich um ihr eigenes Wohlergehen bemüht. Sie verleugnet zwar ihre eigenen Bedürfnisse nicht, richtet ihre Tatkraft aber auf die Sorge um ihre Kinder und um den Haushalt. Damit erfüllt sie das typische Rollenbild einer jüdischen Frau.

- *Sie kennen aus Ihrer Kindheit vielleicht das „Märchen vom Fischer und seiner Frau" (Zusatzmaterial 5). Diskutieren Sie, ob Ilsebill und Deborah, der Fischer und Mendel miteinander vergleichbar sind.*

Mendel selbst sieht nach Deborahs Tod einen möglichen Grund für sein Leiden im Erkalten der ehelichen, sexuellen Beziehung zu seiner Frau. Daraus lässt sich rückschließen, dass Roth in der Gestaltung der Frauenfiguren (zu Mirjam siehe Baustein 3.2) auch ein ambivalentes Bild von Sexualität zeichnet, die einerseits Stärke vermittelt, andererseits aber auch bedrohlich erscheint. Er greift damit auch auf das urbiblische Motiv der Erbsünde zurück: Die Vertreibung aus dem Paradies beginnt mit der Scham des Menschen über seine Nacktheit (vgl. S. 20, Z. 10).

- *Erinnern Sie sich an Ihre erste Einschätzung der Figur Deborah (S. 49). Reflektieren Sie nun, welche sympathischen und welche unsympathischen Seiten Deborah hat.*
- *Diskutieren Sie, ob Joseph Roth hier eher einen positiven oder einen negativen Charakter erschaffen hat.*

Deborah als ambivalenter Charakter

einerseits …	**andererseits …**
• zupackend	• impulsiv
• pragmatisch	• teuflisch
• ehrbar	• ständig kritisch
• regelt den Haushalt	• von präsenter, aber verwelkender Körperlichkeit
• in Sorge um die Kinder	• vernachlässigt ihre anderen Kinder und lebt in zunehmender Distanz zu Mendel
• in mütterlicher Liebe vor allem für Menuchim	

vereint Züge eines typisch jüdischen Frauenbildes und einer bedrohlichen Weiblichkeit

Die beiden Frauen der Familie Singer, Deborah und Mirjam, stehen in kontrastiver Verbindung miteinander. So unterschiedlich Mutter und Tochter in manchen Dingen sind, so verbunden sind sie auch. Die einzige Szene, die ein etwas längeres Gespräch zwischen den beiden Frauen zeigt (S. 72, Z. 8–S. 74, Z. 19), ist sehr aufschlussreich zum Verständnis dieser ambivalenten Beziehung. Während Mirjam ihre sexuelle Freiheit leben möchte und die Familie dabei nur als hinderlich empfindet, verliert Deborah ihre Sexualität zunehmend und geht auf in der Sorge um die Familie, insbesondere um Menuchim. Deborah erschrickt

vor sich selbst, als sie in einem Streitgespräch mit ihrer Tochter sich selbst in manchen derer Vorwürfe wiedererkennt. Nach außen hin muss Deborah es verwerflich finden, dass ihre Tochter ohne moralische Bedenken mit Kosaken verkehrt. In ihrem Inneren kann sie ihre Tochter jedoch ein Stück weit verstehen, hadert sie selbst doch mit ihrem Leben als Frau eines einfachen und armen Lehrers. Mit Wehmut erkennt Deborah ihre eigene einstige Schönheit in der ihrer Tochter wieder und empfindet ihr Altern umso schamhafter. Mirjam wird in dieser Szene wie eine Märchenprinzessin beschrieben, sie steht im Sonnenlicht mit weißem Kleid, schwarzem Haar und schwarzen Augen. Beim Betrachten ihrer Tochter durchfährt Deborah der schmerzhafte Gedanke, dass ihre eigene Schönheit vorbei ist und ihre Lebensmöglichkeiten als Mendels Frau begrenzt sind: „Mirjam geht mit einem Kosaken, sie ist schön, vielleicht hat sie recht." (S. 72, Z. 16f.) Auffällig ist die vierfache Wiederholung des Wortes „schön". An etwas späterer Stelle wird der Kontrast noch augenfälliger formuliert: „Deborah, in einem alten Schal, stand alt, hässlich, ängstlich vor der goldüberglänzten Mirjam [...]" (S. 73, Z. 7f.). In diesem Satz werden die Worte „alt" dreifach und „hässlich" zweifach wiederholt. Hinzu kommt, dass in beiden Textpassagen Deborah mit ihrem Accessoire, dem alten Schal, gezeigt, wird, während von Mirjam oft erzählt wird, sie trage einen gelben Schal. Deborah fühlt sich aber nicht nur optisch gegenüber Mirjam minderwertig, sie hat sogar eine Angst ihr gegenüber entwickelt, die es ihr verbietet, die Tochter zu rufen. Vielmehr geht sie zu ihr hin, bleibt eine Stufe unterhalb von ihr stehen und erschrickt letztlich in dem Moment, in dem sie erkennt, dass sie die Meinung ihrer Tochter gar teilt, vor sich selbst. Diese Szene ist mehr als ein Streitgespräch zwischen einer Mutter und einer Tochter, es ist ein Vorbote kommenden Unglücks. Deborah kennt eine ähnliche Situation aus ihrer Zeit der Schwangerschaft mit Menuchim. Mirjam war eines Tages in eine Kirche gelaufen und auch dieses Ereignis wurde für Deborah zum Omen des Unglücks. Diese Szene schwingt in der Erinnerung mit, wenn der Klang von Mirjams Stimme „kupfern" klingt und Deborah an „Kirchenglocken" (S. 73, Z. 22ff.) erinnert, wenn sie zu ihrer Mutter spricht.
Um den Schülerinnen und Schülern die Analyse dieser komplexen Szene zu erleichtern, können die folgenden Aufträge arbeitsteilig vergeben werden. Sie betrachten die Textpassage aus verschiedenen Blickwinkeln. Die Ergebnisse sollten anschließend sorgfältig präsentiert und miteinander verknüpft werden, da sie sich ergänzen.

- *Analysieren Sie die sprachliche Gestaltung der Begegnung zwischen Deborah und Mirjam (S. 72, Z. 8 – S. 74, Z. 19). Achten Sie besonders auf Wiederholungen, die Verwendung von Adjektiven, den Satzbau in der direkten Rede und das Erzählerverhalten in den epischen Passagen.*

- *Stellen Sie sich vor, Sie würden für eine Theaterinszenierung das Bühnenbild, die Kostüme und die Maske für diese Szene gestalten. Beschreiben Sie Ihre Entwürfe genau oder zeichnen Sie sie auf.*

- *Stellen Sie sich vor, Sie würden bei einer Theaterinszenierung in dieser Szene Regie führen. Notieren Sie sich genau, welche Anweisungen Sie den Schauspielerinnen zur Sprechweise, Verortung im Raum, Bewegung und Gestik geben würden.*

- *Stellen Sie sich vor, es würden – wie im epischen Theater – die beiden Darstellerinnen nach dieser Szene einzeln vor den Vorhang treten und aus ihrer jeweiligen Sicht das Geschehene wiedergeben und kommentieren. Schreiben Sie jeweils einen Text für Mirjam und einen für Deborah.*

Mirjam und Deborah (Kap. VIII)

Mirjam	Deborah
• jung und schön	• alt, verwelkende Schönheit, empfindet sich selbst als hässlich
• Symbol: gelber Schal	• Symbol: alter Schal
• spricht negativ von Mendel	• denkt negativ von Mendel, spricht es aber in dieser Szene nicht aus
• wünscht sich bessere Zukunft und erhofft diese von Kosaken	• kann Mirjams Wunsch verstehen, empfindet ihr Verhalten aber als bedrohlich
• ist die dominante Figur gegenüber ihrer Mutter	• steht unterhalb ihrer Tochter und traut sich nicht, sie zu rufen; devote Haltung

zwiespältiges Erleben Deborahs: Mirjam ist ihr fremd in ihrer Kälte; dennoch erkennt sich Deborah in ihrer Tochter wieder

↓

– Angst vor Mirjam und vor sich selbst
– tiefe Verunsicherung

3.2 Die drei gesunden Kinder

Die drei gesunden Kinder der Familie Singer könnten unterschiedlicher nicht sein. Der kluge und feingliedrige Schemarjah, der etwas plumpe Jonas und die attraktive und liebestolle Mirjam stehen repräsentativ für ganz verschiedene Charaktere. Einen ersten Eindruck davon kann eine kleine interpretatorische Sprechübung vermitteln: Als die beiden Söhne von der Musterung heimkommen, sagen sie den Satz: „Wir sind genommen!" (S. 30, Z. 3) Die Schülerinnen und Schüler sollen durch verschiedene Betonungen die Gefühle verdeutlichen, die diese Information in den Familienmitgliedern auslöst, und aus der Figurengestaltung heraus begründen: Jonas spricht ihn vermutlich eher neutral mit einem Anflug von Stolz (S. 26, Z. 1: „Ich freue mich ein bisschen, dass ich Soldat werde."). Schemarjah ist sich darüber im Klaren, dass das Soldatenleben nicht seine Welt sein wird. Er würde den Satz eher mit Skepsis aussprechen. Mendel und Deborah würden dieses befürchtete Urteil mit Verzweiflung aussprechen, wobei es bei Mendel vermutlich eher resignativ, bei Deborah eher hysterisch klingen würde. Und bei Mirjam wird der Stolz auf Brüder durchklingen, die demnächst schneidige Uniformen tragen werden.

■ *„‚Wir sind genommen!', sagte Jonas ohne Gruß." (S. 30, Z. 3) Es wird nicht angegeben, in welchem Ton er das sagt. Sprechen Sie den Satz laut und legen Sie in die Betonung möglichst unterschiedliche Emotionen. Entscheiden Sie dann, wie Jonas und die anderen Mitglieder der Familie Singer diesen Satz („Wir sind genommen!" bzw. „Sie sind genommen!") sprechen würden.*

Die Charaktere der Kinder werden jeweils durch einen Vergleich mit einem Tier auf den Punkt gebracht. Jonas wird beschrieben als „Stark und langsam wie ein Bär", Schemarjah „schlau und hurtig wie ein Fuchs" und Mirjam als „kokett und gedankenlos wie eine Gazelle" (S. 22). Die wesentlichen Charaktereigenschaften der Kinder können zum Beispiel mithilfe des **Arbeitsblattes 17**, S. 65, zusammengetragen werden.

- *Benennen Sie wesentliche Eigenschaften der drei gesunden Kinder der Familie Singer (Arbeitsblatt 17). Beziehen Sie sich dabei zunächst auf den ersten Teil des Romans, vor allem auf die Kapitel II und III (S. 15 ff.).*
- *Vergleichen Sie die Charaktere der Geschwister miteinander.*
- *Stellen Sie sich vor, Jonas, Schemarjah und Mirjam würden für eine große Jugendstudie befragt. Wie würden sie ihr aktuelles Lebensgefühl beschreiben? Was würden sie über ihre Zukunftspläne sagen?*
- *Für Menuchim wird kein Tiervergleich gewählt. Überlegen Sie, welches Tier vielleicht passend wäre. Warum verzichtet Roth auf diesen Vergleich?*

In ihrer Unterschiedlichkeit stellen die Kinder der Familie Singer Abbilder unterschiedlicher Bevölkerungsgruppen dar. Joseph Roth zeigt an den Familienmitgliedern nicht zuletzt auch symbolisch verschiedene Weisen auf, als Jude am Beginn des 20. Jahrhunderts mit seiner Religion umzugehen. Die Kinder wählen unterschiedliche Weisen der Assimilation: Jonas passt sich den russischen Lebensumständen an. Er geht gern zur Armee und kämpft für sein Heimatland, er ist naturverbunden und liebt Pferde. Am liebsten würde er Bauer werden, was ihm als Ostjuden jedoch nicht erlaubt ist. Er zeigt Verbundenheit mit dem Land seiner Geburt, die vielleicht durch seinen mangelnden Intellekt unhinterfragt bleibt. Letztlich ist er bereit, sein Judesein der Verwurzelung in dieser Heimat zu opfern.

- *Schemarjah, Jonas und Mirjam wählen jeweils unterschiedliche Wege, mit der Tradition ihrer jüdischen Herkunft umzugehen. Beschreiben Sie diese.*

Schemarjah macht vom ersten zum zweiten Teil des Romans eine Wandlung durch, die ihm schließlich den Tod bringt. Zunächst sieht es so aus, als sei er in Amerika ein glücklicher Mann geworden. Er hat eine Familie, ein gutes Auskommen und kann sein Leben als Kaufmann leben, wie er es sich schon als junger Mann vorgestellt hatte. Schemarjah vollzieht den Wandel jedoch zu radikal. Mit seiner gelingenden Assimilation nimmt er nicht nur die Chancen an, die Amerika ihm bietet, sondern kritiklos auch die negativen Konsequenzen. Er legt den Namen Schemarjah ab, nennt sich fortan Sam, verändert auch sein Äußeres in der neuen Umgebung: Er kleidet sich modern, in hellen Anzügen wie sein Freund Mac. Fast gebetsmühlenartig geht er davon aus, dass Amerika ein durchweg gutes Land ist, „ein Vaterland" (S. 106, Z. 17 und S. 107, Z. 13). Für dieses Vaterland zieht Sam, der einstige Deserteur, freiwillig in den Ersten Weltkrieg. Er, dessen Leben zu retten Deborah ihr gesamtes Erspartes gegeben hat, fällt im Krieg und zieht damit seine Mutter mit in den Tod, die kurz nach Erhalt der Nachricht vor Kummer stirbt.

- *Von Schemarjah zu Sam – Beschreiben Sie den Wandel, der mit dem ältesten Sohn der Familie Singer vorgeht.*
- *Zunächst sieht es so aus, als sei Sam ein Beispiel für eine geglückte Assimilation eines Juden. Welche Botschaft wollte Joseph Roth möglicherweise an seinem Beispiel verdeutlichen?*

Mirjam stellt ihre erotischen Bedürfnisse über die Tradition und die Ehre der jüdischen Familie. Nicht nur, dass sie mit zahlreichen Männern verkehrt, es sind auch ausgerechnet Kosaken, also nicht jüdische Russen. Mirjam stellt dadurch die Identität und das Gesicht der Familie derart infrage, dass der Beschluss zur Auswanderung letztlich ihretwegen umgesetzt wird. Auch in Amerika lebt sie bald wieder ihre hedonistische Seite aus. Mit dieser radikalen Infragestellung traditioneller Werte ist sie zum Scheitern verurteilt und verfällt schließlich einer unheilbaren Geisteskrankheit.

Jonas, Mirjam und Schemarjah und das Judentum

Jonas: will sich an die russische Gesellschaft anpassen (Armee, bäuerliche Lebensweise)	→ Assimilation
Mirjam: stellt ihre persönliche Befriedigung über die Traditionen, achtet dabei nicht auf Religion (Beziehungen mit Kosaken)	→ Aufgabe der jüdischen Identität
Schemarjah: möchte ein Jude sein wie sein Vater	→ Fortführen der Tradition
Sam: identifiziert sich mit Amerika als neues Heimatland	→ Eintausch alter Werte gegen neue

3.3 Menuchim

Menuchim ist die Schlüsselfigur des Romans. Mit ihm beginnt das Unglück der Familie und mit ihm endet Mendels Unglück. Es ist von Anfang an erkennbar, dass Menuchim kein Kind wie die anderen ist. Einerseits äußert sich seine Krankheit schon früh. Er hat Krampfanfälle, lernt kaum laufen und spricht als Kind nur ein einziges Wort. Andererseits überlebt der Behinderte die Malträtierung durch seine Geschwister, die ihn in einem Regenfass ertränken wollen oder zumindest hoffen, er stürbe durch das dreckige Wasser. Menuchim legt in dieser Szene bereits eine an ein Wunder grenzende Lebenskraft an den Tag. Dreifach wird dies vom Erzähler fast mit Staunen betont: „Menuchim starb nicht. Menuchim starb nicht, er blieb am Leben, ein mächtiger Krüppel." (S. 18, Z. 12ff.) In dieser Szene klingt die biblische Geschichte von Joseph (Gen 37–50) an, der von seinen Brüdern aus Neid in einen Brunnen geworfen wird. Joseph wird gerettet, nach Ägypten verkauft und wird dort zum großen König.

Menuchims Besonderheit wird auch in der Prophezeiung des Wunderrabbis ins Wort gebracht. Dieser sagt nicht nur die Gesundung des kranken Kindes voraus, sondern auch eine Metamorphose, die Menuchim von anderen unterscheiden wird: „Seinesgleichen wird es nicht viele geben in Israel." (S. 14, Z. 34) Nicht nur dieser Satz, sondern der Ton der gesamten Textpassage erinnert an biblische Verheißungen, etwa an Elisabeth oder an Maria (siehe Bausteine 3.1 „Deborah als Frau und Mutter" und 5.3 „Zur Erzählweise des Romans"). Menuchim wird als eine Art Messias, ein Erlöser konnotiert. Nicht zufällig findet seine Rückkehr als erwachsener Mann am Pessach-Abend statt, am höchsten jüdischen Festtag, der mit dem Osterfest vergleichbar ist. Mendel erkennt seinen Sohn nicht sogleich, sondern erst nach und nach offenbart sich ihm, wer vor ihm steht, ähnlich wie die Jünger den auferstandenen Jesus auf dem Gang nach Emmaus zunächst nicht erkannt haben (Lk 24, 13ff.). Menuchim, dessen Name „der Erlöser" bedeutet, ist die Erlösergestalt des Romans. Einige der biblischen Anspielungen benennt der Text von Christine Schmidjell (**Arbeitsblatt 19**, S. 67). Darüber hinaus ist das Setting am Abend der Wiederbegegnung von Mendel und Menuchim vielsagend: Zunächst erkennt Mendel seinen Sohn nicht, bis endlich der Ruf „Menuchim lebt" erschallt. Ähnlich haben auch die Jünger Jesu nach dessen Tod auf dem Weg nach Emmaus ihren auferstandenen Herrn zunächst nicht erkannt, bis er sich ihnen im Brechen des Brotes offenbart hat. Darüber hinaus ist vor allem die Ankunft Menuchims im Haus der Skowronneks aussagekräftig. Er erscheint unmittelbar nach der Stelle im Festritus, an der man für den Propheten Elija die Tür öffnet. Auch hier ist offenkundig, dass es sich nicht um einen beliebigen Gast handelt (zumal alle Juden einen solchen Abend ebenfalls in ihren Familien feiern und Besuch nicht zu erwarten ist).

- *Lesen Sie den Text „Biblische Geschichten im Spiegel des Schicksals Menuchims" (Arbeitsblatt 19). Welche Bedeutung erhält die Figur Menuchim durch die genannten Anspielungen?*
- *Vergleichen Sie die Romanszene des Wiedererkennens (S. 145–148) mit der biblischen Emmaus-Erzählung (Lk 24, 13–35).*
- *Das jüdische Pessach-Fest beginnt mit dem Seder-Abend, den Mendel Singer im Roman im Haus der Familie Skowronnek verbringt. Informieren Sie sich über die wichtigsten Riten dieses Abends (zum Beispiel in der Textausgabe, S. 201 ff., „Der Seder") und weisen Sie nach, welche Elemente Joseph Roth in seine Beschreibung des Festes aufnimmt.*
- *Welche Rolle wird Menuchim an diesem Abend implizit zugeschrieben?*

Biblische Gestalten in der Figur und im Schicksal Menuchims

Szene im Roman	→ **erinnert an:**
• Körbchen, in dem Menuchim als Kind liegt	→ **Moses** im Weidenkörbchen
• Quälerei durch die Geschwister	→ **Joseph** und seine Brüder, die ihn aus Neid in einen Brunnen werfen
• Prophezeiung durch Wunderrabbi	→ Verheißungsgeschichten: **Johannes der Täufer, Jesus**
• Ankunft am Pessach-Abend	→ Erwartung der Wiederkunft des Propheten **Elias**
• plötzliches Wiedererkennen durch Mendel	→ **Jesus**, der auf dem Gang nach Emmaus zunächst nicht von seinen Jüngern erkannt wird, obwohl er mit ihnen spricht

↓

Menuchim als Erlösergestalt

Will man – ähnlich wie es für die drei anderen Kinder vorgenommen worden ist – Menuchim mit einem Tier vergleichen, wäre dies sicher etwas wie die Raupe, aus der sich ein Schmetterling entwickelt, oder aber die Sagengestalt des Phönix, der sich aus der Asche erhebt.
Noch ein weiterer Aspekt ist für das Verständnis der Figur Menuchim wichtig, nämlich die Bedeutung der Musik. Als krankes Kind zeigt Menuchim für kaum etwas Interesse, horcht aber auf, als sein Vater eines Tages mit einem Löffel an ein Glas schlägt. Anschließende Versuche Mendels, seinem Sohn Sprechen beizubringen, scheitern. Schon hier zeigt sich, dass nicht das gesprochene Wort, sondern der Takt der Musik Menuchims Ausdrucksweise sein werden. Mit seinem Talent, das er später im Haus der Arztfamilie entdecken und schulen kann, ist er in der Lage, die Menschen tief zu berühren. Ohne zu wissen, dass es eine Komposition seines Sohnes ist, lässt sich Mendel von „Menuchims Lied" innerlich bewegen. Diese Situation ist für ihn der Beginn seiner Öffnung gegenüber der Welt und den Menschen und das Ende seiner inneren Verhärtung.

- *Stellen Sie zusammen, welche Bedeutung die Musik für Menuchim und die Menschen um ihn herum hat. Hinweise finden Sie zum Beispiel auf den Seiten 34 ff., 129 ff., 137 ff., 146.*
- *Gibt es für Sie persönlich Lieder, die Sie ganz besonders ansprechen? Erzählen Sie davon. Wenn Sie möchten, können Sie auch einige Hörbeispiele mit in den Unterricht bringen und ausprobieren, ob die Musik bei Ihren Mitschülern eine ähnliche Wirkung hervorruft.*
- *Lesen Sie noch einmal die Szene, in der Mendel „Menuchims Lied" hört (S. 129, Z. 24 – S. 130, Z. 36), und stellen Sie heraus, wie er auf das Hörerlebnis reagiert. Wie erklären Sie sich diese Reaktion?*
- *Vergleichen Sie den Mendel, der das Lied hört, mit dem Mendel, wie er in den Szenen zuvor dargestellt wird.*
- *Deuten Sie den Vergleich der Melodie mit einem fließenden Wasser. Beziehen Sie dazu auch den Romananfang (S. 5, Z. 27 f.) ein.*

Menuchim und die Musik

- reagiert als Kind auf das Schlagen des Löffels gegen ein Teeglas und erinnert sich als Erwachsener einzig an diese Szene (S. 35, S. 153)
- entdeckt die Musik als sein Talent und seine Ausdrucksweise
- gesundet durch die Musik und wird erfolgreich
- das Hören von „Menuchims Lied" rührt Mendel und löst seine innere Verhärtung
- Menuchims Musik ist jüdische Musik, die die Zuhörer zum Weinen bringt und ihre Herzen erwärmt (S. 137)

Musik als Menuchims Sprache, die die Menschen anrührt, bewegt, beglückt, öffnet

Diesen Baustein schließt ein Blick auf die gesamte Familienkonstellation ab. Es ist aufschlussreich, die Namen der Familienmitglieder noch einmal genauer in den Blick zu nehmen. Der Nachname hat für die Juden weniger Wert, der Vorname hingegen wird von den Eltern mit Bedacht gewählt. Die Bedeutung des Namens, die Weitergabe von Namen innerhalb der Familie und die Anknüpfung an biblische Erzählungen spielen eine besondere Rolle. Für die Mitglieder der Familie Singer zeigt das **Arbeitsblatt 20**, S. 68, einige dieser Bezüge auf. Folgende Aspekte sollen von den Schülerinnen und Schülern erarbeitet werden: Die Namen Mendel und Menuchim bedeuten „Tröster". Der Namensbedeutung gerecht wird jedoch nur Menuchim, der nicht nur in seiner unerwarteten Wiederkunft als gesunder, erfolgreicher Mann zum Trost für seinen Vater wird. Durch seine Musik, die die Menschen berührt, kann er zum Tröster für viele werden. Deborah hat die Eigenschaften einer Biene, da sie fleißig ist, sich um die Nahrung kümmert und um das Sammeln (von Geld) bemüht ist. Ihr wehrhafter Stachel kommt immer dann zum Vorschein, wenn sie um das Wohl der Familie kämpft und dabei auch verletzend-vorwurfsvoll wird. Jonas, die Taube, hat den Wunsch nach einem freien Leben in enger Verbindung mit der Natur. Das Schicksal des biblischen Propheten Jona spiegelt sich insofern in dieser Figur wider, als dass auch Jonas vor seinem impliziten familiären Auftrag, als Jude zu leben, davonlaufen will und in der Folge eben wie der Prophet eine Zeit lang verschollen ist. Schemarjah manifestiert mit seiner Namensänderung zu Sam nicht nur seine Identifikation mit der neuen amerikanischen Heimat, sondern er gibt auch den Segen „Gott schütze dich" auf. Mirjam schließlich ist, ebenso wie ihre biblische

Namensschwester, die treibende Größe für eine Auswanderung. Jedoch ist Joseph Roths Figur eher als Gegenentwurf zu der alttestamentlichen Prophetin gestaltet, denn der Aufbruch der Familie endet letztlich nicht in der Freiheit, sondern führt Mirjam als geisteskrank in die Psychiatrie.
Zum Schluss sollen die Schülerinnen und Schüler die Familienkonstellation grafisch darstellen. Es fällt dabei auf, dass alle Familienmitglieder durch entweder ähnliche oder kontrastierende Eigenschaften miteinander verbunden sind, sodass sich eine Art Netz ergibt, wie auf dem unten stehenden Lösungsvorschlag zu erkennen.

- *Stellen Sie in einer Skizze alle Mitglieder der Familie Singer dar. Verdeutlichen Sie durch Pfeile (→, ↔), wie die Personen miteinander verbunden sind. Machen Sie durch Beschriftungen der Pfeile oder weitere Eintragungen in Ihrer Skizze deutlich, was die Familienmitglieder miteinander verbindet oder voneinander unterscheidet.*

Beispiellösung:

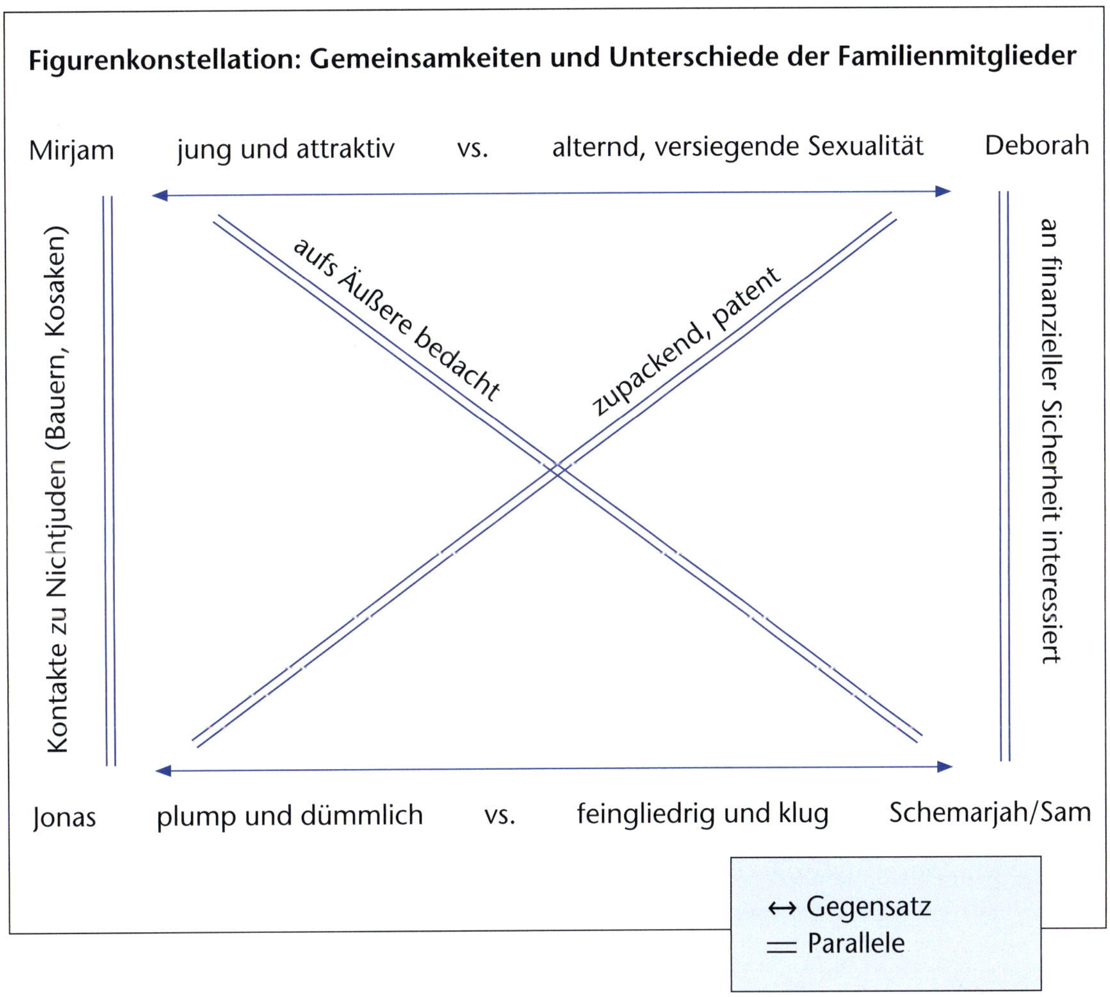

Charlotte Knobloch: Die Stellung der Frau im Judentum

Dr. h.c. Charlotte Knobloch ist Präsidentin des Zentralrats der Juden in Deutschland und Vorsitzende der Israelitischen Kultusgemeinde München und Oberbayern.

I.

„Wo steht es geschrieben", singt Barbra Streisand im Film Yentl, „wo steht geschrieben, was ich sein darf?" Yentl, eine junge jüdische Frau, lebt Anfang des 20. Jahrhunderts allein mit ihrem Vater in einem jüdischen Schtetl in Osteuropa. Sie lechzt nach Wissen, will unbedingt studieren und kann sich nicht damit abfinden, dass es ihr als Frau verboten sein soll, die Thora zu studieren. Ihr Vater, ein Rabbiner, sieht bald ein, dass er Yentl nicht vom traditionellen jüdischen Rollenverständnis überzeugen kann – und unterrichtet sie heimlich. Nach seinem Tod sieht Yentl für sich nur eine einzige Chance: Um an einer Yeshiva, einer Thoraschule, zu studieren, verkleidet sie sich als Mann.

Tatsächlich müsste sie dies auch heute noch tun, um in einer orthodox orientierten Yeshiva zugelassen zu werden. Ein Beleg dafür, dass das traditionelle Judentum bei oberflächlicher Betrachtung die Züge einer patriarchalischen Kultur biblischer und talmudischer Zeiten trägt. Frauen kommen nur am Rande vor. Im G"ttesdienst[1] spielen sie gar keine Rolle. Sie sind von den g"ttesdienstlichen Pflichten befreit, weil – und das ist der entscheidende Punkt – sie Wichtigeres zu tun haben. Darauf komme ich gleich zurück.

Kritiker werden jedoch nicht müde, die Diskriminierung der Frauen im Judentum zu beklagen. In der Tat bestreitet niemand, dass die Halacha, das jüdische Gesetz, Männer und Frauen ungleich einstuft und auch nicht gleich behandelt. Ebenso wenig wird man jedoch einen orthodoxen Juden finden, der die grundsätzliche Gleichwertigkeit von Mann und Frau infrage stellen würde. Es gibt in der jüdischen Lehre kein überliefertes Indiz für eine g"ttgewollte und somit natürlich angelegte Unterordnung des weiblichen Geschlechts unter das männliche. Vielmehr herrscht in der Orthodoxie die Deutung vor, dass G"tt die Frau mit mehr Verstand und Einsicht ausgestattet habe als den Mann.

Die Frau ist das Schlüsselmoment des Judentums. Der konfessionelle Status eines Kindes richtet sich nach seiner Mutter: Jude ist, wer von einer jüdischen Mutter geboren wurde. Die Frau ist Quell der jüdischen Identität und Hüterin über den Fortbestand der jüdischen Gemeinschaft.

Die Orthodoxie wertet Frau und Mann gleich – betont jedoch ihre funktionale Unterschiedlichkeit. Damit komme ich zurück auf die oben dargelegte scheinbare Diskriminierung: Frauen sind anders als die Männer von allen g"ttesdienstlichen Pflichten befreit, weil das Judentum als Religion der Familie den Frauen die häusliche „Priesterschaft" zuschreibt. Das bedeutet: Die Ehefrau und Mutter ist privilegiert. Sie ist die zentrale Säule des jüdischen Hauses. Wenn G"tt ihrem Ehemann, ihren Kindern und ihrem Haushalt den Segen des wahren Glücks gibt, so ist das allein das Verdienst der Frau. Ein jüdisches Sprichwort lautet: „G"tt kann nicht überall sein – deshalb schuf er Mütter."

II.

Nun liegt die Rolle der jüdischen Frau trotz jener Hauptverantwortung mitnichten nur zu Hause. Von jeher wurden in Orient und Okzident einige, je nach Lebenssituation sogar alle Funktionen sowohl von Frauen als auch von Männern wahrgenommen.

Das Selbstverständnis moderner Frauen ist immer seltener die vorbildliche „Nur-Hausfrau". Die Mutter, die sich um die Kinder kümmert, und die Ehefrau, die ihrem Mann den Rücken freihält. Sie wollen und sie dürfen Karriere machen – in allen Bereichen der Wirtschaft oder Wissenschaft sowie im Kulturbetrieb, der Kunst oder der Politik.

Die jüdische Frau ist das Paradebeispiel für die emanzipierte Frau. Und zwar nicht erst seit den 60er-Jahren. Ein Blick in die Geschichte zeigt, dass Jüdinnen schon seit mehreren Jahrhunderten zum Unterhalt der Familie beitragen und dafür eine Vielzahl von Berufen ausüben.

Schon die Bibel erzählt von den vier Stamm-Müttern Sara, Rebekka, Lea und Rahel. Es folgen die jüdischen Richterinnen wie Debora, die Königinnen und Gelehrten, aber auch die Märtyrerinnen wie Hanna. [...] Solche frühen Vorbilder spielen heute eine wichtige Rolle, wo immer orthodoxe und nicht orthodoxe Jüdinnen sich in ihrem Selbstverständnis und ihrem Wirken für die Gesellschaft neu definieren.

---

[1] Aus Respekt vor dem Höchsten wird der Gottesname im Judentum oft nicht ausgeschrieben oder -gesprochen.

Aus dem 19. und 20. Jahrhundert schließlich kennen wir berühmte jüdische Dichterinnen wie Else Lasker-Schüler oder Nelly Sachs und jüdische Spitzenpolitikerinnen wie Golda Meir sowie Frauenrechtlerinnen und Wegbereiter der sozialen Wohlfahrt wie Bertha Pappenheim und Henrietta Szold. Ihre Grenzen finden und fanden jüdische Frauen weniger in religiösen Dogmen als vielmehr in den herrschenden soziokulturellen Gegebenheiten, dem gesellschaftlichen Rollenverständnis der Frau – unabhängig von ihrer Konfession. Schübe gesellschaftlicher Liberalisierung wirkten sich dann eben auch auf Jüdinnen vorteilhaft aus.

In: Zur Debatte 8/2010, S. 8 (Zeitschrift der Katholischen Akademie in Bayern)

- *Arbeiten Sie aus dem Text heraus, welche Stellung der Frau traditionell im Judentum zukommt.*
- *Untersuchen Sie, inwiefern die Figur Deborah aus Joseph Roths Roman „Hiob" diesem Rollenbild entspricht.*

Deborahs Besuch beim Rabbi

Textauszug 1

Mit scharfem Heulen stürzte sie sich in die Menge der Wartenden, mit grausamen Fäusten drängte sie Schwache auseinander, niemand konnte sie aufhalten. Wer immer, von ihrer Hand getroffen und weggerückt, sich nach ihr umsah, um sie zurückzuweisen, war geblendet von dem brennenden Schmerz in ihrem Angesicht, ihrem offenen roten Mund, aus dem ein sengender Hauch zu strömen schien, von dem kristallenen Leuchten der großen, rollenden Tränen, von den Wangen, die in hellroten Flammen standen, von den dicken blauen Adern am gereckten Hals, in denen sich die Schreie sammelten, ehe sie ausbrachen. Wie eine Fackel wehte Deborah einher. Mit einem einzigen grellen Schrei, hinter dem die grauenhafte Stille einer ganzen gestorbenen Welt einstürzte, fiel Deborah vor der endlich erreichten Tür des Rabbi nieder, die Klinke in der gereckten Rechten. Mit der Linken trommelte sie gegen das braune Holz. Menuchim schleifte vor ihr her am Boden.

Aus: Joseph Roth: Hiob. Paderborn: Schöningh 2012, S. 14

- *Analysieren Sie den Textauszug. Arbeiten Sie dabei insbesondere heraus, wie Deborahs innere Verfassung sprachlich dargestellt wird, z. B.*
  - *durch die Beschreibung ihres Äußeren,*
  - *durch die Beschreibung ihres Verhaltens,*
  - *durch den Satzbau,*
  - *durch die Wahl der Adjektive.*
- *Stellen Sie sich vor, Sie sollten für eine Verfilmung des Romans ein Filmplakat entwerfen, das genau diese Szene zeigt. Ihre Gestaltungsmittel dürften Sie frei wählen. Wie würden Sie das Plakat gestalten? Skizzieren Sie es.*

Textauszug 2

Jemand machte die Tür auf. Der Rabbi stand am Fenster, er kehrte ihr den Rücken, ein schwarzer, schmaler Strich. Plötzlich wandte er sich um. Sie blieb an der Schwelle, auf beiden Armen bot sie ihren Sohn dar, wie man ein Opfer bringt. Sie erhaschte einen Schimmer von dem bleichen Angesicht des Mannes, das eins zu sein schien mit seinem weißen Bart. Sie hatte sich vorgenommen, in die Augen des Heiligen zu sehen, um sich zu überzeugen, dass wirklich in ihnen die mächtige Güte lebe. Aber nun sie hier stand, lag ein See von Tränen vor ihrem Blick, und sie sah den Mann hinter einer weißen Welle aus Wasser und Salz. Er hob die Hand, zwei dürre Finger glaubte sie zu erkennen, Instrumente des Segens. Aber ganz nah hörte sie die Stimme des Rabbi, obwohl er nur flüsterte:

Aus: Joseph Roth: Hiob. Paderborn: Schöningh 2012, S. 14

- *Analysieren Sie den Textauszug. Arbeiten Sie dabei insbesondere heraus, wie Deborahs innere Verfassung sprachlich dargestellt wird, z. B.*
  - *durch die Beschreibung des Verhaltens der Figuren,*
  - *durch die Beschreibung der Szenerie,*
  - *durch den Satzbau,*
  - *durch die Wahl der Adjektive.*
- *Stellen Sie sich vor, Sie sollten für eine Verfilmung des Romans ein Filmplakat entwerfen, das genau diese Szene zeigt. Ihre Gestaltungsmittel dürften Sie frei wählen. Wie würden Sie das Plakat gestalten? Skizzieren Sie es.*

Textauszug 3

„Menuchim, Mendels Sohn, wird gesund werden. Seinesgleichen wird es nicht viele geben in Israel. Der Schmerz wird ihn weise machen, die Hässlichkeit gütig, die Bitternis milde und die Krankheit stark. Seine Augen werden weit sein und tief, seine Ohren hell und voll Widerhall. Sein Mund wird schweigen, aber wenn er die Lippen auftun wird, werden sie Gutes künden. Hab keine Furcht, und geh nach Haus!“

„Wann, wann, wann wird er gesund werden?“, flüsterte Deborah.

„Nach langen Jahren“, sagte der Rabbi, „aber frage mich nicht weiter, ich habe keine Zeit, und ich weiß nicht mehr. Verlass deinen Sohn nicht, auch wenn er dir eine große Last ist, gib ihn nicht weg von dir, er kommt aus dir, wie ein gesundes Kind. Und geh!“ ... Draußen machte man ihr Platz. Ihre Wangen waren blass, ihre Augen trocken, ihre Lippen leicht geöffnet, als atmeten sie lauter Hoffnung. Gnade im Herzen, kehrte sie heim.

Aus: Joseph Roth: Hiob. Paderborn, Schöningh 2012, S. 14f.

Zum Vergleich:

Lukas 1,11 ff.

11 Da erschien dem Zacharias ein Engel des Herrn; er stand auf der rechten Seite des Rauchopferaltars. 12 Als Zacharias ihn sah, erschrak er und es befiel ihn Furcht. 13 Der Engel aber sagte zu ihm: Fürchte dich nicht, Zacharias! Dein Gebet *ist erhört worden. Deine Frau* Elisabet *wird dir einen Sohn gebären; dem sollst du den Namen* Johannes *geben.* 14 Große Freude wird dich erfüllen und auch viele andere werden sich über seine Geburt freuen. 15 Denn er wird groß sein vor dem Herrn. [...] 18 Zacharias sagte zu dem Engel: Woran soll ich erkennen, dass das wahr ist? Ich bin ein alter Mann und auch meine Frau ist in vorgerücktem Alter. 19 Der Engel erwiderte ihm: Ich bin Gabriel, der vor Gott steht, und ich bin gesandt worden, um mit dir zu reden und dir diese frohe Botschaft zu bringen. [...] 24 Bald darauf empfing seine Frau Elisabet einen Sohn und lebte fünf Monate lang zurückgezogen. Sie sagte: 25 Der Herr hat mir geholfen; er hat in diesen Tagen gnädig auf mich geschaut und mich von der Schande befreit, mit der ich in den Augen der Menschen beladen war.

Lukas 1,28 ff.

28 Der Engel trat bei ihr ein und sagte: Sei gegrüßt, du Begnadete, der Herr ist mit dir. 29 Sie erschrak über die Anrede und überlegte, was dieser Gruß zu bedeuten habe. 30 Da sagte der Engel zu ihr: Fürchte dich nicht, Maria; denn du hast bei Gott Gnade gefunden. 31 Du wirst ein Kind empfangen, einen Sohn wirst du gebären: dem sollst du den Namen Jesus geben. 32 Er wird groß sein und Sohn des Höchsten genannt werden. Gott, der Herr, wird ihm den Thron seines Vaters David geben. 33 Er wird über das Haus Jakob in Ewigkeit herrschen und seine Herrschaft wird kein Ende haben. 34 Maria sagte zu dem Engel: Wie soll das geschehen, da ich keinen Mann erkenne? 35 Der Engel antwortete ihr: Der Heilige Geist wird über dich kommen, und die Kraft des Höchsten wird dich überschatten. Deshalb wird auch das Kind heilig und Sohn Gottes genannt werden. 36 Auch Elisabet, deine Verwandte, hat noch in ihrem Alter einen Sohn empfangen; obwohl sie als unfruchtbar galt, ist sie jetzt schon im sechsten Monat. 37 Denn für Gott ist nichts unmöglich. 38 Da sagte Maria: Ich bin die Magd des Herrn; mir geschehe, wie du es gesagt hast. Danach verließ sie der Engel.

- *Vergleichen Sie den Auszug aus Joseph Roths Roman und die beiden Bibelstellen aus dem Lukasevangelium miteinander und benennen Sie gemeinsame Muster.*
- *Welche Schlüsse kann ein Leser, der mit den Bibelstellen vertraut ist, bereits im ersten Kapitel des Romans über Menuchim ziehen?*
- *Diskutieren Sie, inwiefern sich diese Deutung später bestätigt.*

Franz Kafka: Vor dem Gesetz

Vor dem Gesetz steht ein Türhüter. Zu diesem Türhüter kommt ein Mann vom Lande und bittet um Eintritt in das Gesetz. Aber der Türhüter sagt, dass er ihm jetzt den Eintritt nicht gewähren könne. Der Mann überlegt und fragt dann, ob er also später werde eintreten dürfen. „Es ist möglich", sagt der Türhüter, „jetzt aber nicht." Da das Tor zum Gesetz offen steht wie immer und der Türhüter beiseitetritt, bückt sich der Mann, um durch das Tor in das Innere zu sehn. Als der Türhüter das merkt, lacht er und sagt: „Wenn es dich so lockt, versuche es doch, trotz meines Verbotes hineinzugehn. Merke aber: Ich bin mächtig. Und ich bin nur der unterste Türhüter. Von Saal zu Saal stehn aber Türhüter, einer mächtiger als der andere. Schon den Anblick des dritten kann nicht einmal ich mehr ertragen." Solche Schwierigkeiten hat der Mann vom Lande nicht erwartet; das Gesetz soll doch jedem und immer zugänglich sein, denkt er, aber als er jetzt den Türhüter in seinem Pelzmantel genauer ansieht, seine große Spitznase, den langen, dünnen, schwarzen tatarischen Bart, entschließt er sich, doch lieber zu warten, bis er die Erlaubnis zum Eintritt bekommt. Der Türhüter gibt ihm einen Schemel und lässt ihn seitwärts von der Tür sich niedersetzen. Dort sitzt er Tage und Jahre. Er macht viele Versuche, eingelassen zu werden, und ermüdet den Türhüter durch seine Bitten. Der Türhüter stellt öfters kleine Verhöre mit ihm an, fragt ihn über seine Heimat aus und nach vielem andern, es sind aber teilnahmslose Fragen, wie sie große Herren stellen, und zum Schlusse sagt er ihm immer wieder, dass er ihn noch nicht einlassen könne. Der Mann, der sich für seine Reise mit vielem ausgerüstet hat, verwendet alles, und sei es noch so wertvoll, um den Türhüter zu bestechen. Dieser nimmt zwar alles an, aber sagt dabei: „Ich nehme es nur an, damit du nicht glaubst, etwas versäumt zu haben." Während der vielen Jahre beobachtet der Mann den Türhüter fast ununterbrochen. Er vergisst die andern Türhüter, und dieser erste scheint ihm das einzige Hindernis für den Eintritt in das Gesetz. Er verflucht den unglücklichen Zufall, in den ersten Jahren rücksichtslos und laut, später, als er alt wird, brummt er nur noch vor sich hin. Er wird kindisch, und, da er in dem jahrelangen Studium des Türhüters auch die Flöhe in seinem Pelzkragen erkannt hat, bittet er auch die Flöhe, ihm zu helfen und den Türhüter umzustimmen. Schließlich wird sein Augenlicht schwach, und er weiß nicht, ob es um ihn wirklich dunkler wird oder ob ihn nur seine Augen täuschen. Wohl aber erkennt er jetzt im Dunkel einen Glanz, der unverlöschlich aus der Türe des Gesetzes bricht. Nun lebt er nicht mehr lange. Vor seinem Tode sammeln sich in seinem Kopfe alle Erfahrungen der ganzen Zeit zu einer Frage, die er bisher an den Türhüter noch nicht gestellt hat. Er winkt ihm zu, da er seinen erstarrenden Körper nicht mehr aufrichten kann. Der Türhüter muss sich tief zu ihm hinunterneigen, denn der Größenunterschied hat sich sehr zuungunsten des Mannes verändert. „Was willst du denn jetzt noch wissen?", fragt der Türhüter, „du bist unersättlich." „Alle streben doch nach dem Gesetz", sagt der Mann, „wieso kommt es, dass in den vielen Jahren niemand außer mir Einlass verlangt hat?" Der Türhüter erkennt, dass der Mann schon an seinem Ende ist, und, um sein vergehendes Gehör noch zu erreichen, brüllt er ihn an: „Hier konnte niemand sonst Einlass erhalten, denn dieser Eingang war nur für dich bestimmt. Ich gehe jetzt und schließe ihn."

Aus: Franz Kafka: Erzählungen und Parabeln. Paderborn: Schöningh 2008, S. 7f.

- *Dieser Text von Franz Kafka ist eine Parabel, d. h. eine gleichnishafte Erzählung, die zur Deutung von der Bild- auf die Sachebene übertragen werden muss. Analysieren Sie die Parabel „Vor dem Gesetz" und arbeiten Sie heraus, welche Lehre darin enthalten sein könnte.*
- *Stellen Sie den Inhalt und die Aussage dieser Parabel der Szene aus dem Roman „Hiob" gegenüber, in der Deborah den Wunderrabbi aufsucht.*
- *Vergleichen Sie das Verhalten des Mannes vom Lande mit dem Mendel Singers.*

Die drei gesunden Kinder

Fazit:

- *Benennen Sie wesentliche Eigenschaften der drei gesunden Kinder der Familie Singer. Beziehen Sie sich dabei zunächst auf den ersten Teil des Romans, vor allem auf die Kapitel II und III (S. 15 ff.).*
- *Vergleichen Sie die Charaktere der Geschwister miteinander.*
- *Stellen Sie sich vor, Jonas, Schemarjah und Mirjam würden für eine große Jugendstudie befragt. Wie würden sie ihr aktuelles Lebensgefühl beschreiben? Was würden sie über ihre Zukunftspläne sagen?*
- *Für Menuchim wird kein Tiervergleich gewählt. Überlegen Sie, welches Tier vielleicht passend wäre. Warum verzichtet Roth auf diesen Vergleich?*

Die drei gesunden Kinder (Lösungsvorschlag)

Mirjam:
zart wie eine Gazelle,
kokett und gedankenlos (S. 22)
hübsch, schlank
neugierig
„Künderin der Lust" (S. 23)

Jonas:
der Erstgeborene
stark und langsam wie ein Bär (S. 22)
aber dümmlich
will Bauer werden
„Ich möchte ein Bauer sein […] ich möchte betrunken sein und mit den Mädchen da schlafen." (S. 25)

Schemarjah:
schlau wie ein Fuchs
schlau und hurtig wie ein Fuchs (S. 22)
feingliedrig, geschickt
will Kaufmann werden und in die Welt gehen (S. 28)
„Ich will sein, was ich bin […] ein Jude wie mein Vater Mendel Singer, kein Soldat und nüchtern." (S. 25)
„Ich möchte lieber ein reicher Mann sein und das Leben sehn." (S. 26)

→ Die Kinder stehen in ihrer Unterschiedlichkeit für verschiedene Bevölkerungsgruppen und unterschiedliche Weisen, die jüdische Tradition fortzuführen.

Christine Schmidjell: Biblische Geschichten im Spiegel des Schicksals Menuchims

Die Figur Menuchims ist mit zahlreichen biblischen Geschichten verbunden. [Der israelische Literaturwissenschaftler] Gershon Shaked sieht die Geschichte Menuchims verknüpft mit einer zentralen jüdischen Legende, der alttestamentlichen Josephslegende (1. Mose 37–45), in der Joseph von seinen Brüdern in ein fremdes Land verkauft wird und als König von Ägypten seine Familie vor dem Hungertod rettet: „Die Josephslegende ist also die früheste positive Assimilationsgeschichte."[1]

Manches erinnert auch an die Kindheitsgeschichte Moses, der in einem Weidenkörbchen ausgesetzt wurde, wenn ihn die Mutter in einem Korb schwebend liegen lässt (2. Mose 2,3), sowie an die Opferung Isaaks, wenn ihn Deborah dem Rabbi darbietet, „wie man ein Opfer bringt" (1. Mose 22).

Zwar wird Menuchim in der ersten Romanhälfte als Strafe, Unglück und Plage für die Familie dargestellt, aber auch als einer, der so krank ist, dass ihm „nur ein Wunder helfen kann". Damit gilt er „nach biblischer Auffassung als ‚heiliger' Kranker, der einen bestimmten Auftrag im Heilsplan Gottes zu erfüllen hat. Denn diese ‚begnadeten Idioten' [...] sprechen zwischen wirren Sätzen Grundwahrheiten, in denen sich der Geist Gottes offenbart."[2] Seine Sonderstellung wird ersichtlich zum einen durch eine Art Unverletzbarkeit (Gottes kleiner Finger), als ihn die Geschwister in ein Regenfass stecken, darüber hinaus deutet die Darstellung seiner überdurchschnittlichen Qualen auch auf Christusnachfolge hin, da er das Leid stellvertretend für andere übernehmen muss („als bezögen die gesunden Kinder Kraft von dem Siechen"; „als hätte der kleine Menuchim die ganze Anzahl der menschlichen Qualen auf sich genommen [...]"). [Der Interpret] Emil Göggel sieht Parallelen „zwischen dem gepeinigten Kind und dem verfolgten jüdischen Volk, zwischen dem besonderen Schutz Gottes, unter dem Menuchim zu stehen scheint, und dem Schutz, den das auserwählte Volk Israel wiederholt erfahren hat [...]"[3]

Aus: Christine Schmidjell: Erläuterungen und Dokumente zu J. R. Hiob. Stuttgart: Reclam 2004, S. 20f.

---

1 Shaked, Gershon: Wie jüdisch ist ein jüdisch-deutscher Roman? Über J.R. Hiob, in: Stephane Moses, Albrecht Schöne (Hrsg.): Juden in der deutschen Literatur, Frankfurt a. M. 1984, S. 281f.

2 Hansotto Ausserhofer: Joseph Roth und das Judentum. Ein Beitrag zum Verständnis der deutsch-jüdischen Symbiose im zwanzigsten Jahrhundert, Phil. Diss. Bonn 1970, S. 277.

3 Emil Göggel: Lektürehilfen Joseph Roth „Hiob", Stuttgart 1995, S. 72.

■ *Lesen Sie den Text. Welche Bedeutung erhält die Figur Menuchim durch die genannten Anspielungen?*

Sprechende Namen

Der Name „Mendel" ist die Eindeutschung des hebräischen Namens „Menuchim" und bedeutet „Tröster".

- *Kann Mendel ein Tröster sein?*
- *Auf welche Weise geht von Menuchim Trost aus – nicht nur für Mendel?*

„Deborah" bedeutet „Biene".

- *Welche Eigenschaften einer Biene finden sich im Charakter Deborah Singers wieder?*

Das Alte Testament erzählt von einer Debora, die Richterin und Prophetin ist. Debora hat ihrem Volk Israel in einer Situation der Unterdrückung und Lethargie Mut gemacht und es letztlich zu einem wichtigen Sieg geführt.

- *Inwiefern ist der Charakter der Deborah in Joseph Roths Roman auch in Anlehnung an die alttestamentliche Figur gestaltet?*

Der Name „Jonas" bedeutet „Taube".

- *Welche Eigenschaften einer Taube lassen sich in der Figur Jonas wiedererkennen?*

Die Bibel erzählt im Buch Jona von einem Propheten, der vor seinem Auftrag flüchtet und von einem großen Fisch verschluckt wird. Erst nachdem er sein Schicksal beklagt und sich Gottes Willen gebeugt hat, wird er lebendig ausgespien und erfüllt schließlich seinen Auftrag.

- *Inwiefern hat auch diese Geschichte Pate gestanden bei der erzählerischen Gestaltung des Schicksals von Jonas im Roman „Hiob"?*

„Schemarjah" bedeutet übersetzt „Gott schütze dich".

- *Inwiefern passt der Name zu Mendels zweitem Sohn?*
- *Welche Bedeutung hat die Namensänderung von Schemarjah zu Sam?*

Eine Frau namens Mirjam ist im Alten Testament die Schwester von Moses und Aaron. Mit ihnen war sie eine der führenden Persönlichkeiten beim Auszug der Israeliten aus Ägypten.

- *Inwiefern hat auch hier das biblische Vorbild der Gestaltung der Romanfigur zugrunde gelegen?*

Die jüdische Tradition erzählt von Mirjam, der Geist Gottes sei über sie gekommen und sie habe im Traum gesehen, dass ihre Mutter einen Sohn gebären werde, der Israel retten würde.

- *Vergleichen Sie diesen Mythos mit der Romanhandlung.*

Baustein 4

Heimat und Fremde

4.1 Was ist Heimat?

Bevor die Motive von Heimat und Heimatlosigkeit im Roman „Hiob" untersucht werden, liegt es auf der Hand, die Schülerinnen und Schüler zunächst einmal selbst mit der Frage zu konfrontieren, was für sie Heimat bedeutet.
Unterschiedliche methodische Zugänge sind hier denkbar: In manchen Lerngruppen kann mit Auszügen aus einem Fragebogen von Max Frisch (**Arbeitsblatt 21**, S. 77) gearbeitet werden. Die Schülerinnen und Schüler werden darauf hingewiesen, dass es nicht darauf ankommt, wie in einem Test alle Fragen zu beantworten, sondern sich auf das Nachdenken einzulassen. Dazu kann es auch sinnvoll sein, wenn sie sich mit weniger Fragen, die sie selbst auswählen, umso intensiver beschäftigen.

- *Beschäftigen Sie sich mit den Fragen zum Thema „Heimat" von Max Frisch (Arbeitsblatt 21) und notieren Sie Ihre Gedanken zu einigen der Fragestellungen.*
- *Tauschen Sie sich anschließend in der Lerngruppe aus: Welche Antworten sind Ihnen leichtgefallen, welche Fragen finden Sie schwer zu beantworten?*
- *Welche Gedanken zum Thema „Heimat" sind Ihnen wichtig?*

Alternativ ist an dieser Stelle auch ein Zugang über das sogenannte automatische Schreiben denkbar (**Arbeitsblatt 22**, S. 78). Die Schülerinnen und Schüler werden gebeten, für eine begrenzte Zeit (drei, maximal fünf Minuten) ohne abzusetzen ihre Assoziationen zum Stichwort „Heimat" niederzuschreiben. Ob sie Sätze oder nur einzelne Worte notieren, bleibt ihnen überlassen. Wichtig ist, möglichst keine Schreibpause zu machen und gegebenenfalls einen Gedanken wiederholt niederzuschreiben, bis sich die nächste Assoziation ergibt. Anschließend bekommen die Schülerinnen und Schüler Gelegenheit, ihren eigenen Text durchzulesen und die für sie wichtigsten Begriffe zu markieren. Hier kann sich dann entweder ein Kleingruppengespräch anschließen oder aber der Arbeitsauftrag, unter Verwendung der markierten Begriffe ein kurzes Gedicht oder einen Satz zu formulieren.

- *Was ist für Sie „Heimat"? Notieren Sie Ihre Gedanken nach der Methode des automatischen Schreibens, das heißt: Schreiben Sie fünf Minuten lang möglichst ohne abzusetzen und assoziativ auf, was Ihnen zu diesem Begriff einfällt. (Arbeitsblatt 22)*
- *Lesen Sie Ihren eigenen Text noch einmal. Markieren Sie die acht Worte, die Ihnen am wichtigsten erscheinen.*
- *Schreiben Sie mit diesen acht Worten nun einen kurzen, komprimierten Text zum Thema „Heimat" (zum Beispiel ein kleines Gedicht, einen Satz, eine Wortkette).*

Der Text „Heimaten" von Lutz Seiler (**Arbeitsblatt 23**, S. 79) beschäftigt sich mit einem neuen Verständnis von Heimat. Der Autor ist der Meinung, dass es in Zeiten der Globalisierung einen neuen Regionalismus gebe, der sich in einer „Heimvalenz" bestimmter Orte, aber auch zum Beispiel der Sprache oder dem Namen manifestiere. Dieser Begriff umschreibt die Qualität bestimmter Orte als Heimat. Je vertrauter der Ort, je besser das Auskennen in einer bestimmten Landschaft und unter den Menschen mit ihrer Mentalität, desto größer die Heimvalenz.

- *Fassen Sie mit eigenen Worten zusammen, welches Verständnis von Heimat der Autor Lutz Seiler in seinem Text (Arbeitsblatt 23) vertritt.*
- *Warum wählt der Autor für die Überschrift den Plural „Heimaten"?*
- *Seiler spricht von „Heimvalenz". Erläutern Sie diesen Begriff.*
- *Was hat für Sie persönlich „Heimvalenz"?*
- *Beschreiben Sie, welche Rolle der Heimatbegriff im Hinblick auf die Handlung des Romans „Hiob" spielt.*

Der erste Teil des Romans „Hiob" spielt in einem ostjüdischen Schtetl, einem kleinen Ort mit hauptsächlich jüdischer Bevölkerung, in der fikitven russischen Stadt Zuchnow. Handlungsort ist im Wesentlichen das Haus der Familie Singer. Nur einzelne Szenen, die bereits im Zusammenhang mit den Vorbereitungen der Flucht Schemarjahs beziehungsweise mit der Auswanderung der Familie stehen, spielen außerhalb, z. B. in einer Schenke in Kluczysk oder in der Behörde in Dubno. Das Lebensumfeld der Familie, das sie als Zuhause empfindet, ist ihr Wohnhaus; die Gegend hingegen ist nicht ihre Heimat. Diesem Zusammenhang soll im nächsten Arbeitsschritt nachgegangen werden. Dabei werden, ausgehend vom Romantext, auch die historischen Lebensumstände der Ostjuden erarbeitet, die Roth als Hintergrund für sein Romangeschehen dienen.
Die Fremdheit der Juden wird augenfällig in einer Szene, in der Jonas und Schemarjah auf dem Rückweg von der Musterung zu ihrem Elternhaus sind. Die Situation spielt an einem verschneiten Wintertag. Sonderbarerweise schmilzt dieser Schnee auf den Körpern der schwarz gekleideten Juden sofort, während er auf den Schultern der Bauern liegen bleibt und sie optisch mit der Landschaft verschmilzen lässt: „vertraut mit dem Schnee, gingen sie in ihm einher, wie in einer Heimat" (S. 29, Z. 18f.). Erst als die beiden jungen Männer sich ihrem Elternhaus nähern, verspüren sie ein heimatliches Gefühl, das an die Erinnerungen an Bilder, Töne und Gerüche ihrer Kindheit gebunden ist. Die Familie und ihre Vergangenheit sind Heimat für Jonas und Schemarjah, nicht aber das Land, in dem sie leben.

- *Analysieren Sie die Szene S. 29, Z. 5 bis S. 30, Z. 2 (Rückkehr von Jonas und Schemarjah von der Musterung).*
- *Untersuchen und deuten Sie die Farbgestaltung in dieser Szene.*
- *Arbeiten Sie heraus, welche Bedeutung „Heimat" in diesem Textauszug zukommt.*

„Heimat"

für Jonas und Schemarjah (S. 29f.):

- bleiben als Juden Fremdkörper in der Umgebung (Farbsymbolik: schwarz bleibende Kleidung in weiß verschneiter Gegend)
- Heimatgefühle sind verbunden mit der sinnlichen Wahrnehmung des Elternhauses und der Erinnerung an die Kindheit (Laute, Gerüche, Bilder)

Erst als Schemarjah auf der Flucht ist und der Schlepper ihn ortskundig über abgelegene Pfade führt, empfindet er es, als wolle dieser ihn „noch schnell mit der Heimat vertraut machen, ehe der junge Mann auszog, eine neue zu suchen. Er säte das Heimweh fürs ganze Leben in das Herz Schemarjahs." (S. 42, Z. 2ff.) Erst im Augenblick des Abschieds hat Schemarjah das Gefühl, seine Heimat zu verlassen.
Dass dieses Gefühl des Fremdseins im eigenen Land kein Einzelphänomen in Bezug auf die Söhne der Singers ist, dokumentiert eine weitere Textpassage, in der die Juden des Ortes am Neumondfest zusammenkommen. Lediglich der Mond gibt ihnen ein Gefühl von Heimat. Die Erde, der schwarze Wald und das bedrohliche Kläffen der Hunde erscheinen ihnen jedoch fremd und feindlich. Mond und Himmel sind für die Juden Zeichen der Allgegenwart Gottes, und der beständig ab- und zunehmende Mond symbolisiert die Hoffnung auf den Fortbestand des Judentums über alle Verfolgungen und Ausrottungsversuche der Geschichte hinaus.

- *Untersuchen Sie an weiteren Textpassagen, inwiefern ihr Land für die Ostjuden Heimat darstellt. Beziehen Sie sich dazu vor allem auf folgende Stellen: S. 41, Z. 30 – S. 43, Z. 29 und S. 52, Z. 8 – S. 54, Z. 2.*

Anhand einiger Materialien zur historischen Lebenssituation der Juden zur Zeit der Jahrhundertwende sollen nun die Gründe für das zwiespältige Gefühl zum Land erarbeitet werden. Es sollen einerseits die äußeren Strukturen von wirtschaftlicher Armut und politischer Unterdrückung deutlich werden, die viele Juden in der Hoffnung auf ein besseres Leben emigrieren ließen. Andererseits bot das Schtetl – nicht als geografischer Ort, sondern als Gemeinschaft, in der die jüdische Tradition aufrechterhalten und gelebt wurde – eine Verwurzelung, in der gerade durch die Bedrohung von außen ein verstärkter Zusammenhalt entstand. In der Geschichte des jüdischen Volkes ist die Frage nach Heimat eine zeitenübergreifende. Durch wiederkehrende antisemitische Bedrohungen war das jüdische Volk immer wieder zu Emigration und Zerstreuung gezwungen. Die Frage „Wer ist ein Jude?" beantwortet sich damit nicht aus der Herkunft aus einem Land heraus, sondern durch die Zugehörigkeit zu ihrer Religionsgemeinschaft – genau so wie die Romanfigur Mendel Singer es empfindet (siehe hierzu auch den Text von Werner Trutwin im Anhang der Textausgabe, S. 195ff.).

4.2 Gründe für die Auswanderung

Die Entscheidung von Mendel, mit seiner Familie nach Amerika auszuwandern, mag den Schülerinnen und Schülern möglicherweise zunächst schwer nachvollziehbar erscheinen. Weil die Tochter Mirjam mit den falschen Männern verkehrt, ist man bereit, das Haus aufzugeben und den behinderten Menuchim seinem Schicksal zu überlassen.
An dieser Stelle soll nun also die Vielschichtigkeit der Gründe für die Auswanderung erarbeitet werden.
Die Schülerinnen und Schüler eruieren zunächst aus dem Romantext heraus Gründe für die Auswanderung und entwerfen auf dieser Grundlage ein Familiengespräch, in dem sie Pro und Kontra aus den verschiedenen Perspektiven abwägen. Anschließend beschäftigen sie sich eigenständig mit einigem Material, das die Situation der Juden in Osteuropa beleuchtet und Gründe für die Auswanderungsbewegungen aufzeigt. Die **Arbeitsblätter 24**, S. 80f., und **25**, S. 82, bieten dazu zwei Sachtexte, die **Arbeitsblätter 26**, S. 83, und **27**, S. 84, zwei Auszüge aus Joseph Roths Essay „Juden auf Wanderschaft". Während in den beiden Sachtexten von Ehrlich und Blanke das Leben im Schtetl und die immer schlechter werdenden wirtschaftlichen und politischen Bedingungen beschrieben werden, liegt der Blick Roths einerseits auf dem Reiz, der von Briefen erfolgreicher Auswanderer an die Da-

heimgebliebenen ausgeht, und andererseits auf der Furcht vor dem Soldatenleben, die viele junge Männer in die Flucht treibt. Die Situation der Familie Singer, wie sie im Roman „Hiob" beschrieben wird, ist also eine typische. Die Schülerinnen und Schüler erkennen die Armut im Schicksal der Familie wieder, die Furcht vor Überfremdung durch die Kosaken am Beispiel von Mirjams Beziehungen, die Flucht vor dem Militär bei Schemarjah und die Begeisterung für die neue Heimat in Übersee, die sich in Sams Brief niederschlägt. All diese Gründe tragen dazu bei, dass Mendel sich für eine Auswanderung mit Deborah und Mirjam entscheidet. Er verzichtet „schweren Herzens auf die Familie und leichten Herzens auf das Vaterland", wie Roth es im Essay „Juden auf Wanderschaft" formuliert (**Arbeitsblatt 27, S. 84, Z. 77f.**).

- *Benennen Sie aus dem Romantext heraus die Gründe, die letztlich den Entschluss zur Auswanderung herbeiführen. Führen Sie auch auf, welche Argumente dagegen sprechen würden.*
- *Lassen Sie eine Art Familienrat bei den Singers tagen und über die Frage beraten, ob man auswandern oder in Wolhynien bleiben solle. Alle Figuren sollten in dieser fiktiven Szene zu Wort kommen, auch der schon in Amerika weilende Schemarjah und der stumme Menuchim.*
- *Erarbeiten Sie die Lebensumstände der Menschen in einem ostjüdischen Schtetl zur Zeit der Jahrhunderwende und die Gründe, die für viele zur Auswanderung führten. Sie finden dazu Informationen auf den Arbeitsblättern 24–27 sowie im Anhang der Textausgabe unter Kapitel 2 (S. 174–189). Präsentieren Sie Ihre Ergebnisse auf eine geeignete Weise, z. B. auf einem Plakat, einer Wandzeitung, mithilfe einer PowerPoint-Präsentation o. Ä.*
- *Welche Gründe sind letztendlich die ausschlaggebenden für die Auswanderung der Familie Singer?*

Die Situation der Ostjuden im Schtetl

- jüdische Zentren in der Größe einer Kleinstadt
- mit eigenem Zentrum: Marktplatz, Bethaus, Friedhof, Badehaus
- kein Getto, aber mehrheitlich jüdische Bevölkerung
- Leben oft unter ärmlichen, beengten Bedingungen
- Verschärfung der wirtschaftlichen Not durch:
  - demografische Entwicklung und Vertreibung der Juden aus ländlichen Erwerbsquellen
  - Verdrängung aus Zoll- und Pachtaufgaben
- Verschärfung der sozialen Bedrohung durch
  - Neid und Hass gegenüber den Juden, die noch in Verwaltungsaufgaben Rechte innehatten
- Furcht vor Soldatenleben (ohne Möglichkeit, die jüdischen Gesetze einzuhalten, und in der Angst vor einem Krieg)

Verbleib im Schtetl:
- innerer Zusammenhalt der jüdischen Bevölkerung in der Hoffnung auf Lohn für das Ertragen des Leids im Himmel
- Stärkung des jüdisch-nationalen Gedankens und Abgrenzung gegenüber der Umwelt

Auswanderung nach Übersee:
- in der Hoffnung auf ein besseres Leben

Auch in der heutigen Zeit hat der Gedanke an eine Auswanderung für nicht wenige Menschen noch Relevanz. Die Gründe sind meist wirtschaftlicher Art wie die Suche nach Arbeit oder der Wunsch nach besserer Entlohnung mancher Berufsgruppen. Den Reiz des Auswanderns mit allen Schwierigkeiten dokumentieren inzwischen zahlreiche TV-Formate. Hier lässt sich anknüpfen und die Bedeutung des Auswanderns um 1900 mit der heutigen vergleichen. Der Text „Auswanderer" (**Arbeitsblatt 28**, S. 85 f.) zeigt die Strapazen, die mit dem Schritt in ein neues Land verbunden waren, und lässt das Risiko erkennen, dem sich die Menschen unterzogen haben. In das nächste Flugzeug zu steigen und in die Heimat zurückzukehren, sollte der Traum vom Auswandern scheitern, das war für die Menschen um 1900 nicht möglich. Entsprechend groß muss die Verzweiflung und entsprechend gewichtig müssen die Gründe gewesen sein, sich diesem Unterfangen zu stellen.

- *Lesen Sie den Text „Auswanderer" (Arbeitsblatt 28). Unterscheiden Sie zwischen Auswandern heute und um 1900.*
- *Auswandern heute ist interessant, wovon nicht nur etliche Fernsehformate zeugen, die Auswanderer bei ihren Erlebnissen zeigen. Mit welchen Hoffnungen und welchen Ängsten wandern Menschen heute aus?*
- *Stellen Sie sich vor, Sie hätten von einem TV-Sender den Auftrag, für eine Auswanderer-Dokumentation die Familie Singer in ihrem neuen Leben in New York zu begleiten. Welche aussagekräftigen Szenen würden Sie filmen? Verfassen Sie ein kurzes Exposé.*

4.3 Amerika als gelobtes Land?

Die Ankunft in Amerika erlebt Mendel Singer zunächst wie einen Identitätsverlust. Der erste Teil des Romans endet mit einer Reihe von Fragen, die Mendel sich stellt: „‚Was gehen mich diese Leute an? […] Was geht mich ganz Amerika an? Mein Sohn, meine Frau, meine Tochter, dieser Mac? Bin ich noch Mendel Singer? Ist das noch meine Familie? Bin ich noch Mendel Singer? Wo ist mein Sohn Menuchim?'" (S. 88, Z. 9 ff.)

- *Mendel Singer stellt sich bei seiner Ankunft in Amerika eine Reihe grundsätzlicher Fragen (S. 88, Z. 9 ff.). Damit endet der erste Teil des Romans. Beantworten Sie diese Fragen rückblickend mit dem Wissen um die Geschehnisse des zweiten Teils. Schreiben Sie dazu einen inneren Monolog, in dem Mendel auf die Zeit seiner Ankunft zurückschaut und sie aus der Perspektive des alten Mannes reflektiert.*
- *Überprüfen Sie ebenfalls, inwiefern sich Mendels anfängliches Gefühl in der Folgezeit in Amerika bestätigt hat: „Es war ihm, als wäre er aus sich selbst herausgestoßen worden, von sich selbst getrennt würde er fortan leben müssen. […] Es […] begann sein Herz langsam zu vereisen […]. Schon war er einsam […]." (S. 88, Z. 13 ff.)*

Der zweite Teil des Romans beginnt mit einem Erzählerkommentar, der die Auswanderung der Familie Singer in den Kontext der Familiengeschichte stellt. Auch deren Vorfahren seien vor etlichen Generationen aus Spanien nach Wolhynien gekommen. Das Schicksal der Singers wird hier in den Kontext einer typisch jüdischen Geschichte von Emigration und Immigration gestellt.

Durch den Erzähler wird behauptet, Mendel Singer sei sehr schnell, schon „nach einigen Monaten in New York zu Hause" (S. 89, Z. 11) gewesen. Der folgende Textteil scheint dies zunächst zu bestätigen, lässt dann aber den Leser doch mehr und mehr an dieser Aussage zweifeln: Schon der erste Satz, „Ja, er war beinahe heimisch in Amerika!" (S. 89, Z. 11), ist entlarvend, denn dem verstärkenden „Ja" und dem Ausrufezeichen steht das Wort „beinahe" einschränkend entgegen. Im Folgenden wird beschrieben, inwiefern Mendel tatsächlich bereits heimisch geworden ist: Er kennt die wichtigsten Örtlichkeiten, lernt einige englische Worte, findet sich in den sozialen Rollen und den Gepflogenheiten seiner neuen Umgebung zurecht. Die Zukunft seiner Familie denkt er als Zukunft in Amerika. Als einziges Relikt seiner Vergangenheit behält er seine gewohnten Essenszeiten bei.
Die Deutung des neuen Lebensumfeldes als gelobtes Land wird eingeleitet durch ein unbestimmtes „Man hatte ihm gesagt" (S. 89, Z. 21). Amerika als Land Gottes und New York als Stadt der Wunder treten in dieser Deutung an die Stelle von Palästina und Jerusalem als den Juden von Gott einst verheißene Wohnstatt. Dieser Anspruch geht zurück auf die alttestamentliche Verheißung an Abraham, dem auserwählten Volk ein Land zum Leben zu geben, in dem Milch und Honig fließen. Die Schülerinnen und Schüler können diesen Zusammenhang entweder selbst recherchieren oder mithilfe des **Arbeitsblattes 29**, S. 87, erarbeiten.

- *Lesen Sie auf dem Arbeitsblatt 29 nach, was sich im Judentum mit den Begriffen „Gelobtes Land" und „Stadt der Wunder" verbindet. Welche Bedeutung bekommt also Amerika, wenn es so bezeichnet wird?*

Dass Mendel Singer diese uneingeschränkt positive Wahrnehmung und Deutung, die „man" ihm gesagt hat, nicht übernehmen kann, zeigt sich im Folgenden an zahlreichen Details: Mendel bleiben die Veränderungen fremd, die neue Kleidung von Deborah empfindet er als aufreizend und ihm fällt auf, dass der Wunsch nach Wohlstand anstelle des Wunsches nach Glück und Gesundheit tritt. Manche gewünschte Veränderung trifft hingegen nicht ein: Mirjam verkehrt nach wie vor mit nicht jüdischen Männern, Deborah ist weiterhin mit ihrem Leben unzufrieden, das Geld ist weiterhin knapp. Der Erzähler stellt fest: „Aber dieses Amerika war keine neue Welt" (S. 91, Z. 24), um kurz darauf zu bemerken: „Schließlich war es doch eine andere Welt." (S. 92, Z. 5) In genau dieser Zwiespältigkeit nimmt Mendel die neue Heimat – so sie denn eine wird – wahr.

- *Analysieren Sie die Textpassage S. 88, Z. 9 – S. 92, Z. 20 und stellen Sie dar, wie Mendel Singer in der neuen Welt heimisch wird. Achten Sie bei Ihrer Interpretation einzelner Textstellen vor allem darauf, aus welcher Erzählperspektive sie geschrieben sind. (Hilfen dazu finden Sie im Zusatzmaterial 7, S. 164 f.)*

- *Innerhalb weniger Zeilen finden sich die Aussagen „Vielleicht hatte sie gehofft, in Amerika eine ganz fremde Welt zu finden" (S. 91, Z. 21 f.), „Aber dieses Amerika war keine neue Welt." (S. 91, S. 24) und „Schließlich war es doch eine andere Welt." (S. 92, Z. 5). Erläutern Sie diese Zitate aus dem Text heraus und erklären Sie ihren Zusammenhang.*

Mendel und Deborah in Amerika

„Vielleicht hatte sie gehofft, in Amerika eine ganz fremde Welt zu finden" (S. 91, Z. 21 f.)

➡ Vertrautwerden mit
- neuen Orten
- neuer Sprache
- sozialen Rollen
- Gepflogenheiten
- anderer Art, sich zu kleiden

„Aber dieses Amerika war keine neue Welt." (S. 91, Z. 24)

➡ enttäuschte Hoffnungen:
- Mirjam verkehrt wieder mit nicht jüdischem Mann
- Deborah ist erneut unzufrieden
- nach wie vor angespannte finanzielle Lage

„Schließlich war es doch eine andere Welt." (S. 92, Z. 5)

➡ Mendels Festhalten an Althergebrachtem:
- übliche Essenszeiten
- nutzt die Möglichkeiten des Landes nicht
- beteiligt sich nicht an Gesprächen

Es zeichnet sich schnell ab, dass Amerika für Mendel nicht zum „gelobten Land" wird.

Der amerikanische Traum bricht für die Familie Singer in dem Moment zusammen, in dem Sam in den Krieg zieht. Ebenso wie sein Freund Mac hat er sich freiwillig gemeldet. Sam, der in Wolhynien vor der Einberufung geflohen ist, hat einen neuen konsequenten Patriotismus für Amerika entdeckt. In einem Gespräch nach Sams Fortgang zeigt sich, dass auch Deborah diese Sichtweise, und zwar in der Argumentation ihrer Tochter Mirjam, übernommen hat. Ihre Verteidigung der Entscheidung Sams klingt in dieser Textstelle (S. 106) in der Tat wie auswendig gelernt. In knappen, thesenartigen Sätzen betont sie, dass Amerika schließlich, anders als Russland, „ein Vaterland" sei, für das „jeder anständige Mensch" verpflichtet sei, in den Krieg zu ziehen. Danach rettet sie sich in eine unbestimmte „man"-Formulierung („Dort fällt man nicht. Denn wenn man zulassen sollte […] würde man gar nicht siegen.", S. 106, Z. 20 ff.), die zugleich ihrer Unsicherheit und ihrer Hoffnung Ausdruck verleiht, dass ihrem Sohn nichts passieren möge.
In verschiedenen Variationen wird eine Aussage über Amerika wiederholt. Zunächst konstatiert Deborah: „Amerika ist ein Vaterland." (S. 106, Z. 17) Auf Mendels Einwand betont sie noch einmal: „Amerika ist etwas anderes!" Mendels Widerspruch findet nur als innerer Monolog statt: „Vielleicht war Amerika ein Vaterland" (S. 106, Z. 32). Er bildet die Einleitung zu Mendels Zweifel, ob er Sam nicht hätte zurückhalten sollen. Schließlich übernimmt er Deborahs Aussage fast wörtlich, jedoch mit der Distanz, die die Vergangenheitsform bewirkt: „Amerika war ein Vaterland." (S. 107, Z. 13) Dieser Sinneswandel wird ausgelöst durch Mendels Blick aus dem Fenster, wo er eine Familie sieht, deren Sohn ebenfalls in den Krieg gezogen ist. Die Eltern sind dabei, Englisch zu lernen und auf diese Weise, ebenso wie ihr Sohn, das neue Land zur Heimat werden zu lassen.
Welche Bedeutung „Heimat" für den Autor Joseph Roth hatte, wird im folgenden Baustein 5 untersucht.

■ *Analysieren Sie die Textpassage S. 104, Z. 32 – S. 107, Z. 13. Arbeiten Sie dabei besonders heraus, wie Mendel und Deborah zum Kriegsdienst von Sam stehen.*

- *„Amerika ist ein Vaterland" wird mehrfach wiederholt. Prüfen Sie genau, inwiefern Amerika tatsächlich zum Vaterland für die Familie Singer, insbesondere für Schemarjah/Sam und Mendel, wird.*
- *Stellen Sie Bezüge zwischen einem Auszug aus dem Essay „Juden auf Wanderschaft" (Textausgabe, S. 182 ff.) und dem Roman „Hiob" her.*

Sams Kriegsdienst

Mendel: Zweifel an der Entscheidung; bereut im Nachhinein, Sam nicht zurückgehalten zu haben	**Deborah:** verteidigt Kriegsdienst mit Floskeln, die sie von Mirjam übernommen hat	**Mirjam & Sam:** kritiklos assimiliert
„Vielleicht war Amerika ein Vaterland [...]. Dennoch [...]" (S. 106, Z. 32 ff.)	„Amerika ist etwas anderes!" (S. 106, Z. 26)	„Amerika ist ein Vaterland." (S. 106, Z. 17)

↓

Mendel verdrängt seine Zweifel und übernimmt schließlich ebenfalls die Haltung: „Amerika war ein Vaterland." (S. 107, Z. 13)

Abschließend können mithilfe eines Songtextes (**Arbeitsblatt 30**, S. 88) die Überlegungen dieses Bausteins noch einmal zusammenfassend betrachtet werden. Herbert Grönemeyer beschreibt in seinem Lied „Keine Heimat" das Gefühl eines inneren Heimatverlustes.

- *Beschreiben Sie, welches Grundgefühl in diesem Songtext von Herbert Grönemeyer (Arbeitsblatt 30) zum Ausdruck kommt.*
- *Was bedeutet „Heimat" im Verständnis dieses Textes?*
- *Stellen Sie sich vor, Mendel Singer hätte statt der Schallplatte mit „Menuchims Lied" eine mit diesem Song gefunden und sie auf seinem Grammofon gehört. Schreiben Sie die Textstelle S. 129 f. entsprechend um:*
  „Heute Vormittag war ein heimgekehrter Soldat da gewesen und hatte ein halbes Dutzend Platten gebracht, neue Lieder aus Europa. Mendel packte die oberste aus, legte sie behutsam auf das Instrument, dachte eine Weile nach, um sich genau an die Hantierung zu erinnern, und setzte endlich die Nadel auf. Es räusperte sich der Apparat. Dann erklang das Lied. Es war Abend, Mendel stand im Finstern neben dem Grammofon und lauschte. Jeden Tag hatte er hier Lieder gehört, lustige und traurige, langsame und hurtige, dunkle und helle. Aber niemals war ein Lied wie dieses hier gewesen ...

Max Frisch: Fragebogen Heimat

Der Schweizer Schriftsteller Max Frisch (1911–1991) ist vor allem bekannt durch seine Theaterstücke (z. B. Andorra, Biedermann und die Brandstifter) und Romane (z. B. Homo Faber, Stiller). In seinen Tagebuchaufzeichnungen (zweiter Band: 1966–1971) formulierte er zu verschiedenen Themen ausführliche Fragebögen.
Die folgenden Fragen sind dem Katalog zum Oberbegriff „Heimat" entnommen.

1. Wenn Sie sich in der Fremde aufhalten und Landsleute treffen: befällt Sie dann Heimweh oder dann gerade nicht?

3. Worauf könnten Sie eher verzichten?
a. auf Heimat?
b. auf Vaterland?
c. auf die Fremde?

4. Was bezeichnen Sie als Heimat:
a. ein Dorf?
b. eine Stadt oder ein Quartier darin?
c. einen Sprachraum?
d. einen Erdteil?
e. eine Wohnung?

5. Gesetzt den Fall, Sie wären in der Heimat verhaßt: Könnten Sie deswegen bestreiten, daß es Ihre Heimat ist?

6. Was lieben Sie an Ihrer Heimat besonders?
a. die Landschaft?
b. daß Ihnen die Leute ähnlich sind in ihren Gewohnheiten, d.h., daß Sie sich den Leuten angepasst haben und daher mit Einverständnis rechnen können?
c. das Brauchtum?
d. daß Sie dort ohne Fremdsprache auskommen?
e. Erinnerungen an die Kindheit?

7. Haben Sie schon Auswanderung erwogen?

8. Welche Speisen essen Sie aus Heimweh (z. B. die deutschen Urlauber auf den Kanarischen Inseln lassen sich täglich das Sauerkraut mit dem Flugzeug nachschicken) und fühlen Sie sich dadurch in der Welt geborgener?

9. Gesetzt den Fall, Heimat kennzeichnet sich für Sie durch waldiges Gebirge mit Wasserfällen: Rührt es Sie, wenn Sie in einem anderen Erdteil dieselbe Art von waldigem Gebirge mit Wasserfällen treffen, oder enttäuscht es Sie?

12. Wieviel Heimat brauchen Sie?

14. Insofern Heimat der landschaftliche und gesellschaftliche Bezirk ist, wo Sie geboren und aufgewachsen sind, ist Heimat unvertauschbar: sind Sie dafür dankbar?

15. Wem?

16. Gibt es Landstriche, Städte, Bräuche usw., die Sie auf den heimlichen Gedanken bringen, Sie hätten sich für eine andere Heimat besser geeignet?

24. Können Sie sich überhaupt ohne Heimat denken?

25. Woraus schließen Sie, daß Tiere wie Gazellen, Nilpferde, Bären, Pinguine, Tiger, Schimpansen usw., die hinter Gittern oder in Gehegen aufwachsen, den Zoo nicht als Heimat empfinden?

- *Beschäftigen Sie sich mit den Fragen zum Thema „Heimat" von Max Frisch und notieren Sie Ihre Gedanken zu einigen der Fragestellungen.*
- *Tauschen Sie sich anschließend in der Lerngruppe aus: Welche Antworten sind Ihnen leichtgefallen, welche Fragen finden Sie schwer zu beantworten?*
- *Welche Gedanken zum Thema „Heimat" sind Ihnen wichtig?*

Was ist Heimat?

- *Was ist für Sie „Heimat"? Notieren Sie auf einem Extrazettel Ihre Gedanken nach der Methode des automatischen Schreibens, das heißt: Schreiben Sie fünf Minuten lang möglichst ohne abzusetzen und assoziativ, was Ihnen zu diesem Begriff einfällt.*
- *Lesen Sie Ihren eigenen Text noch einmal. Markieren Sie die acht Worte, die Ihnen am wichtigsten erscheinen.*
- *Schreiben Sie mit diesen acht Worten nun einen kurzen, komprimierten Text zum Thema „Heimat" (zum Beispiel ein kleines Gedicht, einen Satz, eine Wortkette).*

Lutz Seiler: Heimaten

Lutz Seiler ist ein deutscher Schriftsteller. Geboren wurde er 1963 in Gera.

In den Lexika ist „Heimat“ im Kern als territoriale Größe bestimmt. Damit beginnt Heimat zu siedeln, auf Territorien, die bereits definiert sind, zum Beispiel als Staaten, Nationen, politische Blöcke oder Religionsgebiete. Daraus resultiert eine Schräge in seinem Bedeutungshof, auf der das Wort beinahe zwangsläufig in Felder politischer Kämpfe und ideologischer Projektionen rutscht. Mit nationalistischer Ideologie überfrachtet und pervertiert, war der Begriff zurecht untergegangen, doch ist er wieder aufgetaucht. Als enthielte er eine nicht ersetzbare Benennungsqualität, die von Mal zu Mal neuen Auftrieb gibt. Aber kaum steigt das Wort aus seiner versumpften diskursiven Umgebung, wird es erneut schwer beladen. Der weitfahrende Gedanke von der Globalisierung unseres Daseins sucht sein behausendes Korrelat und findet es in einem neuen Regionalismus der vielen, kleinen Heimaten. Auch der Literatur droht – vor allem wenn sie aus Osteuropa kommt –, regional rezipiert zu werden. An Olga Tokarczuk interessierte besonders, dass sie im Sudetenland, in einem kleinen polnischen Dorf nahe der tschechischen Grenze lebt und schreibt, Viktor Pelewin ist die Stimme aus Moskau, französische Literaturexperten suchen in der deutschen Literatur nach Berlin usw. Plötzlich verblasst der Typ des Schriftstellers als „Global-player“. Das Globale besitzt keine „Heimvalenz“, wie Verhaltensforscher oder Tierpsychologen vielleicht sagen würden. Für den Thüringer kann, wenn er von Berlin auf der A9 Richtung Süden fährt und fünfzig Kilometer hinter Leipzig die Hügel auftauchen und zu ziehen beginnen links und rechts der Straße, plötzlich ein „Gefühl von Heimat“ entstehen. Diese Hügel besitzen in seinen Augen „Heimvalenz“. Mit ihrer affektiv-erregenden Wirkung führen sie zur Bildwelt seiner Herkunft, die in der Lage ist, Identität zu stiften, zu der schließlich auch das Gefühl des Verlusts gehört: *euch traute Berge, die mich behüteten einst* (Hölderlin, „Heimat“).
Löst man den Heimat-Begriff aus seiner territorialen Bestimmung, kann praktisch alles, was „Heimvalenz“ besitzt, was als Heim, Herkunft, als ursprüngliche Behausung erfahrbar wurde, „Heimat“ sein. Oft wird Sprache als „Heimat“ bezeichnet, und das Schreiben kann auf diesem Wege „behausen“. Der eigene Name kann eine „Heimat“ sein. Nach einer solchen Höhle sehnte sich vielleicht der Heimatlose in Schuberts Lied vom „Wanderer an den Mond“: *Du aber wanderst auf und ab,/Aus Westens Wieg in Ostens Grab,/Wallst Länder ein und Länder aus/Und bist doch, wo du bist, zu Haus.*

Aus: Lutz Seiler, Anne Duden und Farhad Showghi: Heimaten. Göttinger Sudelblätter (Hg. von Heinz Ludwig Arnold) © Wallstein Verlag, Göttingen 2001, S. 19f.

- *Fassen Sie mit eigenen Worten zusammen, welches Verständnis von Heimat der Autor Lutz Seiler in seinem Text vertritt.*
- *Warum wählt der Autor für die Überschrift den Plural „Heimaten“?*
- *Seiler spricht von „Heimvalenz“. Erläutern Sie diesen Begriff.*
- *Was hat für Sie persönlich „Heimvalenz“?*

Andrea Ehrlich: Das Schtetl

Definition

Was genau ist diese Lebensform, *„die untergegangene Welt der osteuropäischen Juden"*? Ein Schtetl war eine Kleinstadt in Osteuropa mit jüdischer Bevölkerung, ein jüdisches Zentrum in einer nicht jüdischen, oft ländlichen Umgebung mit einem eigenständigen, geschlossenen Sozialsystem. In der Literatur habe ich keine Größendefinition eines Schtetlech gefunden, keiner der Autoren gibt genau an, ob er von Dörfern, Kleinstädten oder Stadtvierteln spricht. Es ist anzunehmen, dass die Juden selbst jede dieser Formen liebevoll als ihr Schtetl bezeichneten, sodass wir also von Dörfern auf dem Lande genauso wie von Kleinstädten sprechen. In vielen kleinen Schtetlech stellten die Juden wohl den größten Bevölkerungsanteil, wogegen sie sich in Großstädten in eigenen Stadtteilen sammelten und nur dort die Majorität stellten. Allen diesen verschiedenen Schtetl-Arten ist gemeinsam, dass sie keine Gettos waren. Die Juden waren in ihren Schtetlech nicht nur geduldet, sondern akzeptiert. Die Tatsache, dass es trotzdem immer wieder zu grausamen Pogromen kam, hat darauf keinen Einfluss. […]

Das äußere Bild des Schtetlech

Ein Schtetl bestand mindestens aus einem Friedhof, einem Gebetshaus und einer mikwe, dem rituelle Badehaus. Falls das Schtetl zu klein dafür war, bedeutete das für die Bewohner enorme Strapazen, da sie jeden Sabbat ins Nachbarschtetl zum Rabbi mussten, die Toten mussten dorthin getragen werden. Die größeren Schtetlech hatten sogar mehrere Synagogen und Betstuben für die verschiedenen Handwerker, für die Händler, für die Gelehrten und schließlich für die unterschiedlichen chassidischen Gruppen.

Das Herz des Schtetlech war der Marktplatz, der von den großen Häusern der reichen Juden umgeben war. Hier herrschte wochentags unvorstellbarer Trubel, denn der Markt war zugleich auch Hauptberührungspunkt zwischen Juden und Nichtjuden, und die Bauern der Umgebung brachten ihre Waren zum Verkauf. In den weniger wohlhabenden Straßen des Schtetlech waren die Häuser hässlich und schmutzig, oft direkt aneinandergebaut, um eine Wand zu sparen, dadurch aber schief und krumm. Im Sommer wie im Winter versank man im Schlamm der Straßen. Oft mussten sich mehrere Familien eine einzige Stube teilen. Die Armut war im äußeren Anschein des Schtetlech nicht zu übersehen. Für die Bewohner des Schtetlech waren solche Äußerlichkeiten nicht wichtig, denn: *„Mein Schtetl, das sind die Leute, die darin wohnen, nicht der Ort, die Gebäude oder die Straße."* Diese Einstellung ist wohl durch die lange Geschichte des Exils geprägt worden. Immer wieder mussten Juden ihr Heim und ihre Habe zurücklassen, um sich selbst vor Verfolgung zu retten. Andererseits lässt sich diese Gleichgültigkeit auch religiös erklären. Denn das Leben ist nach Ansicht der Juden, die hier in Osteuropa oft streng orthodox lebten, nur eine Passage zum Himmel, es ist nur die Möglichkeit, gute Taten zu sammeln, die dann im Himmel aufgewogen werden. So erklärt auch Heschel: *„Die Juden Osteuropas lebten mehr in der Zeit als im Raum. Es war, als sei ihre Seele immer unterwegs, als ob ihr innerstes Herz keine Beziehung zu den Dingen hätte."*

Die Juden waren sich allerdings dieser Hässlichkeit bestimmt nicht bewusst, die wenigsten von ihnen bekamen in ihrem Leben andere Schtetl oder gar eine Großstadt zu sehen.

Die wirtschaftliche Situation

Mit der Wende zum 19. Jahrhundert verschlimmerte sich die wirtschaftliche Situation in Polen drastisch. Neben einer europäischen Getreidekrise verschlechterten die lang andauernden Kriege und die Kontinentalsperre die Absatzmöglichkeiten des polnischen Getreides. Die langsam einsetzende Industrialisierung bot dagegen wieder neue Möglichkeiten. Es kam zu einer vollständigen Strukturumwandlung infolge der Ausbildung des kapitalistischen Wirtschaftssystems. Das Getreide wurde häufig für die Alkoholproduktion verwendet, die Reste wurden für eine Verbesserung der Viehzucht eingesetzt. Durch den Aufschwung der Schafzucht wurde wiederum die Textilindustrie angekurbelt. Die Juden lebten in günstigen Gebieten, so lag beispielsweise das Ansiedlungsrayon wie ein Transitgebiet zwischen Russland und Mitteleuropa. Gerade in dieser Zeit kam es jedoch auch zur Proletarisierung großer Teile der jüdischen Kleinhändler und Handwerker. Mit dem Übergang zur kapitalistischen Produktionsweise wurden die Juden ihrer traditionellen Aufgabe enthoben und gerieten in Konkurrenz mit sich neu herausbildenden Schichten.

Zu dieser Verelendung trug in großem Maße auch die rasante demografische Entwicklung der Juden während des 19. Jahrhunderts bei. In Kongresspolen erhöhte sich beispielsweise die Zahl der Juden von 400 000 im Jahre 1825 über 575 000 im Jahre 1850 auf 1 005 000 im Jahre 1880. Das entspricht einer jährlichen Wachstumsrate von etwa 3 %, wohingegen die Zunahme der übrigen polnischen Bevölkerung für diese Jahre nur etwa 1,45 % ausmachte. Ausgelöst wurde diese Entwicklung aber vor allem durch die Verdrängung der Juden aus den ländlichen Erwerbsquellen. Mit dem Einsetzen der Industrialisierung leiteten immer mehr Gutsbesitzer ihre wirtschaftlichen Angelegenheiten selbst und verdrängten dadurch die Juden aus ihren Pächter- und Verwalterstellungen. Die Durchsetzung einer gezielten Vertreibung der Juden vom Lande kam nicht einer Initiative der Regierung nach, vielmehr wurde dadurch dem Druck der christlichen Kaufleute, Handwerker und Bauern nachgegeben, man fürchtete die jüdische Konkurrenz. Mit der Schaffung des Ansiedlungsrayon wurde der Wirkungsbereich der Juden stark eingeschränkt. [...]

Aber auch die Aufhebung der Leibeigenschaft in Polen und Russland brachte einen Abzug der Juden vom Land nach sich. Nach den Aufständen von 1830 und 1863 flohen große Teile des polnischen Adels, der Grundbesitz wurde entweder beschlagnahmt oder man ließ ihn verkommen. Auch mit dem Ruin der Güter verloren viele jüdische Pächter ihre Stellung. [...]

Im Schtetl gab es auch viele, die kein festes Einkommen nachweisen konnten, sie lebten von Gelegenheitshandel und, wie die Leute sagten, von der Luft. So nannte man sie auch ‚Luftmenschen'. [...]

Für die Berufsaufteilung der Juden ergab sich somit gegen Ende des 19. Jahrhunderts folgendes Bild: In Kongresspolen waren 1898 nur noch 1,8 % der Juden in der Landwirtschaft, im Handel- und Kreditwesen dagegen 40,3 % und in Industrie und Handwerk 34,7 % tätig. In Russland waren es noch 3,5 % der Juden in der Landwirtschaft, in Handel- und Kreditwesen 38,7 % und in Industrie und Handwerk 35,4 %. Die übrigen Erwerbstätigen setzten sich aus Unternehmern, Bankiers, Beamten, Geistlichen, Tagelöhnern und Angehörigen der freien Berufe zusammen. Viele sahen die letzte Chance, der katastrophalen Lage infolge der Stellenübersetzung zu entkommen, in der Auswanderung nach Übersee, schon zwischen 1870 und 1880 waren es mehr als 40 000 Juden aus Russland und Polen. Besonders nach der Jahrhundertwende bekamen immer mehr Schtetlbewohner Post und finanzielle Unterstützung aus Amerika.

Soziale Strukturen im Schtetl

Das Schtetl war die reinste Form der jüdischen Tradition, das den verschiedenen Angriffen von außen, durch Antisemitismus und Pogrome, und von innen, durch religiöse Differenzen und die Haskala, standhalten konnte. Wie war es aber überhaupt möglich, dass das Schtetl so lange überlebte, trotz der immensen wirtschaftlichen Schwierigkeiten, von denen gerade berichtet wurde, trotz der immer massiveren Verfolgung und Diskriminierung der Juden? Ein großer Teil der Antwort liegt sicherlich in der religiösen Überzeugung des Judentums. Wie bereits weiter oben angesprochen, wird das Leben nur als Übergang zum Paradies betrachtet, als Passage zum Himmel. Die Leiden auf Erden werden im Himmel doppelt gelohnt. Andererseits gab es im Ostjudentum die stete Hoffnung auf den Messias. Die Schtetlbewohner rechneten *„jeden Augenblick mit der Ankunft des Messias, also mit der endgültigen Erlösung [...]. In den zahlreichen Bet- und Studierstuben, die es in jedem Städtchen gab, fanden sich immer welche, die während der endlosen Gespräche zwischen dem Nachmittags- und dem Abendgebet bewiesen, dass eben das Übermaß von Leid und Not der Beweis dafür wäre, dass der Messias unaufhaltsam nahte."* Die zunehmende Diskriminierung erwirkte ein verstärktes Zusammenhalten der Juden, je mehr Hindernisse ihnen in den Weg gelegt wurden, desto hartnäckiger versuchten sie, diese zu überwinden. [...]

Das Schtetl birgt sowohl Anpassungsfähigkeit an die Umwelt wie auch starres Festhalten an Traditionen in sich. Die Bewohner passten sich an die jeweilige Umgebung des Schtetlech an, nahmen die spezifischen ökonomischen Verhältnisse an und integrierten Einflüsse der Landessprache in ihr Jiddisch. Auf der anderen Seite lebten und dachten sie in traditionell orthodoxer Weise, wie es für das späte 19. Jahrhundert in keinem anderen europäischen Teil zu finden ist.

Aus: Andrea Ehrlich: Das Schtetl. Wirtschaftliche und soziale Strukturen der ostjüdischen Lebensweise. URL: http://www.hagalil.com/galluth/shtetl/au3.htm#4.4) Soziale [Aufruf: 4.10.2012]

- *Erarbeiten Sie die Lebensumstände der Menschen in einem ostjüdischen Schtetl zur Zeit der Jahrhunderwende und die Gründe, die für viele zur Auswanderung führten. Sie finden dazu Informationen auf diesem und auf den Arbeitsblättern 25 – 27 sowie im Anhang der Textausgabe unter Kapitel 2 (S. 174 – 189). Präsentieren Sie Ihre Ergebnisse auf eine geeignete Weise, z. B. auf einem Plakat, einer Wandzeitung, mithilfe einer PowerPoint-Präsentation o. Ä.*
- *Welche Gründe sind letztendlich die ausschlaggebenden für die Auswanderung der Familie Singer?*

Hans-Jürgen Blanke: Die Lage der Juden in Osteuropa

Die Lage der Juden in Osteuropa war zunächst weitaus bedrückender als in Westeuropa. Zu Beginn des 16. Jahrhunderts hatten sich die Schwerpunkte jüdischen Lebens verschoben. Zu dieser Zeit waren aus den Gettos Deutschlands und Österreichs Scharen von Auswanderern in die slawischen Länder geströmt. Besonders in Polen hatte sich ein neues jüdisches Siedlungszentrum entwickelt, das seine Bedeutung bis ins 20. Jahrhundert behalten sollte. Seit dem Verschwinden der jüdischen Zentren in Babylon und darauf in Spanien gab es kein anderes Land, das eine so mächtige und organisierte Gemeindekonzentration mit weitgehenden Möglichkeiten für eine autonome Entwicklung gehabt hätte wie Polen. Anfangs waren die sozialen Bedingungen für eine Entwicklung der Juden in Polen, Litauen, der Ukraine und Weiß-Russland wichtig und günstig. Die Juden waren hier nicht – wie im Westen – ausschließlich an den Geld- und Trödelhandel gefesselt. Sozial anders strukturiert, beteiligten sie sich vielmehr an allen Zweigen der erzeugenden und verarbeitenden Industrie, jedoch nicht an der Landwirtschaft. Zwar verschafften die wirtschaftlichen Bindungen an die Feudalherren den Juden Vorteile; sie kauften heimische Produkte wie Textilien, Getreide, Vieh und Holz für Exportzwecke auf und brachten aus den Niederlanden, aus Deutschland und dem Osmanischen Reich Waren ins Land; als Gegenleistung für die Hilfe bei den ehrgeizigen Kultivierungsprojekten erhielten sie vom polnisch-litauischen Adel Zoll- und Steuerpachtrechte und Ländereien zur Verwaltung. Aber diese Vorteile weckten unter der Landbevölkerung Neid und Hass und schürten in den Städten Spannungen, die nach Entladung suchten, zumal an die russischen Juden die Anweisung der zaristischen Regierung ergangen war, ihre Wohnorte im sogenannten Rayon (russ. für „Bezirk“, „Gebiet“) nicht zu verlassen, in dem sie zusammen mit der russischen Bevölkerung vor allem in Kleinstädten lebten, sodass sie mancherorts die Bevölkerungsmehrheit ausmachten. Durch die Expansion des Russischen Reiches seit Peter d. Gr. (1689–1725) gerieten immer mehr polnische Juden in die zaristische Einfluss- und Machtsphäre. Am Ende der polnischen Teilungen (1772, 1793, 1795) lebte mehr als die Hälfte aller Juden der ganzen Welt als Untertanen des Zaren. Die Juden Polens wurden schon um die Mitte des 17. Jahrhunderts in den Strudel der Auseinandersetzungen zwischen den griechisch-orthodoxen Kosaken unter ihrem Hetman Chmelniecky und den polnischen Katholiken verwickelt. Der Hass entlud sich gegen die Juden, weil sie in ihrer Position als Verwalter und Pächter von Gütern am exponiertesten waren; viele Zehntausend wurden ermordet (so beim „ukrainischen Gemetzel“ von 1648/49). Nach Schätzungen sollen zwischen 1648–1658 rund 100 000 Juden ermordet worden sein. Das Gerücht, die Ermordung des Zaren Alexander II. sei ein jüdischer Anschlag gewesen, führte 1882 erneut zu gewaltsamen Ausschreitungen. Diese Pogrome wiederholten sich in den folgenden Jahrzehnten, u. a. um 1905 und während der Revolutionsunruhen (1917–1921). Sie waren verbunden mit dem Versuch der russischen Regierung, die bis dahin erreichte Assimilation der Juden rückgängig zu machen und die Juden aus den erreichten Positionen zu verdrängen. Viele waren gezwungen, nach Westen und nach Übersee auszuwandern.

Aus: Joseph Roth: Hiob. Interpretiert von Hans-Jürgen Blanke. Oldenbourg Schulbuchverlag GmbH, München 1993, S. 23f.

Joseph Roth: Auswandern oder bleiben?

Hie und da schreibt ein Ausgewanderter einen Brief, in dem er den Daheimgebliebenen die Vorzüge der Fremde schildert. Die meisten jüdischen Emigranten haben den Ehrgeiz, nicht zu schreiben, solange es ihnen schlecht geht; und das Bestreben, die neue Wahlheimat vor der alten herauszustreichen. Sie haben die naive Sucht des Kleinstädters, den Ortsgenossen zu imponieren. In einer kleinen Stadt des Ostens wird der Brief eines Ausgewanderten eine Sensation. Alle jungen Leute des Orts – und sogar die Älteren – ergreift die Lust, auch auszuwandern; dieses Land zu verlassen, in dem jedes Jahr ein Krieg und jede Woche ein Pogrom ausbrechen könnte. Und man wandert, zu Fuß, mit der Eisenbahn und auf dem Wasser, nach den westlichen Ländern, in denen ein anderes, ein bisschen reformiertes, aber nicht weniger grausames Getto sein Dunkel bereithält, die neuen Gäste zu empfangen, die den Schikanen der Konzentrationslager halb lebendig entkommen sind. Wenn hier die Rede von Juden war, die das Land nicht kennen, das sie ernährt – so war damit der größte Teil der Juden gemeint: nämlich der in Frömmigkeit und nach den alten Gesetzen lebende. Es gibt freilich Juden, die weder den Herrn noch den Hund, weder die Polizei noch die Offiziere fürchten, die nicht im Getto leben, Kultur und Sprache der Wirtsvölker angenommen haben – den Westjuden ähnlich und eher gesellschaftliche Gleichberechtigung genießen als diese; dennoch in der freien Entfaltung ihrer Talente immer noch gehemmt, solange sie ihre Konfession nicht gewechselt, und sogar, nachdem sie es getan haben. Denn unvermeidlich ist die durchaus jüdische Verwandtschaft des glücklich Assimilierten, und selten entgeht ein Richter, ein Advokat, ein Kreisarzt jüdischer Abstammung dem Schicksal, einen Onkel zu besitzen, einen Vetter, einen Großvater, der schon durch sein Aussehen die Karriere des Arrivierten gefährdet und dessen gesellschaftliche Achtung beeinträchtigt.

Diesem Schicksal entgeht man schwer. Und statt es zu fliehen, beschließen viele, sich ihm zu unterwerfen, indem sie ihr Judentum nicht nur nicht verleugnen, sondern sogar kräftig betonen und sich zu einer „jüdischen Nation" bekennen, über deren Bestand seit einigen Jahrzehnten kein Zweifel mehr ist und über deren „Berechtigung" unmöglich ein Streit entstehen kann, weil schon der Wille von einigen Millionen Menschen genügt, eine „Nation" zu bilden, selbst, wenn sie früher nicht bestanden haben sollte. Der jüdisch-nationale Gedanke ist im Osten sehr lebendig. Sogar Menschen, die weder mit der Sprache noch mit der Kultur, noch mit der Religion ihrer Väter viel gemein haben, bekennen sich, kraft ihres Blutes und ihres Willens, zur „jüdischen Nation". Sie leben als „nationale Minderheit" im fremden Lande, um ihre staatsbürgerlichen und nationalen Rechte besorgt und kämpfend, teils der palästinensischen Zukunft entgegen, teils ohne den Wunsch nach einem eigenen Land, und mit Recht überzeugt, dass die Erde allen gehört, die ihre Pflicht ihr gegenüber erfüllen; doch nicht imstande, die Frage zu lösen, wie der primitive Hass gelöscht werden könnte, der im Wirtsvolk gegen eine gefährlich scheinende Anzahl Fremder brennt und Unheil anrichtet. Auch diese Juden leben nicht mehr im Getto, ja, nicht einmal mehr in der wahren und warmen Tradition – heimatlos wie auch die Assimilierten und zuweilen heroisch, weil sie freiwillig Opfer für eine Idee sind – und sei es auch für eine nationale …

Aus: Joseph Roth: Juden auf Wanderschaft. München: dtv 2010, S. 9ff.

Joseph Roth: Ein Jude geht nach Amerika

Immer noch und obwohl die erlaubte Zahl für die östlichen Einwanderer schon einige Mal überschritten war und obwohl die amerikanischen Konsulate so viele Papiere verlangen wie kein Konsulat der Welt, immer noch wandern viele Ostjuden nach Amerika aus.

Amerika ist die Ferne. Amerika heißt die Freiheit. In Amerika lebt immer irgendein Verwandter.

Es ist schwer, eine jüdische Familie im Osten zu finden, die nicht irgendeinen Vetter, irgendeinen Onkel in Amerika besitzen würde. Vor zwanzig Jahren ist einmal einer ausgewandert. Er floh vor dem Militär. Oder er desertierte, nachdem er assentiert worden war.

Wenn die Ostjuden nicht so viel Angst hätten, sie könnten sich mit Recht rühmen, das militärfeindlichste Volk der Welt zu sein. Sie waren lange Zeit von ihren Vaterländern, Russland und Österreich, nicht würdig befunden worden, Militärdienst zu leisten. Erst als die staatsbürgerliche Gleichberechtigung der Juden kam, mussten sie einrücken. Es war eigentlich eine Gleichverpflichtung, keine Gleichberechtigung. Denn hatten bis dahin nur die Zivilbehörden die Juden schikaniert, so waren sie nun auch den Schikanen der Militärbehörden ausgeliefert. Die Juden trugen den Schimpf, nicht dienen zu müssen, mit großer Freude. Als man ihnen die große Ehre, kämpfen, exerzieren und fallen zu dürfen, verkündete, herrschte unter ihnen Trauer. Wer sich dem 20. Lebensjahr näherte und so gesund war, dass er annehmen musste, man würde ihn assentieren, floh nach Amerika. Wer kein Geld hatte, verstümmelte sich. Die Selbstverstümmelung grassierte ein paar Jahrzehnte vor dem Krieg unter den Juden des Ostens. Die so große Furcht vor dem Soldatenleben hatten, ließen sich einen Finger abhacken, die Sehnen an den Füßen durchschneiden und Gifte in die Augen schütten. Sie wurden heldenhafte Krüppel, blind, lahm, krumm, sie unterwarfen sich dem langwierigsten, hässlichsten Leid. Sie wollten nicht dienen. Sie wollten nicht in den Krieg ziehen und fallen. Ihre Vernunft war immer wach und rechnete. Ihre helle Vernunft berechnete, dass es immer noch nützlicher ist, lahm zu leben als gesund zu sterben. Ihre Frömmigkeit unterstützte die Überlegung. Es war nicht nur dumm, für einen Kaiser, für einen Zaren zu sterben, es war auch eine Sünde, fern von der Thora und entgegen ihren Geboten zu leben. Eine Sünde, Schweinefleisch zu essen. Am Sabbat eine Waffe zu tragen. Zu exerzieren. Gegen einen unschuldigen, fremden Menschen die Hand, geschweige denn das Schwert zu erheben. Die Ostjuden waren die heldenmütigsten Pazifisten. Sie litten für den Pazifismus. Sie machten sich freiwillig zu Krüppeln. Noch hat niemand das Heldenlied von diesen Juden gedichtet.

„Die Kommission kommt!" Es war ein Schreckensruf. Gemeint war die militärärztliche Musterungskommission, die alle kleinen Städte bereiste, um Soldaten auszuheben. Wochen vorher begann das „Plagen". Die jungen Juden plagten sich, um schwach zu werden, um Herzfehler zu bekommen. Sie schliefen nicht, sie rauchten, sie wanderten, sie liefen, sie wurden ausschweifend zu frommen Zwecken.

Auf jeden Fall aber bestach man noch die Militärärzte. Die Vermittler waren höhere Beamte und ehemalige Militärärzte, die wegen dunkler Affären den Dienst hatten quittieren müssen. Ganze Scharen von Militärärzten wurden reich, verließen das Heer und eröffneten eine Privatpraxis, die zum Teil darin bestand, Bestechungen zu vermitteln.

Wer Geld besaß, überlegte sich, ob er es mit einer Bestechung oder einer Flucht nach Amerika versuchen sollte. Die Mutigsten gingen nach Amerika. Nie mehr durften sie zurück. Sie verzichteten. Sie verzichteten schweren Herzens auf die Familie und leichten Herzens auf das Vaterland.

Sie gingen nach Amerika.

Aus: Joseph Roth: Juden auf Wanderschaft. München: dtv 2010, S. 86ff.

Auswanderer

Den Traum vom Glück in der Fremde träumen viele Menschen, auch bei uns. Die einen zieht eine Arbeitsstelle ins Unbekannte, andere die Neugier oder das milde Klima. Während im 19. und frühen 20. Jahrhundert das Auswandern per Schiff eine Entscheidung fürs Leben bedeutete, kann man heute alles recht einfach wieder rückgängig machen: Mit dem Flugzeug ist man von allen erdenklichen Ecken der Erde in ein paar Stunden wieder „zu Hause". Aber eine große Entscheidung ist es geblieben.

Gründe für das Auswandern

Die ersten deutschen Auswanderer trieben religiöse, politische und vor allem wirtschaftliche Gründe an. Religiöse Splittergruppen erhofften sich im „Land der unbegrenzten Möglichkeiten" mehr Religionsfreiheit. Viele politisch Aktive verloren nach der gescheiterten Revolution im Jahre 1848 die Hoffnung auf ein demokratisches Deutschland. Hauptgrund ist und war aber die wirtschaftliche Situation.
Im 19. Jahrhundert führten Hungersnöte in den Städten und Landknappheit durch ein Erbrecht, das zur Teilung des Landes in immer kleinere Parzellen führte, dazu, dass vielen ein Überleben in Deutschland kaum möglich war. Durch die beginnende Industrialisierung starben außerdem ganze Berufszweige aus. Auch heute sind es drohende Arbeitslosigkeit und das Gefühl der Perspektivlosigkeit, die zur Flucht nach vorne treiben. Es gibt natürlich auch persönliche Motive, die Heimat zu verlassen: die Liebe, die Abenteuerlust, die Sehnsucht nach besserem Wetter oder nach einem ruhigeren Leben.

Das Auswanderermartyrium des 19. Jahrhunderts

So bequem wie heute war das Auswandern damals bei Weitem nicht – im Gegenteil, es war geradezu katastrophal! Die Segelschiffe, mit denen die Menschen der ersten Auswanderungswellen Anfang des 19. Jahrhunderts bis etwa 1880 Deutschland verließen – meist in Richtung Süd- und Nordamerika –, waren eigentlich Frachtschiffe. In ihren Zwischendecks wurden Waren von Amerika nach Europa gebracht. Auf dem Rückweg war der Platz frei – Auswanderer waren für die Reedereien also ein willkommenes Zusatzgeschäft. Die Auswanderer mussten als „Fracht" mehrere Wochen dicht gedrängt, oft ohne Tageslicht und Frischluft, unter Deck bleiben.
Die hygienischen Verhältnisse verursachten schwere Krankheiten wie Typhus und Mundfäule. Die Verpflegung mussten sich die Leute selbst mitbringen – doch wenn die Fahrt statt sechs Wochen zehn dauerte, verhungerten die Passagiere. Nur rund 50 Prozent überlebten diese Tortur. Da viele Auswanderer die Überfahrt nicht bezahlen konnten, ließen sie sich anwerben und verpflichteten sich, für den neuen Arbeitgeber in Übersee mehrere Jahre nur für Kost und Logis zu arbeiten. Wenn sie „entlassen" wurden, bekamen sie vom Dienstherren oft ein Stück Land dazu, das sie bewirtschaften konnten.

Deutsche Auswanderer im Hamburger Hafen. Stahlstich, 1815

„Luxus" auf den Dampfschiffen

Anders die Situation auf den Dampfschiffen, mit denen die Menschen ab 1880 Deutschland verließen. Selbst in der untersten Klasse, im sogenannten Zwischendeck, versetzte der sparsame Luxus mit regelmäßigen Mahlzeiten, eigener Matratze und Unterhaltungsprogramm am Abend so manch junge Dienstsmagd vom Land in Erstaunen. Auswandererschutzgesetze verpflichteten die Reedereien, die Passagiere zu verpflegen, für Hygiene zu sorgen und jedem eine Koje bereitzustellen. Die Auswanderer waren noch immer ein gutes Geschäft, doch ab 1900 machten sich die Dampfschiff-Betreiber immer mehr Konkurrenz. In der Folge wurden die Bedingungen immer angenehmer und die Überfahrten immer günstiger.

Auswanderungsziele in der Geschichte

Die meisten Auswanderer wollten in die USA. Hier gab es genügend Land sowie günstiges Wetter und gute Böden, um die eigene Scholle zu bewirtschaften. Anders in lateinamerikanischen Ländern wie Brasilien oder Chile. Aber hier konnte es sehr unwirtlich sein: Die Deutschen waren das subtropische Klima nicht gewöhnt und die Infrastruktur ließ auch zu wünschen übrig. Zwischen 1820 und 1930 gelangten knapp sechs Millionen Deutsche in die USA. Viele bildeten in den ländlichen Gebieten deutsche Gemeinschaften, wo man den gleichen Dialekt sprach und die Orte nach aktuellen deutschen Architekturmoden errichtete. Vielerorts entstand so ein „Little Germany“, und erst die Enkel dieser Einwanderer wurden zu „richtigen Amerikanern“. Andere Ziele waren Australien und Neuseeland. Dorthin verschlug es zunächst nur ganz wenige Deutsche. Neuseeland, damals britische Kolonie und heute eines der beliebtesten Ziele, hatte den Ruf, zwar deutsche Tugenden wie Fleiß und Ausdauer zu schätzen, nicht aber das Leben des Einzelnen. Ganz zu schweigen von den Ureinwohnern, den Maoris, denen man nachsagte, Menschenfresser zu sein. Erst die Goldfunde in den 1860er-Jahren ließen Neuseeland zum Auswandererland werden. Die USA wurden besonders nach den Unabhängigkeitskriegen 1775 bis 1785 bei deutschen Auswanderern beliebt.

Ellis Island – die USA schränken die Einwanderung ein

Ende des 19. Jahrhunderts änderte sich im beliebtesten Auswandererland, in Amerika, die Einwanderungspolitik. Immer stärker sollten die Einwanderungswilligen kontrolliert werden. Besonders Menschen aus Osteuropa waren nicht mehr gern gesehen, da sie als nicht assimilierungswillig wahrgenommen wurden. 1892 gründete die Regierung daher vor dem Hafen von New York Ellis Island. Auf der vorgelagerten Insel errichteten die Behörden eine neue Sammelstelle, wo bis zu 12 000 Menschen am Tag ankamen.

Allein 1907 wurden mehr als 1 250 000 Einwanderer abgefertigt. 40 Prozent aller Amerikaner haben heute Vorfahren, die über Ellis Island ins Land kamen. Mit der Quotenregelung ab 1924 begann der Niedergang von Ellis Island. 1932 war die Zahl derer, die abgewiesen wurden, zum ersten Mal größer als die der Zugelassenen. Bald lohnte sich die Bürokratie nicht mehr, sodass Ellis Island 1954 geschlossen wurde. Heute befindet sich auf der Insel ein Museum zur amerikanischen Einwanderung.

Auswandern heute

Auch heute noch sind die USA eines der beliebtesten Länder für Auswanderer. Gute Jobangebote locken vor allem Akademiker, deren Wert sich auf dem hiesigen Arbeitsmarkt nach Erfahrungen in den USA erhöht. Kluge Köpfe kehren Deutschland daher zumindest für ein paar Jahre den Rücken. Auch Kanada ist heute eines der Topländer – wegen der guten wirtschaftlichen Entwicklung veranstaltet das Land sogar Jobbörsen in Deutschland. Mit der Europäischen Union (EU) hat sich aber auch die Migrationsmöglichkeit innerhalb Europas verbessert.

Während man für außereuropäische Länder ein Visum und eine Arbeitsgenehmigung braucht, ist es innerhalb der EU unproblematisch, den Wohnort zu wechseln. Das ist besonders praktisch für Rentner, die den Lebensabend im Süden verbringen wollen. Für diejenigen, die Arbeit suchen, stehen Österreich und die Schweiz hoch im Kurs – auch hier finden Deutsche oft lukrativere Jobangebote als in Deutschland. Jedes Jahr verlassen rund 150 000 Deutsche ihr Heimatland.

Dennoch hat sich ein Wandel in der Art der Auswanderung vollzogen: Heute zieht man eher um. Denn im Prinzip kann jede Entscheidung noch einmal rückgängig gemacht werden. Wenn der befristete Arbeitsvertrag ausgelaufen ist, die Selbstständigkeit geplatzt ist oder man im Alter die solide deutsche Gesundheitsversorgung benötigt, können Auswanderer schnell wieder zurück in Deutschland sein. Und für Rückkehrer gilt: Auch wenn der Aufenthalt in der Fremde nicht so glücklich gelaufen ist, wie sie es sich erträumt haben – jeder ist immerhin um die Erfahrung reicher, wie es ist, im Ausland zu leben. Und nicht selten sieht ein Rückkehrer Deutschland viel positiver als vor dem Aufbruch in die große weite Welt.

Christiane Gorse: Auswanderer. Quelle: Planet Wissen online – WDR/SWR/BR – alpha.

- *Unterscheiden Sie zwischen Auswandern heute und um 1900.*
- *Nennen Sie Motive, die Menschen vor etwa einhundert Jahren dazu bewegt haben, die Strapazen einer Auswanderung auf sich zu nehmen.*
- *Auswandern heute ist interessant, wovon nicht nur etliche Fernsehformate zeugen, die Auswanderer bei ihren Erlebnissen zeigen. Mit welche Hoffnungen und welche Ängsten wandern Menschen heute aus?*
- *Stellen Sie sich vor, Sie hätten von einem TV-Sender den Auftrag, für eine Auswanderer-Dokumentation die Familie Singer in ihrem neuen Leben in New York zu begleiten. Welche aussagekräftigen Szenen würden Sie filmen?*

Das gelobte Land und die Stadt der Wunder

Gelobtes Land (von „geloben“ = „versprechen“) ist in der Sprache des Reformators Martin Luther die Bezeichnung des Landes Kanaan, das Gott nach der Erzählung der Genesis (13,14 f) im Alten Testament der Bibel Abraham für seine Nachkommen auf ewig versprach. Der moderne Ausdruck ist „Land der Verheißung“.

Nach dem Auszug aus Ägypten unter Mose und der Wüstenwanderung der Israeliten kam es gemäß den biblischen Erzählungen zum Einzug ins Gelobte Land und zur Landnahme Kanaans unter der Führung des Josua, womit sich die Verheißung Gottes an Abraham erfüllte. Während das Buch Josua von einer zentral ausgeführten Landnahme von ganz Kanaan innerhalb kurzer Zeit ausgeht, beschreiben die älteren Bücher Richter und Samuel die Landnahme als relativ langsamen und nur von einzelnen Stämmen gegen zum Teil heftigen Widerstand von Philistern und Kanaanitern ausgeführten Vorgang. So sei Jerusalem erst unter König David den Jebusitern entrissen worden.

Die biblische Landverheißung war neben dem Antisemitismus das entscheidende Motiv für die jüdische Siedlung in Palästina seit dem 19. Jahrhundert und die Neugründung des Staates Israel 1948 auf der Grundlage des Zionismus. [...]

Quelle: Wikipedia („Gelobtes Land“)

Orthodoxe Juden an der Klagemauer in Jerusalem, 2010

Jerusalem ... Stadt der Wunder,
wunderlich doch wunderbar.
[...]
Ihr magischer Ruf, die unzähligen Geschichten, die sie umgeben, die Lehren der drei monotheistischen Weltreligionen, für die Jerusalem heilig ist, ihre seit jeher konfliktreiche Existenz, ihre ewige Sehnsucht nach Frieden, ihr majestätisches Alter.

Dieser Ruf, der der Stadt voraneilt, wird bestätigt und noch um viele Nuancen erweitert, wenn man zum ersten Mal die engen Gassen der Altstadt betritt.

Lernt man Jerusalem dann ein bisschen besser kennen, öffnen sich einem die Augen für den Alltag seiner Einwohnerschaft. Jerusalem ist sicherlich die größte, interessanteste und vielfältigste Stadt Israels.

Aus: Tulpen in Jerusalem. Hrsg. von Irene Pollak-Rein, Jerusalem Foundation, www.jerusalemfoundation.org; anfrage@jfjlm.org

- *Lesen Sie, was sich im Judentum mit den Begriffen „Gelobtes Land“ und „Stadt der Wunder“ verbindet. Welche Bedeutung bekommt also Amerika, wenn es so bezeichnet wird?*

Herbert Grönemeyer: Keine Heimat

Gesichter sehen verbittert aus
Kein Lachen, kein ähnlicher Laut
Die Mienen gefroren
Vom Ehrgeiz getrieben, schmal der Mund
Züge verhärmt, ungesund
Traurig uniform
Zähne knirschen durch die Luft
Irgendwer um Hilfe ruft, das Gehör ausgehängt
Der Schere im Kopf den Schneid geschenkt
Die Seele verhökert, alles sinnentleert
Keine innere Heimat
Keine Heimat mehr
Banker schichten schweißgebadet Geld
Freiheit die nichts mehr zählt
Dem falschen Traum vertraut
Scheine bewacht, Herzinfarkt
Auf Körpern übernachtet und versagt, ausgelaugt
Blick zum Boden, kein Kontakt
Die Schwächsten abgehakt
Mit sich selbst unversöhnt
Sich um Asyl gebeten, abgelehnt
Die Seele verhökert, alles sinnentleert
Keine innere Heimat,
Keine Heimat mehr
Überreiztes Geschrei nach neuer Moral
Jagd nach Sensationen, jeder Preis wird bezahlt
Jeder gegen jeden, Hauptsache es knallt
Die Seele verhökert, alles sinnentleert
Keine innere Heimat
Keine Heimat mehr

- *Beschreiben Sie, welches Grundgefühl in diesem Songtext von Herbert Grönemeyer zum Ausdruck kommt.*
- *Was bedeutet „Heimat" im Verständnis dieses Textes?*
- *Stellen Sie sich vor, Mendel Singer hätte statt der Schallplatte mit „Menuchims Lied" eine mit diesem Song gefunden und sie auf seinem Grammofon gehört. Schreiben Sie die Textstelle S. 129 f. entsprechend um:*
  „Heute Vormittag war ein heimgekehrter Soldat da gewesen und hatte ein halbes Dutzend Platten gebracht, neue Lieder aus Europa. Mendel packte die oberste aus, legte sie behutsam auf das Instrument, dachte eine Weile nach, um sich genau an die Hantierung zu erinnern, und setzte endlich die Nadel auf. Es räusperte sich der Apparat. Dann erklang das Lied. Es war Abend, Mendel stand im Finstern neben dem Grammofon und lauschte. Jeden Tag hatte er hier Lieder gehört, lustige und traurige, langsame und hurtige, dunkle und helle. Aber niemals war ein Lied wie dieses hier gewesen …

Baustein 5

Autor und Erzähler

5.1 Biografische Bezüge

In Joseph Roths Roman „Hiob" sind einige Bezüge zur Biografie des Autors deutlich erkennbar. Seine jüdische Herkunft aus Galizien und seine Sympathie für die Menschen dort spiegeln sich genauso wider wie die psychische Krankheit seiner Frau Friedel. In Selbstaussagen zeigt sich, wie Roth sich heimatlos und als Wanderer zwischen den Welten fühlt: „Ich bin ein Franzose aus dem Osten, ein Humanist, ein Rationalist mit Religion, ein Katholik mit jüdischem Gehirn, ein wirklicher Revolutionär." (Joseph Roth 1926 an Benno Reifenberg, in: Briefe, S. 98) Und: „Ich (repräsentiere) keinen Typus, keine Gattung, kein Geschlecht, keine Nation, keinen Stamm, keine Rasse (sondern nur) mich selbst" (in: Die weißen Städte. JR Werke 2, S. 453). Die Frage danach, was Heimat ist, hat den Schriftsteller Joseph Roth sein Leben lang begleitet. In Russland geboren, zieht er zum Studium zunächst nach Wien, dann nach Berlin. Als Korrespondent für mehrere Zeitungen bereiste er die Welt. Auch nachdem er 1933 nach Frankreich emigriert war, reiste er, soweit möglich, noch durch Europa. Roth lebte die meiste Zeit seines Lebens bis kurz vor seinem Tod in Hotels. Seine letzte Unterkunft verließ er nur, weil sie abgerissen werden sollte, und er starb schließlich in einem Armenhospital. In der Zeit der Arbeit am „Hiob" nimmt Roth sich selbst als Leidender wahr und erkennt sich auch in diesem Grundgefühl in seinem Protagonisten wieder: „Ich bin müd, alt und schreibe mit viel Mühe. Es geht mir schlecht, ich bin sehr einsam. Mein privates Leid ist so groß, dass ich nicht imstande bin, die Welt zur Kenntnis zu nehmen. Das scheidet mich endgültig von ihr – und selbst von meinen Freunden."[1]

- *Informieren Sie sich über die Biografie Joseph Roths (zum Beispiel im Anhang der Textausgabe, S. 157 ff. und 161 f.). Welche Bezüge sehen Sie zwischen dem Roman „Hiob" und dem Leben des Autors?*
- *Welche Rolle spielte Heimat für Roth?*

Entstehungssituation und autobiografische Züge des „Hiob"

- Roth: Jude aus Ostgalizien ➔ **Schauplatz des Romans** (Wolhynien)
- Roth verließ seine russische Heimat, bereiste als Journalist die Welt, musste im Nationalsozialismus emigrieren, lebte zeit seines Lebens viel in Hotels ➔ **Motiv der Emigration und Heimatlosigkeit**
- Roths Frau Friedel litt an unheilbarer Geisteskrankheit ➔ **Schicksal der Mirjam**
- Roth fühlte sich als Leidender ➔ **Thematik der Hiob-Erzählung**

[1] Roth, Joseph: Briefe 1911–1939, hrsg. von Hermann Kesten, Köln, Berlin 1970, S. 174.

Nach dieser Erarbeitung einiger Aspekte des autobiografischen Hintergrunds des Autors sollen sich die Schülerinnen und Schüler nun anschließend näher mit seinem Schaffen als Journalist und Romancier auseinandersetzen. Journalistisches Arbeiten steht unter dem Anspruch der Dokumentation von Wirklichkeit. Gleich ob Nachricht oder Reportage, der Leser darf einen sachlich-beschreibenden Stil erwarten, hinter dem eine gesellschaftlich-politische Informationsabsicht steht. Davon unterscheidet sich die Wirkabsicht eines Romans: Nicht die wahrheitsgetreue Wiedergabe, sondern das Erzählen einer Geschichte steht hier im Vordergrund. Der Leser wird in die vom Autor konstruierte Atmosphäre des Romans hineingenommen und begleitet die von ihm erschaffenen Charaktere. Die Epoche der Neuen Sachlichkeit suchte eine Verbindung zwischen diesen beiden Ansprüchen. Auch das Erzählen sollte sich dem dokumentarischen Anspruch unterstellen. Joseph Roth wandte sich später programmatisch und künstlerisch von dieser literarischen Strömung ab (siehe unten, BS 5.2). Während er in seinem Essay „Juden auf Wanderschaft" ein eher journalistisch intendiertes Bild des Schicksals der Ostjuden zeichnet, überwiegt im Roman „Hiob" die Arbeitsweise als Romancier. Roth selbst reflektiert diese Aufgabe eines Schriftstellers im Vorwort seines Romans „Radetzkymarsch": Er solle Schicksale erzählen und damit die in Erinnerung halten, die von der Geschichte vergessen seien. Im Roman „Hiob" setzt Roth am Beispiel der Familie Singer nicht einem Einzelschicksal, sondern der ostjüdischen Kultur ein Denkmal, die wenig später durch den Nationalsozialismus in ihrer lebendigen Form untergehen sollte.

- *Joseph Roth war zugleich Journalist und Romancier. Nehmen Sie Stellung zu der Frage, inwieweit in seinem Roman auch die journalistische Arbeitsweise erkennbar ist.*
- *Ziehen Sie zum Vergleich noch einmal Textpassagen aus dem Essay „Juden auf Wanderschaft" heran (z. B. Textausgabe, S. 168 f., 182 ff., oder Arbeitsblatt 26, S. 83, Arbeitsblatt 27, S. 84).*
- *Stellen Sie in Form von Referaten weitere Romane Joseph Roths vor, zum Beispiel „Radetzkymarsch", „Die Kapuzinergruft" oder „Hotel Savoy".*
- *Joseph Roth formulierte 1932 im Vorwort zu seinem Roman „Radetzkymarsch": „Aus dem Vergehenden, dem Verwehenden das Merkwürdige und zugleich das Menschlich-Bezeichnende festzuhalten, ist die Pflicht des Schriftstellers. Er hat die erhabene und bescheidene Aufgabe, die privaten Schicksale aufzuklauben, welche die Geschichte fallen lässt, blind und leichtfertig, wie es scheint."*
  Erörtern Sie, inwiefern er diesem Anspruch mit seinem Roman „Hiob" nachkommt.

5.2 Epochenzuordnung: Schluss mit der Neuen Sachlichkeit

Die Schülerinnen und Schüler sollen zunächst für die Frage sensibilisiert werden, inwiefern es überhaupt möglich ist, dem Anspruch gerecht zu werden, die Wirklichkeit mit Sprache abzubilden. Wenn auf dem Lehrplan des Faches Deutsch auch ein sprachphilosophisches Thema vorgesehen ist (etwa: Sprache – Denken – Wirklichkeit), lässt sich hier gewinnbringend anknüpfen.

- *Geben Sie die Ereignisse der vergangenen zehn Minuten dieser Unterrichtsstunde in schriftlicher Form so sachlich und objektiv wie möglich wieder.*
- *Vergleichen Sie Ihre Ergebnisse.*
- *Diskutieren Sie, inwiefern es überhaupt möglich ist, die Realität mit Sprache sachlich abzubilden.*

Eine ähnliche Fragestellung wie in dieser Schreibübung liegt auch Joseph Roths poetologischen Überlegungen zugrunde. Er thematisiert das Problem, inwieweit die sprachliche Darstellung von Wirklichkeit dieser selbst entsprechen könne, und kritisiert, dass von seinen Zeitgenossen kein Unterschied mehr zwischen dem „Gegenstand" und seinem „Schatten" (Arbeitsblatt 32, S. 99, Z. 19f.) gemacht werde. Ebenso werden die Schülerinnen und Schüler beim Vergleich ihrer Texte vermutlich feststellen, dass sie sich in der Schwerpunktsetzung, der Darstellung und in dem, was der Einzelne wahrgenommen hat, unterscheiden – obwohl doch allen die gleiche Wirklichkeit zugrunde liegt.
Nachdem Joseph Roth mit seinem Werk „Die Flucht ohne Ende. Ein Bericht" (1927) sich noch dem literarischen Auftrag einer dokumentarischen Wiedergabe der Wirklichkeit gestellt hat und damit den Ansprüchen der „Neuen Sachlichkeit" entsprochen hat, proklamiert er wenig später in seinen programmatischen Ausführungen: „Schluss mit der Neuen Sachlichkeit!" Er verurteilt die Literatur mit dokumentarischem Ton als schlecht und den Anspruch einer wirklichkeitsgetreuen Wiedergabe als Lüge. Der Forderung, als Autor Zeitzeuge eines authentischen Geschehens gewesen sein zu müssen, entzieht er sich.
Dieser Paradigmenwechsel in Roths schriftstellerischem Wirken ist in seinem Roman „Hiob" deutlich merkbar. Darüber hinaus hat er zeit seines Lebens immer wieder einige Details seiner eigenen Biografie verändert oder zumindest verschleiert und sich schon auf diese Weise in seiner persönlichen Rechenschaft von einem absoluten Wahrheitsanspruch gelöst.
Bevor sie sich mit Roths Streitschrift „Schluss mit der Neuen Sachlichkeit!" auseinandersetzen, erarbeiten die Schülerinnen und Schüler zunächst einige Grundzüge der Epoche (zum Beispiel anhand der beiden Texte zur Neuen Sachlichkeit auf dem **Arbeitsblatt 31**, S. 98, oder eines anderen Auszugs aus einer Literaturgeschichte) und schätzen ein, inwieweit sich der Roman „Hiob" dieser Strömung zuordnen lässt. Joseph Roth zeigt die Realität des Ostjudentums und der Emigranten am Beispiel des Protagonisten Mendel Singer. Dieser kann vor allem im ersten Teil des Romans seine Gefühle nicht arktikulieren und findet erst am Schluss der Handlung Zugang zu seinen Emotionen. Auch die Tatsache, dass der Erzähler als präsente Größe für den Leser sichtbar ist, entspricht den typischen Epochenmerkmalen. In seiner Darstellungsweise löst Roth sich jedoch mehr als deutlich vom poetischen Konzept der Neuen Sachlichkeit, indem er eine epische Form des Erzählens wählt und sprachlich den Ton von Mythen und Märchen übernimmt (hierzu siehe auch Baustein 5.3).

- *Markieren Sie in den beiden Texten (Arbeitsblatt 31) die Merkmale der literarischen Strömung der Neuen Sachlichkeit und tragen Sie sie zusammen.*
- *Würden Sie Joseph Roths Roman „Hiob" dieser Epoche zuordnen?*

Neue Sachlichkeit

- sachliche, nüchterne, um Objektivität bemühte Wirklichkeitsdarstellung
- Alltagssprache, leicht verständlich und möglichst genau
- kein einheitliches Wirklichkeitsmodell: Technik und Industrialisierung als Fortschritt oder als Grund für Zerbrechen des Menschen
- Darstellung der wirtschaftlich-sozialen Realität und der Befindlichkeit der Generation
- kein fühlender Held, sondern Protagonisten, die ihre Gefühle kaum artikulieren können
- allenfalls Erzähler als einheitliche Person

➔ Joseph Roths Thema und sein Protagonist zeigen noch Anklänge an die Neue Sachlichkeit; in der erzählerischen Darstellungsweise löst er sich aber völlig von dieser Strömung.

Die folgenden Arbeitsblätter in diesem Baustein stellen einige Teile des Textes „Schluss mit der ‚Neuen Sachlichkeit'!" bereit. Diese intensive Auseinandersetzung ist für die Arbeit im Leistungskurs geeignet. Für einen Grundkurs empfiehlt sich die Beschränkung auf Teil 3 und gegebenenfalls Teil 2 (**Arbeitsblatt 34**, S. 104 und **Arbeitsblatt 33**, S. 102f.).
Im ersten Teil der Streitschrift „Schluss mit der ‚Neuen Sachlichkeit'!" von Joseph Roth (**Arbeitsblatt 32**, S. 99ff.) kritisiert der Autor den Anspruch der Publizisten seiner Zeit, mit ihrer Darstellung die Wirklichkeit selbst wiedergeben zu können. Er bezeichnet es als „furchtbarste aller Verwechslungen" (S. 99, Z. 18f.), dass „das Dokumentarische für echt, das Authentische für gültig" (S. 99, Z. 21f.) gehalten werde. Roth betont die Subjektivität des Berichterstatters, der stets nur einen Ausschnitt und seine persönliche Wahrnehmung wiedergeben könne („seine Anwesenheit, seine Eindrücke, seine Beobachtungen, sein Verhältnis zum Ereignis", S. 99, Z. 78ff.). Der Vergleich mit Bertolt Brechts Überlegungen zur „Straßenszene als Grundmodell für episches Theater" liegt auf der Hand: Brecht macht sich die Mittelbarkeit der Darstellung zunutze. Er bricht in seiner Form des epischen Theaters ganz bewusst mit dem Anspruch, eine Inszenierung zu schaffen, die dem Zuschauer eine Illusion von Wirklichkeit zeigt und ihn auch emotional in das Geschehen mit einbezieht. Brecht bringt durch verfremdende Elemente wie Songs, Monologe der Schauspieler vor dem Vorhang, Ton- und Bildeinspielungen und eine bewusst distanzierte Sprechweise und Kostümierung diese Distanz sichtbar auf die Bühne.
Auch Joseph Roth sieht diesen besonderen künstlerischen Anspruch, der sich auch im Bericht spiegelt: „Das Ereignis ‚wiederzugeben' vermag erst der geformte, also künstlerische Ausdruck, in dem das Rohmaterial erhalten ist wie Erz im Stahl, wie Quecksilber im Spiegel. [...] Der Bericht [...] ist selbst das Ereignis." (S. 100, Z. 111ff.)

- *Fassen Sie die Grundthesen des Textausschnitts aus „Schluss mit der ‚Neuen Sachlichkeit'!" (Arbeitsblatt 32) knapp mit eigenen Worten zusammen.*
- *„Die furchtbare Verwechslung begann, die furchtbarste aller Verwechslungen: Des Schattens, den die Gegenstände werfen, mit den Gegenständen. Das Wirkliche begann man für wahr zu halten, das Dokumentarische für echt, das Authentische für gültig." (Z. 18ff.) Erläutern Sie diese Aussage aus dem Text heraus.*
- *Vergleichen Sie Joseph Roths Überlegungen zur Darstellung von Wirklichkeit inhaltlich mit Bertolt Brechts programmatischem Text „Die Straßenszene als Modell des epischen Theaters".*
- *Aus Kindermund: „Mama, warum passiert eigentlich jeden Tag in der Welt genau so viel, dass damit die Zeitung voll wird?" – Erörtern Sie, wie wir heute in unserem medialen Zeitalter mit der Dokumentation von Wirklichkeit umgehen.*

Im zweiten Teil der Schrift „Schluss mit der ‚Neuen Sachlichkeit'!" (**Arbeitsblatt 33**, S. 102f.) macht Joseph Roth die Schwierigkeit eines literarischen Berichts mit Blick auf den Leser deutlich. Dieser wolle entweder „‚nackte[ ] Tatsachen'" (Z. 24) lesen oder aber eine Erzählung, die ihn ganz aus der Wirklichkeit fliehen lasse. Der künstlerische Bericht hingegen habe einige Widerstände beim Leser zu überwinden und müsse ihn durch literarische Tricks „einfangen, durch Täuschung, mit Gewalt, durch Überrumpelung" (Z. 42f.). Dies ist kein zeitlich begrenztes Phänomen, sondern in heutiger Zeit kaum anders: Zeitungen und Zeitschriften mit plakativen Berichten verkaufen sich gut einem Massenpublikum, ebenso wie andererseits Romane, die in fiktiven Welten spielen. Von ungeübten Lesen als eher sperrig empfunden werden hingegen zeitgeschichtliche oder sozialkritische Romane.

- *Fassen Sie die Grundthesen des Textausschnitts aus „Schluss mit der ‚Neuen Sachlichkeit'!" (Arbeitsblatt 33) knapp mit eigenen Worten zusammen.*
- *Wie reagiert Joseph Roth als Schriftsteller auf die vermuteten Ansprüche der Leser, die er hier formuliert?*
- *Erkennen Sie sich als Leser in Roths Beschreibung wieder?*
- *Vergleichen Sie Roths Auffassung mit der von Georg Büchner (1813–1837) und Arno Schmidt (1914–1979):*
  - *„Der Dramatische Dichter ist in meinen Augen nichts als ein Geschichtsschreiber, steht aber über Letzterem dadurch, dass er uns die Geschichte zum zweiten Mal erschafft und uns gleich unmittelbar, statt eine trockene Erzählung zu geben, in das Leben einer Zeit hineinversetzt, uns statt Charakteristiken Charaktere und statt Beschreibungen Gestalten gibt. Seine höchste Aufgabe ist, der Geschichte, wie sie sich wirklich begeben, so nahe als möglich zu kommen. […] Der Dichter ist kein Lehrer der Moral, er erfindet und schafft Gestalten, er macht vergangene Zeiten wieder aufleben, und die Leute mögen dann daraus lernen, so gut wie aus dem Studium der Geschichte und der Beobachtung dessen, was im menschlichen Leben um sie herum vorgeht." (Georg Büchner)*
  - *„Jeder Schriftsteller sollte die Nessel Wirklichkeit fest anfassen; und uns Alles zeigen: die schwarze schmierige Wurzel; den giftgrünen Natternstengel; die prahlende Blume(nbüchse)." (Arno Schmidt)*

- *Schreiben Sie aus Ihrer eigenen Sicht eine kurze Abhandlung über die Frage „Was ist die Aufgabe eines Schriftstellers?".*

Der dritte Textauszug zeigt das Verhältnis zwischen Realität und literarischem Werk (**Arbeitsblatt 34**, S. 104). Roth betont, dass die Wirklichkeit, insbesondere der Mensch, „der erhabenste Gegenstand" (Z. 11 f.) schriftstellerischen Schaffens sei. Er fordert von einem Autor die genaue Kenntnis der Realität, bevor er in der Lage sei, sie künstlerisch umzuwandeln.

- *Fassen Sie die Grundthesen des Textausschnitts aus „Schluss mit der ‚Neuen Sachlichkeit'!" (Arbeitsblatt 34) knapp mit eigenen Worten zusammen.*
- *Stellen Sie das Verhältnis von Realität und literarischem Werk in Form einer kleinen Grafik dar.*
- *Erläutern Sie Roths Kritik am Begriff der „Neuen Sachlichkeit" (Z. 45 ff.).*

Mit der Abkehr von der Neuen Sachlichkeit entwickelte Roth einen neuen Ton in seinen Werken. Es selbst spricht von einer neuen Melodie, später auch von einer „musique biblique". Zu den motivlichen Anspielungen auf verschiedene biblische Geschichten ist in den vorangehenden Bausteinen an mehreren Stellen gearbeitet worden. Im Folgenden soll dieser neue Stil an der Erzählweise des Romans nachgewiesen werden. Als Grundlage dazu dienen die Ausführungen von Hans Wagener (**Arbeitsblatt 35**, S. 105).

- *Lesen Sie den Text „Von der Neuen Sachlichkeit zur Legende" von Hans Wagener (Arbeitsblatt 35) und beschreiben Sie, was das Neue an Roths Roman „Hiob" ist.*
- *Verdeutlichen Sie zentrale Aussagen, die der Text zum Stil des „Hiob" macht, an passenden Textpassagen des Romans.*

Joseph Roths Abkehr von der Neuen Sachlichkeit

„Neue Sachlichkeit“	„neue Melodie“
• dokumentarisch	• Umgestaltung der Realität
• aus kritischer Distanz	• voll Wärme
• ironisch	• innere Anteilnahme des Lesers hervorrufend; seine Gefühle, nicht seinen Verstand ansprechend
• schmucklos, sachlich	• neuer sprachlicher Rhythmus im Stil der Legende, Bibel, Mythos
⬇	⬇
möglichst authentische Darstellung der aktuellen Realität	**„Verbindung der Dinge mit dem Unsichtbaren“**

5.3 Zur Erzählweise des Romans

In den Analyseaufgaben der vorangegangenen Bausteine haben die Schülerinnen und Schüler immer wieder auch die stilistischen Besonderheiten des Romans beobachtet. An dieser Stelle soll die Untersuchung wesentlicher Gestaltungsmittel nun speziell in den Fokus gerückt werden. Dabei ist ein reiner Analyse-Formalismus zu vermeiden. Vielmehr geht es darum, sich noch einmal systematisch zu vergegenwärtigen, welchen bewusst neuen Ton Roth in seinem Roman „Hiob“ anschlägt und mit welchen erzählerischen Mitteln er seine „neue Melodie“ zum Klingen bringt.
Am Beispiel des Romananfangs sollen im Folgenden wesentliche Merkmale erarbeitet werden. Die Erkenntnisse lassen sich leicht auf andere Textpassagen übertragen. Die Schülerinnen und Schüler können entweder zu einer kompletten sprachlichen Analyse der Stelle angeleitet werden oder aber die Unterpunkte des folgenden Auftrags zunächst arbeitsteilig lösen. Als Vorarbeit kann auch mithilfe des **Arbeitsblattes 36**, S. 106f., ein Bewusstsein für die Existenz und die Bedeutung einer Erzählinstanz geschaffen werden.

■ *Analysieren Sie die sprachliche Gestaltung des Romananfangs. Untersuchen Sie dabei insbesondere*

- *a) den Satzbau und die Satzstellung,*
- *b) die Verwendung von Adjektiven,*
- *c) die Verwendung von Metaphern und Vergleichen,*
- *d) das Erzählerverhalten (Arbeitsblatt 36).*

Der Satzbau ist kurz und eher parataktisch, die Satzstellung um keine besondere Variationsbreite bemüht. Inversionen sind daher umso auffälliger (zum Bespiel nach der dreifachen Wiederholung „Er war fromm …“, „Er übte den schlichten Beruf …“, „Er lehrte …“, die Betonung des Adjektivs „Unbedeutend“ durch seine Stellung am Satzanfang (S. 5, Z. 10)). Roth nutzt zahlreiche Adjektive, häufig zu Dreier- oder Viererketten gereiht, um seine Figuren und Schauplätze zu beschreiben. Dabei ist die Zusammenstellung oft überraschend. Auf zwei positive Eigenschaften folgt beispielsweise eine negative („fromm, gottesfürchtig und gewöhnlich“ (S. 5, Z. 4), „die Augen waren groß, schwarz, träge“ (Z. 12f.)). Durch Metaphern und Vergleiche schafft Roth Atmosphäre und lässt den Leser zwischen den Zeilen lesen („mit hartem regelmäßigem Flügelschlag“ (S. 5, Z. 18), „rann sein Leben stetig

dahin, wie ein kleiner armer Bach zwischen kärglichen Ufern" (S. 5, Z. 27f.), „eine junge Gazelle" (S. 6, Z. 13)).
Der Roman beginnt im Ton eines Märchens oder einer Legende („Vor vielen Jahren lebte …" (S. 5, Z. 3)), er verwehrt zunächst eine klare zeitliche Zuordnung und gibt zwar einen Ort an, der aber fiktiv ist. Zeit und Raumbeschreibungen schwanken zwischen realistischen Angaben, zum Beispiel den Hinweisen auf historische Ereignisse, und märchenhaftem Verschwimmen. Die Schülerinnen und Schüler sollen beides an ausgewählten Textstellen erarbeiten. Dazu gibt ihnen das **Arbeitsblatt 37**, S. 108, zunächst einige Textpassagen an die Hand, in denen unterschiedliche Arten der erzählerischen Raumgestaltung zu beobachten sind. Entsprechende Passagen im Hinblick auf die Zeitgestaltung sollen sie anschließend selbst zusammenstellen und auswerten.

- *Vergleichen Sie die erzählerische Raumgestaltung in diesen vier Textpassagen (Arbeitsblatt 37) miteinander.*
- *Unterscheiden Sie, ob die Darstellungsweise eher Anklänge des Dokumentarischen oder der „neuen Melodie" Roths zeigt.*
- *Untersuchen Sie die erzählerische Zeitgestaltung des Romans. Unterscheiden Sie auch hier zwischen dokumentarischem Stil und „neuer Melodie".*
- *Beschreiben Sie die Wirkung der Raum- und Zeitgestaltung zusammenfassend.*

Raum- und Zeitgestaltung

genaue Raumbeschreibungen, z. B.
- Straßenzüge in Amerika
- Warteraum der Behörde in Dubno

Unwirklichkeit der Orte, z. B.
- Mendels Wahrnehmung der Gegend außerhalb seines Hauses
- Aufzugfahrt im Hotel

genaue Zeitangaben, z. B.
- Hinweise auf historische Ereignisse (russisch-japanischer Krieg, Ausbruch des Ersten Weltkriegs, Amerikas Kriegseintritt)
- Altersangabe Mendels („Dreißig Jahre")
- Zeitangaben („eine Stunde später", „er isst um drei Uhr nachmittags und um zehn Uhr abends")

Verschwimmen der Zeit, z. B.
- „Vor vielen Jahren"
- „ein Reigen aus Mühsal"
- „nach langen Jahren"
- „die trügersiche Hinterlist des ewigen Wechsels von Tag und Nacht und Sommer und Winter und das Rinnen des Lebens, gleichförmig"
- „also wanderte er durch die Zeit"

➡ **Erzählen zwischen Realismus und Mythos/Märchen/Legende**

Kennzeichnend für die Erzählweise ist der häufig abrupte Wechsel der Erzählperspektive zwischen auktorialem und personalem Erzählen (**Arbeitsblatt 38**, S. 109). Der auktoriale Erzähler ist manches Mal strukturierend und kommentierend erkennbar, zum Teil scheint er aber auch nur in einem fast ironisch wertenden Adjektiv durch. In den personalen Erzählpassagen wechseln vor allem innerer Monolog und erlebte Rede ab. Roth zeichnet so die Wirklichkeit seines Romans aus verschiedenen Blickwinkeln: einerseits aus der Perspektive eines Beobachters, andererseits aus dem Blickwinkel der Figuren selbst.

■ *In diesen vier Textstellen (Arbeitsblatt 38) ist ein typisches Merkmal des Romans zu erkennen, nämlich der abrupte Wechsel der Erzählperspektive vom auktorialen ins personale Erzählen. Markieren Sie zunächst jeweils, wo genau Sie den Wechsel erkennen.*

■ *Benennen Sie dann jeweils, auf welche Weise sich der personale Erzähler äußert: innerer Monolog, erlebte Rede, Bewusstseinsbericht oder indirekte Rede?*

■ *Beschreiben Sie Wirkung und Funktion dieser Perspektivwechsel.*

Zur Wirkung der Erzählweise auf sie als Leserinnen und Leser können die Schülerinnen und Schüler abschließend Stellung nehmen, indem sie sich mit einem Zitat von Roth auseinandersetzen:

■ *Joseph Roth hat im Nachhinein seinen eigenen Roman abfällig kritisiert: „Er ist mir zu virtuos in seinem Geigenton; Paganini; das Leid ist zu schmackhaft und weich." – Wie wirkt der Roman auf Sie als Leser? Nehmen Sie Stellung, ob Sie diese Einschätzung teilen oder nicht.*

5.4 Wirkungsgeschichtliche Aspekte

In der Literaturwissenschaft ist der Roman „Hiob" auf verschiedene Weisen rezipiert worden. Im Wesentlichen lassen sich drei einander ergänzende Lesarten unterscheiden, die das Werk als jüdischen Roman, als märchenhaft-mythologische Erzählung und als Familienroman deuten. Die Schülerinnen und Schüler erarbeiten mithilfe des **Arbeitsblattes 39**, S. 110, Aspekte für die unterschiedlichen Deutungsansätze. Stellt man das Jüdische in den Mittelpunkt, ist darauf zu verweisen, dass am Beispiel der Familie Singer das Leben einer typischen ostjüdischen Familie in einem Schtetl beschrieben wird. Die Familienmitglieder verkörpern dabei jeweils eine der Tendenzen Orthodoxie (Mendel), Chassidismus (Deborah), Assimilation nach Westen (Sam) bzw. Osten (Jonas) (siehe auch Baustein 3 „Die Familie Singer"). Der drohende Zerfall der Familie zeigt die Spannungen innerhalb des modernen Judentums zwischen dem Wunsch nach Traditionsbewahrung und dem Bemühen um Assimilation. Setzt man zusätzlich die Deutungskomponente als Familienroman hinzu, geht es auch um Themen wie das Verhältnis zwischen den Eheleuten Singer oder die Frage, wie sich Kinder innerhalb oder gegen eine Familientradition emanzipieren können. Als Mythos oder Märchen lässt sich der Roman so verstehen, dass hier in einer sprachlich teils der Zeit und dem Raum entrückten Weise zentrale Merkmale des Menschseins erzählt werden: Unglück und Glück, Erdulden und Kämpfen, Krankheit und Vitalität, Tradition und Aufbruch, Plan und Wunder.

■ *Der Roman „Hiob" wird aus unterschiedlichen, einander ergänzenden Sichtweisen interpretiert. Notieren Sie Deutungsansätze aus allen drei Perspektiven (Arbeitsblatt 39).*

Das Ostjudentum, das für Joseph Roth noch erlebte Gegenwart war, ist im Zweiten Weltkrieg und in der Shoah untergegangen. Nach seiner Emigration bringt Roth in seinem Aufsatz „Die vertriebene deutsche Literatur" (**Zusatzmaterial 8**, S. 166) seine Hoffnung zum Ausdruck, dass die vertriebenen Schriftsteller ihre Arbeit werden fortsetzen können. Dass nicht nur dieser Wunsch noch lange Jahre auf seine Erfüllung warten musste, sondern dass auch dem jüdischen Volk weiter unermessliches Leid geschehen würde, hat er schlussendlich nicht mehr miterlebt. Joseph Roth starb 1939 an den Folgen seiner Alkoholsucht. Der Philosoph und Schriftsteller Ludwig Marcuse urteilte noch zu Lebzeiten über ihn: „Roth ist ein Einzelfall in Deutschland: Es gibt Schriftsteller, deren Impressionen seine Sehkraft haben; es gibt Schriftsteller, deren Gehirn seine Luzidität und seine prachtvolle Selbstständigkeit hat; aber es gibt kaum einen Schriftsteller, welcher dieses beobachtende Denken hat – diese einzigartige Balance zwischen Sinnlichkeit und Reflexion; niedergelegt in Sätzen, die zugleich exakt abbilden, hintergründig erkennen und Melodien zaubern – die zugleich vernunfthell sind und geheimnisdunkel."[1] Anhand dieses Zitats sowie an einem Artikel zur Empfehlungsliste der ZEIT-Schülerbibliothek (**Arbeitsblatt 40**, S. 111 f.) können die Schülerinnen und Schüler ihre Überlegungen zusammenfassen. Um eine differenzierte Wertung vorzubereiten, bekommen die Schüler zunächst die Aufgabe, sowohl eine Empfehlung als auch einen Verriss des Romans zu verfassen, bevor sie ihre eigene Wertung formulieren.

- *Der Philosoph und Schriftsteller Ludwig Marcuse urteilte noch zu Lebzeiten über Joseph Roth: „Roth ist ein Einzelfall in Deutschland: Es gibt Schriftsteller, deren Impressionen seine Sehkraft haben; es gibt Schriftsteller, deren Gehirn seine Luzidität und seine prachtvolle Selbstständigkeit hat; aber es gibt kaum einen Schriftsteller, welcher dieses beobachtende Denken hat – diese einzigartige Balance zwischen Sinnlichkeit und Reflexion; niedergelegt in Sätzen, die zugleich exakt abbilden, hintergründig erkennen und Melodien zaubern – die zugleich vernunfthell sind und geheimnisdunkel."*
  Erläutern Sie an Beispielen, was Marcuse gemeint haben mochte, und nehmen Sie Stellung zu seiner Einschätzung.
- *Stellen Sie sich vor, DIE ZEIT würde ihre Schülerbibliothek neu auflegen wollen und bäte Sie um ein Empfehlungsschreiben. Verfassen Sie einen Text, in dem Sie begründen, warum sich die Lektüre von Joseph Roths Roman „Hiob" in der Schule lohnt.*
- *Nehmen Sie nun die Gegenposition ein und schreiben Sie einen bewussten Verriss des Romans.*
- *Nehmen Sie anschließend differenziert persönlich Stellung. Reflektieren Sie dabei auch, ob sich Ihre ersten Leseeindrücke im Verlauf der intensiven Arbeit am Roman verändert haben.*

Notizen:

[1] Ludwig Marcuse, aus: Ein objektives Herz. Joseph Roth: Panoptikum, 1930.

Die literarische Epoche der Neuen Sachlichkeit

Literatur der Weimarer Republik – Neue Sachlichkeit

Seit dem Ende des Ersten Weltkrieges und den politischen und wirtschaftlichen Belastungen, die dem Zusammenbruch der alten Ordnung folgen, besonders nach der Inflation (1923), bezeugen [...] viele der nun hervortretenden Dichtungen in immer stärkerem Maße ein desillusioniertes, nüchternes oder gar skeptisches Verhältnis der Autoren zur Wirklichkeit. Der oft pathetisch übersteigerten Ausdrucksweise des Expressionismus setzt man eine sachliche, um Genauigkeit bemühte Sprache entgegen. Der aus der Malerei übernommene, 1923 geprägte Begriff Neue Sachlichkeit wird für die Folgezeit stilbestimmend. Die neusachliche Richtung ist jedoch nicht einheitlich, vor allem nicht in ihrem Kunstverständnis und ihren Absichten.

Mit dem neuen Wirklichkeitsbewusstsein mag es zusammenhängen, dass nicht fiktionale Prosa an Bedeutung gewinnt und solche literarischen Formen einen Aufschwung erleben, die von sich aus der realistischen Schreibweise nahestehen; vielen Lesern gelten nun z.B. Reportage und Essay als „kunstfähig".

Zur beherrschenden Form dieser Epoche wird jedoch der Roman. Seine Inhalte werden offensichtlich von einem breiten Publikum aus unterschiedlichen sozialen Schichten – denn das traditionelle Bürgertum als einheitliche Lesergruppe gibt es nicht mehr – als neu und aktuell empfunden. Der moderne deutsche Roman, der sich in dieser Zeit auszubilden beginnt, weist kein einheitlich strukturiertes Wirklichkeitsmodell auf. An die Stelle der Welteinheit tritt allenfalls noch der Erzähler als einheitliche Person.

[...] Nachhaltiger als die überkommenen Gattungen der Dichtung verändern die neuen Medien Film, Rundfunk und Schallplatte das kulturelle Leben. Viele Schriftsteller passen sich der Situation an und nutzen diese Medien: Sie schreiben Hörspiele, lesen im Rundfunk und verarbeiten ihre Werke im Film.

Aus: Rainer Madsen: Geschichte der deutschen Literatur in Beispielen. Paderborn: Schöningh Verlag 2012, S. 240f.

Neue Sachlichkeit (1924–1932)

Die literarische Strömung der Neuen Sachlichkeit vollzieht einen radikalen Bruch mit dem im 19. Jahrhundert vorherrschenden Bild vom Menschen als Gefühlswesen und Individuum. Die Autoren entwerfen ‚sachliche' Typen, die zwar Gefühle haben, aber sie kaum artikulieren dürfen. So entstehen Romane, Erzählungen, Dramen und Gedichte, in denen die Dinge, die Wirklichkeit nüchtern und objektiv dargestellt werden – sie werden nicht dadurch verfälscht, dass sie gleichsam durch das fühlende Herz eines individuellen Helden wahrgenommen werden. Der Wald wird als Wald dargestellt und nicht als Auslöser innerer Erlebnisse (z.B. Liebe oder Selbsterkenntnis).

Die Literaten fühlen sich an ihre Zeit gebunden und beschreiben sie in ihren Texten. Es geht ihnen um die Darstellung der wirtschaftlich-sozialen Realität und der Befindlichkeit einer ganzen Generation. Sie schreiben über die Nachwirkungen des Ersten Weltkrieges (Zweig, Roth), über die Industrie der Weimarer Republik (Jung, Reger), über ‚die Angestellten' (Kracauer, Keun, Fallada, Kästner, Fleißer) und ihre Lebensweise. Sie bejahen das mechanische Zeitalter, den technischen Fortschritt und zeigen Menschen, die mit der fortschreitenden Industrialisierung in Einklang leben – oder an ihr zerbrechen. Auf den Besetzungslisten der neusachlichen Texten stehen Ingenieure, Sekretärinnen, kaufmännische Angestellte, Arbeitslose, ‚girls', Filmschaupieler/innen, Boxer, Sportmädel, Rennfahrer, Kinogänger und Liebespaare.

Die Sprache der Neuen Sachlichkeit ist eine Alltagssprache, leicht verständlich und für jeden zugänglich. Es ist eine Sprache, die dem Verstehen der dargestellten (literarischen) Wirklichkeit nicht im Wege steht. Die Werke zielen auf Massenwirksamkeit und bieten den Menschen in der Weimarer Republik längst überfällige Leitbilder für ein Leben in der modernen Massen- und Mediengesellschaft.

Neue Sachlichkeit (1924–1932). © rein. URL: http://www.uni-due.de/einladung/Vorlesungen/literaturge/neuesach.htm [23.9.2012]

- *Markieren Sie in den beiden Texten die Merkmale der literarischen Strömung der Neuen Sachlichkeit und tragen Sie sie zusammen.*
- *Würden Sie Joseph Roths Roman „Hiob" dieser Epoche zuordnen? Begründen Sie Ihre Meinung.*

Die schriftstellerische Darstellung von Wirklichkeit

Joseph Roth: Schluss mit der „Neuen Sachlichkeit"! (1)

I

Nicht oft im Lauf der Jahrhunderte war in Deutschland die Verwirrung so groß wie jetzt, da die „Konsolidierung" und der „Wiederaufbau" der „Stolz des Vaterlands" geworden sind, die „Bewunderung der Fremden" und der „Neid der Feinde". Niemals taten die Jungen so weise und die Alten so jugendlich. Niemals war das Schlagwort von den „Generationen" so häufig und das Bewusstsein von einer Tradition so ohnmächtig. Niemals war die stoffliche Unwissenheit der Schreibenden so groß und die dokumentarische Authentizität des Geschriebenen so betont. Niemals waren die Menge, die Zwecklosigkeit, die Hohlheit der Publikationen offensichtlicher und niemals die Leichtgläubigkeit größer, mit der man schon die Deklaration der Zweckmäßigkeit aufnahm. Niemals waren Plakate verlogener und suggestiver. Die furchtbare Verwechslung begann, die furchtbarste aller Verwechslungen: des Schattens, den die Gegenstände werfen, mit den Gegenständen. Das Wirkliche begann man für wahr zu halten, das Dokumentarische für echt, das Authentische für gültig. Erstaunlich, dass in einer Zeit, in der die einfachen Zeugenaussagen vor Gericht von der modernen medizinischen Wissenschaft mit Recht als unzuverlässig bezeichnet werden, erstaunlich, dass in dieser Zeit die literarische Zeugenaussage gültiger ist als die künstlerische Gestaltung. Man zweifelt an der Zuverlässigkeit des beeideten Zeugen. Aber man verleiht dem geschriebenen Zeugnis die höchste Anerkennung, die es in der Literatur gibt: die der Wahrhaftigkeit. Und wäre noch wenigstens die Kritik mächtig genug, das „Dokument" auf seine Echtheit zu prüfen! Nein! Man traut der Behauptung allein! Man vergleicht nicht etwa die Fotografie mit ihrem Objekt, sondern vertraut der Schlagzeile unter der Fotografie.

Niemals war der Respekt vor dem „Stoff" größer, naiver, kurzsichtiger. Er verschuldet die zweite furchtbare Verwechslung: des Simplen mit dem Unmittelbaren; der Mitteilung mit dem Bericht; des fotografierten Moments mit dem andauernden Leben; der „Aufnahme" mit der Realität. Also verliert selbst das Dokumentarische die Fähigkeit, authentisch zu sein. Beinahe brachte man dem Fotografen ein stärkeres Vertrauen entgegen als seinem Objekt, ein stärkeres Vertrauen der Platte als der Wirklichkeit. Die Deklaration des Fotografen genügt. Die Erklärung des Porträtisten, er habe fotografiert, genügt. Man erfinde eine Geschichte und sage, man sei dabei gewesen: Man glaubt der erfundenen Geschichte. Der Respekt vor der Wirklichkeit ist so groß, dass selbst die erlogene Wirklichkeit geglaubt wird. Niemals schrieb man in deutscher Sprache so schlecht wie jetzt. Und niemals war die Meinung so verbreitet, man schriebe in Deutschland immer besser. Man schreibt nicht gut, man schreibt simpel. Es gilt als „unmittelbar". Niemals wurde in deutscher Sprache so viel gelogen wie jetzt. Aber über jeder zweiten Lüge steht die Bezeichnung: Fotografie, vor der jeder Einwand verstummt. Man sage: Dokument, und jeder erschauert in Ehrfurcht wie einstmals vor dem Wort Dichtung. Der Autor behauptet, er sei dabei gewesen. Man glaubt ihm: erstens: als wäre er wirklich dabei gewesen; zweitens: als wäre es wichtig, ob er dabei gewesen sei oder nicht. Man weiß nicht mehr, dass zwischen der Realität der „nackten Tatsache" und dem sprachlichen Ausdruck, in dem die nackte Mitteilung über sie auftritt, der Unterschied so groß ist wie zwischen einem Ding und seinem Schatten oder wie zwischen einem Klang und seinem Widerhall.

Also sei es vermerkt: Die Nachricht ist ohne Zweifel schwächer als das Ereignis. (Sie schwächt es deshalb nicht notwendig ab.) Sie ist sein körperloses Echo. Die Aussage des „Augenzeugen", der „zufällig anwesend war", klärt noch lange nicht über das Ereignis auf, sondern über ihn selbst, seine Anwesenheit, seine Eindrücke, seine Beobachtungen, sein Verhältnis zum Ereignis. Auch die Aussagen mehrerer Augenzeugen, zueinander addiert, ergeben nicht ein Bild vom Ereignis, sondern die Summe ihrer selbst, ihre Eindrücke und so weiter. Und zwar nicht deshalb, weil die Augenzeugen „nur subjektiv" sind. Sondern weil eben die „Zufälligkeit" der Augenzeugen ihre Unzuverlässigkeit bestimmt. Ihre Zufälligkeit, das heißt: ihre Unpersönlichkeit. Sie sagen ebenso viel und ebenso wenig aus wie Gegenstände und Personen, die zum Beispiel auf dem Schauplatz eines Verbrechens als Unbeteiligte gefunden worden sind. Sie gehören zur Peripherie des „Tatbestands". Man könnte sagen: Die Subjektivität ihrer Mitteilungen ist eine passive. Der Berichterstatter erst ist nicht zufällig anwesend, ist nicht unpersönlich. Auch er ist subjektiv. Aber er trägt die Verantwortung für seine Subjektivität. Sie ist eine aktive, keine zufällige, sondern eine persönliche. Erst das Bild, das er vom Ereignis entwirft, vermittelt seine Vorstellung von dem Ereignis – und nicht von ihm. Der Augenzeuge steht sichtbar neben und vor seiner Mitteilung. Der Berichterstatter verschwindet hinter seinem Bericht.

Der Zeuge mag die exakte Kenntnis von einem Detail haben, das dem Berichter unbekannt bleibt. Dennoch wird der Bericht wahrhaftiger sein.
Das Faktum und das Detail sind der ganze Inhalt der Zeugenaussage. Sie sind das Rohmaterial des Berichts. Das Ereignis „wiederzugeben“ vermag erst der geformte, also künstlerische Ausdruck, in dem das Rohmaterial enthalten ist wie Erz im Stahl, wie Quecksilber im Spiegel. Die Zeugenaussage, also die Mitteilung, ist eine Auskunft über das Ereignis. Der Bericht gibt das Ereignis selbst wieder. Ja, er ist selbst das Ereignis.

Aus: Joseph Roh: Werke. Herausgegeben von Klaus Westermann. Band 3: Das journalistische Werk 1929 – 1939. Frankfurt am Main 1989, S. 154 ff.

- *Fassen Sie die Grundthesen des Textes knapp mit eigenen Worten zusammen.*
- *„Die furchtbare Verwechslung begann, die furchtbarste aller Verwechslungen: des Schattens, den die Gegenstände werfen, mit den Gegenständen. Das Wirkliche begann man für wahr zu halten, das Dokumentarische für echt, das Authentische für gültig.“ (Z. 18 ff.). Erläutern Sie diese Aussage aus dem Text heraus.*
- *Vergleichen Sie Joseph Roths Überlegungen zur Darstellung von Wirklichkeit inhaltlich mit Bertolt Brechts programmatischem Text „Die Straßenszene als Modell des epischen Theaters“.*
- *Aus Kindermund: „Mama, warum passiert eigentlich jeden Tag in der Welt genau so viel, dass damit die Zeitung voll wird?“ – Erörtern Sie, wie wir heute in unserem medialen Zeitalter mit der Dokumentation von Wirklichkeit umgehen.*

Bertolt Brecht: Die Straßenszene als Grundmodell für episches Theater (1938)

Es ist verhältnismäßig einfach, ein Grundmodell für episches Theater aufzustellen. Bei praktischen Versuchen wählte ich für gewöhnlich als Beispiel allereinfachsten, sozusagen „natürlichen“ epischen Theaters einen Vorgang, der sich an irgendeiner Straßenecke abspielen kann: Der Augenzeuge eines Verkehrsunfalls demonstriert einer Menschenansammlung, wie das Unglück passierte. Die Umstehenden können den Vorgang nicht gesehen haben oder nur nicht seiner Meinung sein, ihn „anders sehen“ – die Hauptsache ist, daß der Demonstrierende das Verhalten des Fahrers oder des Überfahrenen oder beider in einer solchen Weise vormacht, daß die Umstehenden sich über den Unfall ein Urteil bilden können.
Dieses Beispiel epischen Theaters primitivster Art scheint leicht verstehbar. Jedoch bereitet es erfahrungsgemäß dem Hörer oder Leser erstaunliche Schwierigkeiten, sobald von ihm verlangt wird, die Tragweite des Entschlusses zu fassen, eine solche Demonstration an der Straßenecke als Grundform großen Theaters, Theater eines wissenschaftlichen Zeitalters, anzunehmen. [...]
Man bedenke: Der Vorgang ist offenbar keineswegs das, was wir unter einem Kunstvorgang verstehen. Der Demonstrierende braucht kein Künstler zu sein. Was er können muß, um seinen Zweck zu erreichen, kann praktisch jeder. Angenommen, er ist nicht imstande, eine so schnelle Bewegung auszuführen, wie der Verunglückte, den er nachahmt, so braucht er nur erläuternd zu sagen: er bewegte sich dreimal so schnell, und seine Demonstration ist nicht wesentlich geschädigt oder entwertet. Eher ist seiner Perfektion eine Grenze gesetzt. Seine Demonstration würde gestört, wenn den Umstehenden seine Verwandlungsfähigkeit auffiele. Er hat es zu vermeiden, sich so aufzuführen, daß jemand ausruft: „Wie lebenswahr stellt er doch einen Chauffeur dar!“ Er hat niemanden „in seinen Bann zu ziehen“. Er soll niemanden aus dem Alltag in „eine höhere Sphäre“ locken. Er braucht nicht über besondere suggestive Fähigkeiten zu verfügen. Völlig entscheidend ist es, daß ein Hauptmerkmal des gewöhnlichen Theaters in unserer Straßenszene ausfällt: die Bereitung der Illusion. Die Vorführung des Straßendemonstranten hat den Charakter der Wiederholung. Das Ereignis hat stattgefunden, hier findet die Wiederholung statt. Folgt die Theaterszene hierin der Straßenszene, dann verbirgt das Theater nicht mehr, daß es Theater ist, so wie die Demonstration an der Straßenecke nicht verbirgt, daß sie Demonstration (und nicht vorgibt, daß sie Ereignis) ist. Das Geprobte am Spiel tritt voll in Erscheinung, das auswendig Gelernte am Text, der ganze Apparat und die ganze Vorbereitung. Wo bleibt dann das Erlebnis, wird die dargestellte Wirklichkeit dann überhaupt noch erlebt?

Die Straßenszene bestimmt, welcher Art das Erlebnis zu sein hat, das dem Zuschauer bereitet wird. Der Straßendemonstrant hat ohne Zweifel ein „Erlebnis" hinter sich, aber er ist doch nicht darauf aus, seine Demonstration zu einem „Erlebnis" der Zuschauer zu machen; selbst das Erlebnis des Fahrers und des Überfahrenen vermittelt er nur zum Teil, keinesfalls versucht er, es zu einem genußvollen Erlebnis des Zuschauers zu machen, wie lebendig er immer seine Demonstration gestalten mag. Seine Demonstration verliert zum Beispiel nicht an Wert, wenn er den Schrecken, den der Unfall erregte, nicht reproduziert; ja, sie verlöre eher an Wert. Er ist nicht so auf Erzeugung purer Emotionen aus. Ein Theater, das ihm hierin folgt, vollzieht geradezu einen Funktionswechsel, wie man verstehen muß.

Ein wesentliches Element der Straßenszene, das sich auch in der Theaterszene vorfinden muß, soll sie episch genannt werden, ist der Umstand, daß die Demonstration gesellschaftlich praktische Bedeutung hat. Ob unser Straßendemonstrant nun zeigen will, daß bei dem und dem Verhalten eines Passanten oder des Fahrers ein Unfall unvermeidlich, bei einem andern vermeidlich ist, oder ob er zur Klärung der Schuldfrage demonstriert – seine Demonstration verfolgt praktische Zwecke, greift gesellschaftlich ein.

Der Schriftsteller als künstlerischer Erzähler und Berichter

Joseph Roth: Schluss mit der „Neuen Sachlichkeit"! (2)

II

Es ist keineswegs eine besondere Eigenschaft des Lesers von heute, auf Zeugenaussagen begieriger zu sein als auf Berichte. Den „Leser" aller Zeiten hat der Augenzeuge vor allem interessiert. Dem „Leser", dem „Hörer" aller Zeiten erscheint der umgeformte, der formlose, kunstlose Bericht: also die Mitteilung des Zeugen, glaubwürdiger als der künstlerische Bericht. Der „Leser" ist primitiv und hat den Respekt des Primitiven vor dem „Wirklichen". Ja, er transponiert willkürlich und mit geschlossenen Augen Gestalten und Ereignisse aus deklarierten „Dichtungen" in die Welt der Wirklichkeit. Er zittert um das Leben einer ihm sympathischen Romangestalt und so weiter. Er will gerne und mit Recht annehmen dürfen, dass diese oder jene Gestalt aus einer Dichtung lebt oder gelebt hat. Er ist fast neugieriger, ihr bürgerliches Schicksal als ihr gedichtetes kennenzulernen. Der künstlerische Berichter, also der Romancier zum Beispiel, hat immer einen größeren Widerstand zu überwinden als der Schreiber von Tatsachen. Tagesneuigkeiten in den Zeitungen finden bereitwilligere Leser als Novellen. Der schreibende Zeuge oder Nacherzähler „nackter Tatsachen" kann mit einem größeren Publikum rechnen als der Erzähler geformter Berichte. Mit dem Zeugen oder Nacherzähler „wirklicher Tatsachen" konkurriert nur noch der Erfinder wirklichkeitsferner, unwahrscheinlicher, „fantastischer" Ereignisse. Der primitive Leser will entweder ganz in der Wirklichkeit bleiben oder ganz aus ihr fliehen. Er muss eine Hemmung überwinden, ehe er sich der Spannung der Wahrheit ergibt, der Wahrheit, die das Kennzeichen und das Ziel des künstlerischen Berichts ist. Und auch dann noch versucht er die Spuren der Wirklichkeit nachzuzeichnen, gewissermaßen um sich im Kunstwerk heimischer zu fühlen. Der künstlerische Erzähler und Berichter hat keineswegs mit der völligen Bereitwilligkeit des Lesers zu rechnen wie der Erfinder wirklichkeitsferner Begebenheiten oder der Nacherzähler „nackter Tatsachen". Der Künstler muss den Leser besiegen, einfangen, durch Täuschung, mit Gewalt, durch Überrumpelung. Er muss ihn „spannen", auf dass der Leser sage: „Es ist wie das Leben", oder: „Es ist wie ein Kriminalroman".

Ein Leser, der etwa eine Eisenbahnkatastrophe erlebt, findet in einer jene Katastrophe schildernden Zeugenaussage eine höchst mangelhafte, ja vielleicht vollkommen gefälschte Darstellung. Erst ein künstlerischer Bericht von einer Eisenbahnkatastrophe (irgendeiner) erschiene dem Leser als eine „echte" Wiedergabe des Unglücks, das er miterlebt hat. Der „künstlerische Bericht" erreicht jenen Grad, auf dem er des Details nicht mehr bedarf, um gültig zu sein. Die Zeugenaussage war „authentisch". Aber sie erreicht beim Leser nicht einmal den Grad der Glaubwürdigkeit, weil er (zufälliger) Teilnehmer am Ereignis war, also die reale Unmittelbarkeit seiner Eindrücke nur in der „poetischen" des geformten Berichts wiederfinden kann; nicht aber in der ungeformten Simplizität der „dokumentarischen" Mitteilung. Sie, die „das Leben" selbst zu bezeugen scheint, ist weit entfernt, nicht nur von der „inneren" oder „höheren Wahrheit", sondern auch von der Kraft der Wirklichkeit. Und erst das „Kunstwerk" ist „echt wie das Leben".

Aus: Joseph Roth: Werke. Herausgegeben von Klaus Westermann. Band 3: Das journalistische Werk 1929–1939. Frankfurt am Main 1989, S. 154ff.

- *Fassen Sie die Grundthesen des Textes knapp mit eigenen Worten zusammen.*
- *Wie reagiert Joseph Roth als Schriftsteller auf die vermuteten Ansprüche der Leser, die er hier formuliert?*
- *Erkennen Sie sich als Leser in Roths Beschreibung wieder?*

- *Vergleichen Sie Roths Auffassung mit der von Georg Büchner (1813–1837) und Arno Schmidt (1914–1979):*
  - *„[...] der Dramatische Dichter ist in meinen Augen nichts als ein Geschichtsschreiber, steht aber über Letzterem dadurch, dass er uns die Geschichte zum zweiten Mal erschafft und uns gleich unmittelbar, statt eine trockene Erzählung zu geben, in das Leben einer Zeit hineinversetzt, uns statt Charakteristiken Charaktere und statt Beschreibungen Gestalten gibt. Seine höchste Aufgabe ist, der Geschichte, wie sie sich wirklich begeben, so nahe als möglich zu kommen. [...] Der Dichter ist kein Lehrer der Moral, er erfindet und schafft Gestalten, er macht vergangene Zeiten wieder aufleben, und die Leute mögen dann daraus lernen, so gut wie aus dem Studium der Geschichte und der Beobachtung dessen, was im menschlichen Leben um sie herum vorgeht." (Georg Büchner, 1835)*
  - *„Jeder Schriftsteller sollte die Nessel Wirklichkeit fest anfassen; und uns Alles zeigen: die schwarze schmierige Wurzel; den giftgrünen Natternstengel; die prahlende Blume(nbüchse)." (Arno Schmidt)*

- *Schreiben Sie aus Ihrer eigenen Sicht eine kurze Abhandlung über die Frage „Was ist die Aufgabe eines Schriftstellers?".*

Georg Büchner

Arno Schmidt

Das Werk als umgewandelte Realität

Joseph Roth: Schluss mit der „Neuen Sachlichkeit"! (3)

III

Dennoch erscheint es notwendig, obwohl es selbstverständlich sein müsste, also nur der Klärung halber, zu betonen, dass der künstlerische Berichter an die Wirklichkeit gebunden ist und dass sie immer sein Material bleibt, wie die Sprache sein Werkzeug. Die „Wirklichkeit": der ganze Komplex menschlicher Beziehungen, menschlicher Leiden, menschlicher Freuden, menschlicher Laster, menschlicher Tugenden. Der wichtigste – und man gestatte gelegentlich ein pathetisches Wort: der erhabenste Gegenstand literarischer Behandlung ist der Mensch, der wirkliche, lebendige Mensch. Einen Menschen so darzustellen, dass man ihn sieht, hört, fühlt, ist die Aufgabe der Autoren (die man nach einer törichten Tradition „belletristisch" nennt).

Der lebendige Mensch nun ist von der Wirklichkeit nicht zu lösen, nicht von Tatsachen, nicht von Zahlen und Ziffern, nicht von Größen und Maßstäben, nicht von „Details". Eine genaue Kenntnis der Realität wird vom Berichter gefordert werden – nicht damit er sie detailgetreu benütze, sondern damit er sie beliebig und schöpferisch verändere. Es gibt keine Wahrhaftigkeit im literarischen Kunstwerk ohne Wahrscheinlichkeit. Um diese zu erzeugen, muss der Berichter „beobachtet" haben, „das Leben kennen", „die Welt kennen". Ja, in der Kenntnis der „nackten Tatsachen" mit dem Augenzeugen wetteifern. Der Erzähler ist ein Beobachter und ein Sachverständiger. Sein Werk ist niemals von der Realität gelöst, sondern in Wahrheit (durch das Mittel der Sprache) umgewandelte Realität.

(„Real" ist unter gewissen Bedingungen, deren Erörterung nicht hierher gehört, auch die sogenannte „fantastische" Welt.) Niemals wird ein Blinder eine Fata Morgana schildern können. (Es sei denn mithilfe eines jener Wunder, durch die „Blinde sehend" werden.) Und selbst ein sehender Autor, der nie eine Fata Morgana gesehen hat, sollte sich hüten, eine zu schildern. (Aber eine Fata Morgana gesehen haben heißt noch nicht sie schildern können. Man kann auf jeden Fall nur der Augenzeuge einer Fata Morgana sein.) Es ist also wichtig, dass der Berichter sehen kann; und dass er Gelegenheit hat zu sehen. […]

Es sei nur noch einmal auf etwas Selbstverständliches hingewiesen, weil man es in Deutschland vergessen zu haben scheint: In der belletristischen Literatur aller europäischen Länder hat es in den letzten zwei Jahrhunderten (zumindest) immer eine „Sachlichkeit" gegeben. In Deutschland war der sogenannte „poetische Realismus" eine „Schule", eine „Richtung". In andern Ländern ist die „Sachlichkeit", das heißt der wache Sinn für die Wirklichkeit, eine Eigenschaft aller „Schulen" und aller „Richtungen".

Es gab nur ein einziges Land, in dem das Wort von der „Neuen Sachlichkeit" erfunden werden konnte: Deutschland. Bei uns wurde (wie oft im Lauf der Geschichte) ein Ziel, was bei den andern primäre Voraussetzung war. Wir sind das einzige Volk, dem die Sachlichkeit „neu" erscheinen konnte. […]

Aus: Joseph Roth: Werke. Herausgegeben von Klaus Westermann. Band 3: Das journalistische Werk 1929–1939. Frankfurt am Main 1989, S. 154ff.

- *Fassen Sie die Grundthesen des Textes knapp mit eigenen Worten zusammen.*
- *Stellen Sie das Verhältnis von Realität und literarischem Werk in Form einer kleinen Grafik dar.*
- *Erläutern Sie Roths Kritik am Begriff der „Neuen" Sachlichkeit (Z. 45 ff.).*

Hans Wagener: Von der Neuen Sachlichkeit zur Legende

Der Hiob-Roman stellt für Roth eine Zäsur in seinem literarischen Schaffen dar. Im Januar 1930 hatte Roth in der Literarischen Welt unter dem Titel „Schluss mit der ‚Neuen Sachlichkeit'!" mit seiner eigenen Reportageliteratur abgerechnet und sich gegen die aktualitätsgebundene Prosa eines Großteils seiner Schriftstellerkollegen gewandt. Mit Beobachtung, journalistischem Bericht und Dokumenten allein ließ sich die Wirklichkeit seiner Ansicht nach nicht erfassen. Roth selbst hat noch einmal, in einem Brief vom 6. Juli 1930, also vor der Drucklegung des Romans, auf den stilistischen Bruch mit seiner literarischen Vergangenheit hingewiesen, als er die Redaktion des Jüdischen Lexikons bat, in der über ihn geplanten Lexikon-Eintragung Hiob zu erwähnen, in dem „zum ersten Mal […] meine Melodie eine andere ist als die der Neuen Sachlichkeit, die mich bekannt gemacht hat" […]. Den Begriff der Melodie nahm er vier Jahre später bei einem Interview in Frankreich wieder auf und bezeichnete sie als „la musique oblique"; „das Wesentliche für ihn seien weder die Handlung noch die Gefühlsmomente, sondern der sprachliche Rhythmus" […]. Es ist keine Frage, dass der Hiob tatsächlich eine neue Richtung in Roths Werk markierte. Statt voller Skepsis, kritischem Abstand und Ironie zu schreiben, wie in seinen Reportagen, schrieb er nun im Stil der Legende und der Bibel, voller Wärme, bemüht, die innere Anteilnahme seiner Leser am Schicksal seiner Figuren zu erwecken, in einfachem Stil die Gefühle, das Gemüt seiner Leser und weniger ihren Verstand anzusprechen. Sprachkünstlerische Umgestaltung der Realität, beliebige und schöpferische Veränderung allein konnten seiner Ansicht nach der menschlichen Wirklichkeit gerecht werden. Gegen die Diktatur des Faktischen, Dokumentarischen stellten Roth und andere […] deshalb um 1930 eine Ästhetik, die die „Verbindung der Dinge mit dem Unsichtbaren" forderte. Das bedeutet eine Ästhetik, die ständig an das Mystische verwies.

Aus: Hans Wagener: Von der Neuen Sachlichkeit zur Legende. In: Ders. (Hg.): Joseph Roth: Hiob. Stuttgart: Reclam 2010, S. 213.

- *Beschreiben Sie, was das Neue an Roths Roman „Hiob" ist.*
- *Verdeutlichen Sie zentrale Aussagen, die der Text zum Stil des „Hiob" macht, an passenden Textpassagen des Romans.*

Zur Raumgestaltung

Der Erzähler		Die Haltung zum Geschehen ist	
berichtet sachlich	kommentiert, deutet	neutral	nicht neutral, sondern …

Vor vielen Jahren lebte in Zuchnow ein Mann namens Mendel Singer. Er war fromm, gottesfürchtig und gewöhnlich, ein ganz alltäglicher Jude. Er übte den schlichten Beruf eines Lehrers aus. In seinem Haus, das nur aus einer geräumigen Küche bestand, vermittelte er Kindern die Kenntnis der Bibel. Er lehrte mit ehrlichem Eifer und ohne aufsehnerregenden Erfolg. Hunderttausende vor ihm hatten wie er gelebt und unterrichtet.

Unbedeutend wie sein Wesen war sein blasses Gesicht. Ein Vollbart von einem gewöhnlichen Schwarz umrahmte es ganz. Den Mund verdeckte der Bart. Die Augen waren groß, schwarz, träge und halb verhüllt von schweren Lidern. Auf dem Kopf saß eine Mütze aus schwarzem Seidenrips, einem Stoff, aus dem manchmal unmoderne und billige Krawatten gemacht werden. Der Körper steckte im halblangen, landesüblichen jüdischen Kaftan, dessen Schöße flatterten, wenn Mendel Singer durch die Gasse eilte, und die mit hartem regelmäßigem Flügelschlag an die Schäfte der hohen Lederstiefel pochten.

Singer schien wenig Zeit zu haben und lauter dringende Ziele. Gewiss war sein Leben ständig schwer und zuweilen sogar eine Plage. Eine Frau und drei Kinder musste er kleiden und nähren. (Mit einem vierten ging sie schwanger.) Gott hatte seinen Lenden Fruchtbarkeit verliehen, seinem Herzen Gleichmut und seinen Händen Armut. Sie hatten kein Gold zu wägen und keine Banknoten zu zählen. Dennoch rann sein Leben stetig dahin, wie ein kleiner armer Bach zwischen kärglichen Ufern. […]

Also klangen die Klagen Deborahs, der Frau Mendel Singers. Sie war ein Weib, manchmal ritt sie der Teufel. Sie schielte nach dem Besitz Wohlhabender und neidete Kaufleuten den Gewinn. Viel zu gering war Mendel Singer in ihren Augen. Die Kinder warf sie ihm vor, die Schwangerschaft, die Teuerung, die niedrigen Honorare und oft sogar das schlechte Wetter. Am Freitag scheuerte sie den Fußboden, bis er gelb wurde wie Safran. Ihre breiten Schultern zuckten auf und nieder im gleichmäßigen Rhythmus, ihre starken Hände rieben kreuz und quer jedes einzelne Brett, und ihre Nägel fuhren in die Sparren und Hohlräume zwischen den Brettern und kratzten schwarzen Unrat hervor, den Sturzwellen aus dem

Der Erzähler		Die Haltung zum Geschehen ist	
berichtet sachlich	kommentiert, deutet	neutral	nicht neutral, sondern …

Kübel vollends vernichteten. Wie ein breites, gewaltiges und bewegliches Gebirge kroch sie durch das kahle, blau getünchte Zimmer. Draußen, vor der Tür, lüfteten sich die Möbel, das braune, hölzerne Bett, die Strohsäcke, ein blank gehobelter Tisch, zwei lange und schmale Bänke, horizontale Bretter, festgenagelt auf je zwei vertikalen. Sobald die erste Dämmerung an das Fenster hauchte, zündete Deborah die Kerzen an, in Leuchtern aus Alpaka, schlug die Hände vors Angesicht und betete. Ihr Mann kam nach Hause, in seidigem Schwarz, der Fußboden leuchtete ihm entgegen, gelb wie geschmolzene Sonne, sein Angesicht schimmerte weißer als gewöhnlich, schwärzer als an Wochentagen dunkelte auch sein Bart. Er setzte sich, sang ein Liedchen, dann schlürften die Eltern und die Kinder die heiße Suppe, lächelten den Tellern zu und sprachen kein Wort. Wärme erhob sich im Zimmer. Sie schwärmte aus den Töpfen, den Schüsseln, den Leibern. Die billigen Kerzen in den Leuchtern aus Alpaka hielten es nicht aus, sie begannen sich zu biegen. Auf das ziegelrote blau karierte Tischtuch tropfte Stearin und verkrustete im Nu. Man stieß das Fenster auf, die Kerzen ermannten sich und brannten friedlich ihrem Ende zu. Die Kinder legten sich auf die Strohsäcke in der Nähe des Ofens, die Eltern saßen noch und sahen mit bekümmerter Festlichkeit in die letzten blauen Flämmchen, die gezackt aus den Höhlungen der Leuchter emporschossen und sanft gewellt zurücksanken, ein Wasserspiel aus Feuer.

Aus: Joseph Roth: Hiob. Paderborn: Schöningh Verlag 2012, S. 5ff.

- *Untersuchen Sie das Erzählerverhalten und die Erzählhaltung, indem Sie in der Tabelle die entsprechenden Stellen markieren bzw. die Erzählhaltung benennen.*
- *Überprüfen Sie, ob es auch Passagen gibt, in denen Mendel selbst die Geschehnisse deutet.*
- *Formulieren Sie die gewonnenen Ergebnisse mithilfe der passenden Fachbegriffe (Zusatzmaterial 7).*

Erzählerverhalten am Romananfang

Obwohl er kaum fünf Minuten von den Häusern des Städtchens entfernt war, kam er sich unendlich weit von der bewohnten Welt der Juden vor, unsagbar einsam, von Gefahren bedroht und dennoch außerstande zurückzugehen. Er wandte sich nach Norden: Da atmete finster der Wald. Rechts dehnten sich viele Werst weit die Sümpfe mit den vereinzelten, silbernen Weiden. Links lagen die Felder unter opalenen Schleiern. Manchmal glaubte Mendel einen menschlichen Laut aus unbestimmbarer Richtung zu vernehmen. (S. 53, Z. 25 ff.)

Sie saßen in einem großen, gewölbten, ockergelb getünchten Korridor. Männer in blauen Uniformen wachten vor den Türen. Die Wände entlang standen braune Bänke – alle Bänke waren besetzt. Aber sooft ein Neuer kam, machten die blauen Männer eine Handbewegung; und die schon saßen, rückten zusammen, und immer wieder nahm ein Neuer Platz. Man rauchte, spuckte, knackte Kürbiskerne und schnarchte. Der Tag war hier kein Tag. Durch das Milchglas eines sehr hohen, sehr fernen Oberlichts konnte man eine blasse Ahnung vom Tag erhaschen. Uhren tickten irgendwo, aber sie gingen gleichsam neben der Zeit einher, die in diesen hohen Korridoren stillestand. Manchmal rief ein Mann in blauer Uniform einen Namen aus. Alle Schläfer erwachten. Der Aufgerufene erhob sich, wankte einer Tür zu, rückte an seinem Anzug und trat durch eine der hohen, zweiflügeligen Türen, die statt einer Klinke einen runden, weißen Knopf hatte. (S. 64, Z. 12 ff.)

Er kannte ein paar Geschäftsleute aus der Bowery, mit denen sein Sohn verkehrte, die Essex Street, in der er wohnte, und die Houston Street, in der das Kaufhaus seines Sohnes lag, seines Sohnes Sam. (S. 89, Z. 13 ff.)

Kümmerlich und gebeugt, im grünlich schillernden Rock, das rotsamtene Säckchen im Arm, betrat Mendel Singer die Halle, betrachtete das elektrische Licht, den blonden Portier, die weiße Büste eines unbekannten Gottes vor dem Aufgang zur Stiege und den schwarzen Neger, der ihm den Sack abnehmen wollte. Er stieg in den Lift und sah sich im Spiegel neben seinem Sohn, er schloss die Augen, denn er fühlte sich schwindlig werden. Er war schon gestorben, er schwebte in den Himmel, es nahm kein Ende. Der Sohn fasste ihn bei der Hand, der Lift hielt, Mendel ging auf einem lautlosen Teppich durch einen langen Korridor. Er öffnete erst die Augen, als er im Zimmer stand. Wie es seine Gewohnheit war, trat er sofort zum Fenster. Da sah er zum ersten Mal die Nacht von Amerika aus der Nähe, den geröteten Himmel, die flammenden, sprühenden, tropfenden, glühenden, roten, blauen, grünen, silbernen, goldenen Buchstaben, Bilder und Zeichen. Er hörte den lärmenden Gesang Amerikas, das Hupen, das Tuten, das Dröhnen, das Klingeln, das Kreischen, das Knarren, das Pfeifen und das Heulen. Dem Fenster gegenüber, an dem Mendel lehnte, erschien jede fünfte Sekunde das breite, lachende Gesicht eines Mädchens, zusammengesetzt aus lauter hingesprühten Funken und Punkten, das blendende Gebiss in dem geöffneten Mund aus einem Stück geschmolzenen Silbers. Diesem Angesicht entgegen schwebte ein rubinroter, überschäumender Pokal, kippte von selbst um, ergoss seinen Inhalt in den offenen Mund und entfernte sich, um neu gefüllt wieder zu erscheinen, rubinrot und weißgischtig überschäumend. Es war eine Reklame für eine neue Limonade. Mendel bewunderte sie als die vollkommenste Darstellung des nächtlichen Glücks und der goldenen Gesundheit. Er lächelte, sah das Bild ein paar Mal kommen und verschwinden und wandte sich wieder dem Zimmer zu. (S. 152, Z. 1 ff.)

Aus: Joseph Roth: Hiob. Paderborn: Schöningh, 2012.

- *Vergleichen Sie die erzählerische Raumgestaltung in diesen vier Textpassagen miteinander.*
- *Unterscheiden Sie, ob die Darstellungsweise eher Anklänge des Dokumentarischen oder der „neuen Melodie" Roths zeigt.*

Perspektivenwechsel

Atemlos langten die Brüder zu Hause an, schon fing es an zu dämmern. Sie hörten [...] den Singsang der lernenden Kinder. Er kam ihnen entgegen, ein Mutterlaut, ein Vaterwort, ihre ganze Kindheit ... (S. 29, Z. 23 ff.)

Deborah griff nach ihrem Schal und ging hinaus. Draußen stand Mirjam [...] mit ihren großen schwarzen Augen, die sie weit offen hielt, obwohl die Sonne ja blenden musste. Sie ist schön, dachte Deborah, so schön bin ich auch einmal gewesen ... (S. 72, Z. 8 ff.)

Auf einmal stürzte ein furchtbares Schweigen über die Stube [...]. Mirjam, die Tochter, hatte sich rückwärts tastend in die Ecke geschoben, laut pochte ihr Herz, sie glaubte, alle müssten es hören. (S. 30, Z. 4 ff.)

Der Sabbat verging, den Sonntag verbrachte Mirjam im Kornfeld [...]. Den ganzen Tag suchte man sie zu Hause. Mochte man sie suchen! (S. 63, Z. 17 ff.)

Aus: Joseph Roth: Hiob. Paderborn: Schöningh 2012.

- *In diesen vier Textstellen ist ein typisches Merkmal des Romans zu erkennen, nämlich der abrupte Wechsel der Erzählperspektive vom auktorialen ins personale Erzählen. Markieren Sie zunächst jeweils, wo genau Sie den Wechsel erkennen.*
- *Benennen Sie dann jeweils, auf welche Weise sich der personale Erzähler äußert: innerer Monolog, erlebte Rede, Bewusstseinsbericht oder indirekte Rede?*
- *Beschreiben Sie Wirkung und Funktion dieser Perspektivwechsel.*

Deutungsrichtungen

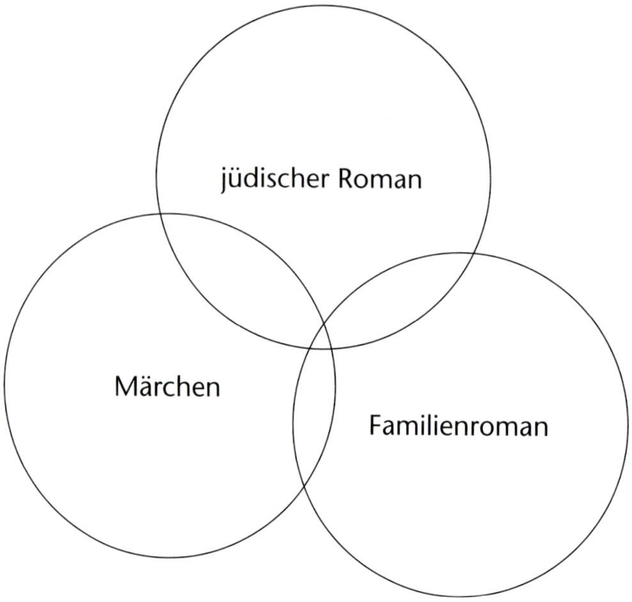

■ *Der Roman „Hiob“ wird aus unterschiedlichen, einander ergänzenden Sichtweisen interpretiert. Notieren Sie Deutungsansätze aus allen drei Perspektiven.*

Iris Radisch: Zum Verzweifeln glücklich

Die Wochenzeitung „Die ZEIT" hat in den Jahren 2002/03 unter dem Titel ZEIT-Schülerbibliothek einen Lektürekanon von 50 Werken aufgestellt. Die Auswahl haben je zwei Schüler, zwei Deutschlehrer, zwei Schriftsteller und zwei Redakteure getroffen. Die Literatur-Journalistin Iris Radisch begründet im Folgenden, warum sie den Roman „Hiob" von Joseph Roth empfiehlt.

Stellen wir es uns vor: eine sandige Straße, niedrige, enge Häuser, das Bett steht neben dem Herd, die vier Kinder schlafen auf Strohsäcken in der Ecke, das jüngste baumelt in einem Korb von der Decke. Um sechs Uhr morgens feuert man den Herd an und kocht Tee, träumt noch etwas im Morgenlicht neben dem Feuer und schlürft die erste Tasse im Stehen. Zu Fuß ist das nächste Städtchen nicht zu erreichen, der einzige Fuhrmann fährt, wann er will, und nimmt mit, wer ihm passt. Am Freitagabend scheuert man den Holzfußboden, bis er safrangelb glänzt, dann sitzt man am blank gehobelten Tisch, geht früh zu Bett, um Petroleum zu sparen. Wenn man krank wird, kommt der Rabbi. An Reisen, an Zerstreuungen ist nicht zu denken. Das Leben gehört Gott und nicht den Menschen. Bücher gibt es nicht, allerdings lernt man das Alte Testament auswendig. So vergehen die Jahre. Es wird Morgen, es wird Abend. Es wird Sommer und Winter. Und alles, was geschieht, ist, dass man Tee trinkt, alt wird und stirbt.

Seien wir ehrlich: Wir können es uns nicht vorstellen. Doch es gibt viele Bücher, die in dieser Welt spielen. Sie sind nahezu das Einzige, das von ihr übrig geblieben ist. Wenn man heute nach Galizien, Russland, nach Polen, in die Ukraine reist, ist es, als habe es die Welt des Ostjudentums, die die ostjüdischen Schriftsteller beschrieben haben, nie gegeben. Als der galizische Schriftsteller Joseph Roth 1930 im Exil in seinem Roman Hiob von dem kleinen jüdischen Schtetl und dem safrangelben Holzfußboden schrieb und die Geschichte in einer deutschen Zeitung als Fortsetzungsroman veröffentlichte, waren das Schtetl und seine Bewohner ihrer Vernichtung durch die Deutschen schon recht nahe. Vielleicht hat er das geahnt. Denn es ist viel Untergangsstimmung in diesem gleichnishaften Buch, das kurz vor einem anderen Untergang spielt, der von Joseph Roth damals noch für den größten aller denkbaren Untergänge gehalten wurde: der Erste Weltkrieg.

Es handelt vom frommen Lehrer Mendel, seiner Frau, seinen drei Söhnen und seiner Tochter. Davon, wie Mendel beinahe alles verlor und durch ein Wunder beinahe alles und noch viel mehr wiederbekam. Ein Märchen also, eine Heilsgeschichte wie die von Hiob, den Gott lehren wollte, dass Leiden und Entbehrungen nie sinnlos sind.

Böse gesagt, leidet Lehrer Mendel daran, dass sich die Zeiten ändern und den Stumpfsinn seines Lebens bedrohen. Die Söhne sollen Soldaten werden, was ihnen die Religion verbietet. Die Tochter lässt sich mit Russen ein, was das Gesetz untersagt. Für die Reinheit der Lehre riskiert Vater Mendel das Leben der Kinder. Der Sohn wird unter Lebensgefahr außer Landes gebracht und geht nach Amerika. Um die Tochter von den Kosaken fernzuhalten, folgt die Familie dem Sohn nach New York und lässt das behinderte jüngste Kind hilflos zurück. Dieses Kind, Menuchim, trägt eine übermenschliche Last auf seinen schiefen Schultern. Es ist das schlechte Gewissen der Familie, das Symbol des Untergangs der alten ostjüdischen Welt und ihrer glorreichen Wiederauferstehung. Er ist der Frosch des Ostens und der Prinz des Westens. Er ist viel auf einmal, aber das ist im Märchen nicht ungewöhnlich. Im Märchen vom armen Lehrer Mendel geht seine Geschichte so: Menuchim kann nicht laufen und nicht sprechen, neigt zu Epilepsie und bringt Vater und Mutter großes Unglück. Ein Rabbi aber weissagt ihm Großes, sein Schmerz wird ihn weise machen, die Hässlichkeit gütig, die Bitternis milde und die Krankheit stark. Mit anderen Worten: Joseph Roth wünscht sich, dass die Leiden des Ostens belohnt werden, nicht nur im Himmel, sondern schon im Westen.

Und so kommt es dann auch. Die Missgeburt reist der Familie eines Tages nach. Jemand muss den Frosch an die Wand geworfen haben: Aus dem Krüppel ist ein hochgewachsener Mann geworden, der mitten im Osterfest wie der lang erwartete Erlöser das New Yorker Zimmer des Vaters betritt und ihn mit Augen ansieht, wie sie Männer haben, „zu denen Gott selbst gesprochen hat". Ein berühmter Musiker ist der verlorene Sohn, die Seele des Ostens bringt er zum Klingen, und die Konzertsäle des Westens singen ein Lied davon. Ins Astor-Hotel führt der verstoßene Sohn den gefallenen Vater, der in der Neuen Welt Weib, Kinder und Gottesglauben verlor. Das religiöse Dogma ist zerbrochen, der Aufbruch in die neue Zeit gelungen, Versöhnung naht. Nach allem, was bald darauf geschehen ist, kann man über so viel Willen zum Glück nur verzweifeln.

In: DIE ZEIT Nr. 34 vom 14.08.2003.

- *Stellen Sie sich vor, DIE ZEIT würde ihre Schülerbibliothek neu auflegen wollen und bäte Sie um ein Empfehlungsschreiben. Verfassen Sie einen Text, in dem Sie begründen, warum sich die Lektüre von Joseph Roths Roman „Hiob" in der Schule lohnt.*
- *Nehmen Sie nun die Gegenposition ein und schreiben Sie einen bewussten Verriss des Romans.*
- *Nehmen Sie anschließend differenziert persönlich Stellung. Reflektieren Sie dabei auch, ob sich Ihre ersten Leseeindrücke im Verlauf der intensiven Arbeit am Roman verändert haben.*

Iris Radisch

Baustein 6

Schicksal, Leiden, Theodizee

6.1 Das Leid in der Welt

Der Theodizeefrage, der Frage nach der Rechtfertigung Gottes angesichts des Leids, umfassend nachzugehen, würde den Rahmen des Deutschunterrichts sprengen. Dennoch sind hier einige Gedanken zu verorten, denn genau dieses Problem ist es, das Mendel Singer umtreibt und an den Tiefpunkt seines Lebens führt.
In vielen Lehrplänen des Faches Religion ist für die Oberstufe eine intensive Auseinandersetzung mit dieser Thematik und oft auch explizit mit dem biblischen Buch Ijob[1] vorgesehen. Ein fächerübergreifendes Arbeiten bietet sich also in dieser Hinsicht an.
Das Alte Testament erzählt im Buch Ijob die Geschichte eines untadeligen, gerechten und hoch angesehenen Mannes, der mit voller Wucht das Leid in unterschiedlichen Spielarten erleben muss. Nachdem er zunächst sein Schicksal fromm erduldet hat, beginnt er später gegen Gott aufzubegehren und ihn herauszufordern. Gott antwortet auf die Klagen Ijobs mit einem Verweis auf die Größe seiner Schöpfung und die Unfähigkeit des Menschen, die Welt zu verstehen. Ijob beugt sich diesem Anspruch Gottes und wird mit mehr Wohlergehen bis ins hohe Alter belohnt.
Den Hauptteil der Erzählung machen Gespräche zwischen Ijob und seinen Freunden aus, in denen um Begründungen für das Leid gerungen wird. Elifas, Bildad und Zofar versuchen, im Sinne der – für die weisheitliche Lehrtradition geläufigen – Annahme eines Tun-Ergehens-Zusammenhangs („do-ut-des") Ijob zu unterstellen, dass er gesündigt haben müsse, damit Gott ihn so strafe. Ijob aber beteuert seine Unschuld. Der vierte der Freunde, Elihu, versucht, das Leid als eine Art Erziehungsmaßnahme und Vorbild für andere zu deuten, aber auch diese Begründung überzeugt Ijob nicht. In den Gesprächen mit den Freunden wird die Krise des damaligen Gerechtigkeitsverständnisses offenkundig, denn in der Person des Protagonisten wird die Annahme widerlegt, dass alles Leid selbstverschuldet durch den Menschen ist und dem Gerechten nur Gutes widerfährt.
In den verschiedenen Entstehungsschichten des Buches lässt sich das Ringen um dieses neue Verständnis gut nachweisen. Die redaktionell zusammengefügten Texte entstanden vermutlich zwischen der Heimkehr aus dem babylonischen Exil (538 v. Chr.) und dem Zeitalter des Hellenismus (ab etwa 330 v. Chr.); in der heute vorliegenden Form wurde das Buch um 200 v. Chr. abgeschlossen. In der Rahmenerzählung Kap 1 und 42 (gehalten in Prosa) wird ein Gerechter mit Leid konfrontiert, hält aber an Gott fest und wird schließlich dafür belohnt. Diese Schicht ist vermutlich die älteste Traditionslinie und geht auf eine mündliche Überlieferung zurück. Der alte do-ut-des-Zusammenhang wird hier deutlich: Ijob bleibt auch im Leid gottesfürchtig und wird schließlich dafür belohnt.
In der Anbindung an die Szene eines Abkommens zwischen Gott und dem Satan wird eine Begründung für das Leid erzählt. Es ist die dunkle Seite des Allmächtigen, die dafür verantwortlich ist, dass Ijob überhaupt Leid erfahren muss.

[1] Es gibt unterschiedliche Schreibweisen des aus dem Hebräischen stammenden Namens Hiob/Ijob. Die Einheitsübersetzung schreibt „Ijob", was zurückgeht auf die Septuaginta, die älteste Übersetzung der hebräischen Bibel ins Griechische. Im evangelischen Bereich hat sich hingegen die Version „Hiob" im Anschluss an die Luther-Übersetzung durchgesetzt.

Die zweite Schicht bilden die Streitreden zwischen Ijob und den Freunden Elifas, Bildad und Zofar in poetischer Sprache. Hier treten die Vertreter des weisheitlichen Gerechtigkeitsverständnisses, des do-ut-des, in Disput mit Ijob, der sich seiner Unschuld sicher ist und mehr und mehr gegen Gott rebelliert, bis er ihn schließlich zu einer Antwort herausfordert. Diese Antwort wird verzögert durch die Einfügung einer weiteren Entstehungsschicht, der Rede des Elihu. Diese unterbricht einerseits den Erzählfluss und unterscheidet sich auch sprachlich, etwa in der Verwendung des Gottesnamens, so von den anderen Freundesreden, dass sie eindeutig einer anderen Entstehungsschicht zugeordnet werden muss. Elihu sucht weniger einen Grund, mehr einen Zweck, ein Ziel des Leides, indem er es als Erziehung Gottes deutet, der den Menschen damit warnt, auf dem rechten Weg zu bleiben. Ebenfalls eine Einfügung ist das Lied von der Weisheit, in dem darauf verwiesen wird, dass nur Gott Zugang zur Weisheit hat.
Das Ijob-Buch selbst bietet also unterschiedliche Deutungsansätze für das Erleben von Leid an. Man kann das Buch als Ergebnis eines mindestens zwei bis drei Jahrhunderte dauernden Diskurses über die Gerechtigkeit Gottes lesen.
In diesem Unterrichtsbaustein wird, ausgehend von dem theologischen Streitgespräch zwischen Mendel und seinen Freunden, ein kurzer Blick auf verschiedene Erklärungsmodelle zur Theodizeefrage geworfen. Ziel ist dabei, den Schülerinnen und Schülern zu vermitteln, dass der Umgang mit Leid und das Hadern mit dem Leben, dem Schicksal, mit Gott nicht nur individuelle Probleme des Einzelnen in seiner konkreten Leiderfahrung sind, sondern ein philosophisches Problem, das die Menschen seit Jahrtausenden umtreibt.
Ausgangspunkt für ein Gespräch kann ein Bild sein, wie es nach beinahe jedem Unglück in den Medien zu finden ist (**Arbeitsblatt 41**, S. 120). An einer Gedenkstelle für die Opfer liegt ein Plakat mit der Frage „Warum?". Unterstützend zu den eigenen Überlegungen der Schülerinnen und Schüler können Auszüge aus der Geschichte „Das müde Glück" (**Arbeitsblatt 42**, S. 121 ff.) eingesetzt werden, einer fantasievollen Neuerzählung der Ijob-Erzählung. Der Protagonist Herr Hopp (Ijob) wird hier nach durchstandenem Leid als lebenserfahrener, weiser Mann gezeigt: „satt vom Leben, reich an Erfahrung, und […] so schön wie ein Baum, der in allen Wettern gestanden hat." (Z. 212 ff.)

- *Wenn ein schlimmes Unglück geschehen ist, werden an der Stelle oft Blumen und Kerzen zum Gedenken niedergelegt. Häufig legt jemand auch ein Schild mit der Frage „Warum?" dazu (Bild: Arbeitsblatt 41). Notieren Sie in einigen Sätzen, was mit dieser Frage gemeint ist, welche Gedanken in ihr stecken.*
- *Was sind Ihre persönliche Antworten auf dieses „Warum?" im Leben?*
- *Woher kommt das Leid in der Welt? Wie lässt sich der Glaube an einen guten Gott mit der Leiderfahrung in Einklang bringen? Formulieren Sie Ihre persönliche Antwort als glaubender, zweifelnder oder ungläubiger Mensch.*
- *Lesen Sie den Textauszug aus „Das müde Glück" von Roger Willemsen (Arbeitsblatt 42). Markieren Sie eine oder zwei Textstellen, die Sie in besonderer Weise ansprechen, sei es, weil Sie ihnen zustimmen, sei es, weil sie Ihren Widerspruch hervorrufen.*
- *Tauschen Sie sich mit Ihren Mitschülerinnen und Mitschülern aus.*

6.2 Versuche der Rechfertigung Gottes

In Joseph Roths Roman folgt auf Mendels radikalen Gotteszweifel, in dem er fast seine Gebetsutensilien verbrannt hätte, ein längeres Gespräch mit seinen herbeigerufenen Freun-

den. Ähnlich wie in der biblischen Ijob-Erzählung versuchen diese, eine Erklärung für Mendels Unglück zu finden, und ähnlich wie Ijob verteidigt sich Mendel, er habe nichts Unrechtes getan. Roth übernimmt in dieser Szene die Argumente der biblischen Erzählung in ihrer Essenz. In den Streitreden vertreten die Freunde Ijobs das weisheitliche Denken eines „do-ut-des", eines Tun-Ergehens-Zusammenhangs. Das heißt, sie gehen davon aus, dass Gott in diesem Sinne gerecht ist und Ijob irgendetwas Böses getan haben müsse, sonst würde er kein Leid erleben. In den verschiedenen Entstehungsschichten des Buches Ijob werden unterschiedliche Entgegnungen auf diese Annahme formuliert: Ijobs Verteidigung seiner Unschuld in seinen Reden, die Vorstellung, dass das Leid auf Gottes dunkle Seite, einen Satan, zurückgehe (in der Rahmenerzählung), oder der Verweis darauf, dass der Mensch nicht in der Lage ist, die Pläne des gewaltigen Schöpfergottes zu verstehen (in der Antwort Gottes).
Um den Argumentationsgang in Roths Roman als nicht zufällig einzuschätzen, sondern vielmehr die Redebeiträge als in jahrtausendealter Tradition stehend verstehen zu können, sollen die Schülerinnen und Schüler nach der Arbeit am Romantext eine Gegenüberstellung mit Auszügen aus der Bibel anfertigen. Dazu legen sie zunächst eine Übersicht über den Redegang im Roman an (Lösungsvorschlag siehe **Arbeitblatt 43**, S. 124). Anschließend vergleichen sie die Argumentationen der Freunde und Mendels mit denen ihrer biblischen Vorbilder. Eine kurze Einführung in den Aufbau und das Thema des Buches Ijob gibt dazu der Text „Das Buch Hiob" von Matthias Albani und Martin Rösel (**Arbeitsblatt 44**, S. 125).

- *Lesen Sie das Gespräch zwischen Mendel und seinen Freunden (S. 118, Z. 31–S. 123, Z. 13). Arbeiten Sie die Argumente der Freunde und Mendels heraus und stellen Sie den Gesprächsverlauf übersichtlich dar.*
- *Vergleichen Sie Ihre Lösung mit dem Vorschlag auf dem Arbeitsblatt 43.*
- *Fassen Sie die wesentlichen Aussagen, die im Text von Matthias Albani und Martin Rösel (Arbeitsblatt 44) über das Buch Hiob gemacht werden, mit eigenen Worten zusammen.*
- *Das Buch Hiob zählt zu den Werken der Weltliteratur. Worin sehen Sie seine Relevanz?*

Neben einigen Parallelen zwischen den Gesprächen von Mendel und Ijob mit ihren Freunden – in beiden Fällen sind es drei plus einer, Elihu bzw. Menkes werden besonders hervorgehoben – gibt es auch Unterschiede: Die Bibel erzählt, dass die Freunde zunächst sieben Tage mit Ijob geschwiegen und sein Leid mit ihm geteilt hätten. Mendels Freunde schweigen erst, nachdem sie feststellen mussten, dass sie ihren Freund mit ihren Worten nicht überzeugen konnten. Das mitfühlende Schweigen der Freunde Ijobs, das den Auftakt und die Grundlage der Kommunikation bildet, wird zu einem hilflosen Schweigen bei Joseph Roth. Während die Freunde Ijobs herbeigeeilt kommen, sobald sie von seinem Leid erfahren, muss man Mendels Freunde zunächst herrufen. Sie selbst werden nicht als besonders tiefgläubig, eher als traditionsverbunden beschrieben.
Ein weiterer wichtiger Unterschied besteht darin, dass es in der biblischen Erzählung eine Antwort Gottes auf Ijobs Klage gibt. Gott selbst spricht zu Ijob, weist ihn zurecht und verweist auf die Größe seiner Schöpfung. Diese Antwort stellt Ijob zufrieden. In Joseph Roths Roman gibt es keine direkte Antwort Gottes. Vielmehr geschieht, was von den Freunden und von Mendel als unmöglich mitgedacht und ausgesprochen worden ist, nämlich Menuchims wundersame Gesundung und Wiederkehr. Mendels Freund Menkes, „der Bedächtigste von allen" (S. 121, Z. 16), sollte also recht behalten, wenn er davon ausgeht, dass „mäßige Wunder" (S. 121, Z. 26) geschehen könnten: „Aber Menuchim lebt wahrscheinlich, und nach dem Krieg kannst du ihn sehn." (S. 121, Z. 29f.) Auch die Hoffnung darauf, dass Jonas möglicherweise nicht tot, sondern nur verschollen ist, und es neue Enkel (tatsächlich nicht von Mirjam, sondern von Menuchim) für Mendel geben könnte, soll sich schließlich bewahrheiten.

Eine Lesehilfe und Orientierung im alttestamentlichen Text bietet die Übersicht von Hans Möller (**Arbeitsblatt 45**, S. 126). Die Schülerinnen und Schüler können anhand selbst ausgewählter Textstellen einen Vergleich zwischen dem Roman und seiner biblischen Vorlage ziehen. Einen Auszug aus einer Rede Ijobs, in der er seine Unschuld beteuert, findet sich auf dem **Arbeitsblatt 46**, S. 127. Ijob beklagt hier die Größe und Souveränität Gottes, die es ihm unmöglich macht, sich vor Gott zu rechtfertigen oder dessen Pläne zu begreifen. In immer neuen Bildern drückt Ijob seine Verzweiflung gegenüber seinem Gott aus, der aber stets als Adressat der Klage präsent ist und in seiner Existenz nicht angezweifelt wird. Am Schluss der Ijob-Erzählung sind es genau diese Hinweise auf die Größe und Unverstehbarkeit Gottes – gesprochen von diesem selbst –, die Ijob versöhnen und ihn zur Ruhe kommen lassen.

- *Orientieren Sie sich mithilfe der Gliederung von Hans Möller (Arbeitsblatt 45) im biblischen Buch Ijob. Lesen Sie in den Reden der Freunde Elifas, Bildad und Zofar und später Elihu nach, wie sie mit der Frage nach dem „Warum?" umgehen.*
- *Bevor die Freundesreden einsetzen, wird berichtet, dass die Freunde zunächst sieben Tage lang schweigend Ijob in seinem Leid begleitet hätten. Überlegen Sie, inwiefern dieses Verhalten mehr oder weniger hilfreich sein kann als die Reden.*
- *Fassen Sie Ijobs Argumente in seinem Redegang in Kap. 9–10 (Arbeitsblatt 46) mit eigenen Worten und in heutiger Sprache zusammen.*
- *Vergleichen Sie Ijobs Haltung mit der von Mendel Singer (S. 118 ff.).*

Ijob und Mendel in ihrer Gottesklage

Parallelen:

Ijob	**Mendel**
Gott als Schöpfer der Welt übersteigt in seiner Größe das Begreifen des Menschen (9,10)	Gott „ist mächtiger als die Mächtigen" (S. 119, Z. 25)
Gott hält seinen Zorn nicht zurück (9,13)	„der Gehorsam weckt seinen Zorn" (S. 119, Z. 28 f.)
Gott fügt dem Menschen grundlos Verletzungen (Wunden) zu (9,17)	„der erste der Schläge, die ich nicht verdient habe" (S. 121, Z. 14 f.)
Gott richtet unabhängig von Schuld oder Schuldlosigkeit des Menschen (9,22)	„Befolgst du die Gesetze, so sagt er, du habest sie nur zu deinem Vorteil befolgt. Und verstößt du nur gegen ein einziges Gebot, so verfolgt er dich mit hundert Strafen." (S. 119, Z. 29 ff.)
Ijob ist angewidert von seinem eigenen Leben (10,1)	„jetzt, da nichts mehr ist" (S. 120, Z. 19 f.) „Zwischen mir und meinem Enkel […] ist das Band zerrissen […] bestimmt zugrunde gegangen sein." (S. 122, Z. 1 ff.)

Unterschiede:

anerkennt dennoch Gott als seinen Schöpfer (10,9)	„Ich bin allein und ich will allein sein." (S. 122, Z. 13 f.)
Ijob wünscht sich, nie geboren worden zu sein (10,18)	„Ich werde leben, leben, leben. […] Ich habe keine Angst vor der Hölle" (S. 122, Z. 18 ff.)
➡ Zweifel an eigener Existenz	➡ Hoffnungslosigkeit in der Gegenwart und für die Zukunft

Am Schluss der Auseinandersetzung mit der biblischen Grundlage kann der Text einer Predigt zum Ijob-Buch stehen (**Arbeitsblatt 47**, S. 128 f.). Aus explizit gläubiger Perspektive wird hier die Antwortlosigkeit der Ijob-Erzählung als dennoch tröstliche Antwort gewertet. Sie entlastet den Menschen davon, die Schuld für das Leid bei sich suchen zu müssen, und zeigt einen Gott, der die Klage des Menschen hört und ihr antwortet. Diese letzte Hoffnung ist es, die Joseph Roth seinem Mendel Singer letztlich vorenthält. Der Romanschuss spricht von der „Größe des Glücks". Ein personalisierter Gott klingt lediglich an in der transzendenten Komponente, die in der Formulierung „Größe der Wunder" mitschwingt.

- *Der Pfarrer Clemens Kreiss stellt zu Beginn seiner Predigt (Arbeitsblatt 47) die Frage: „Gibt es eine Antwort für Ijob? Gibt es eine Erklärung auf die Frage: Warum denn gerade ich?" – Welche Antwort gibt er darauf?*
- *Stellen Sie sich vor, Sie hätten als Gottesdienstbesucher diese Predigt gehört. Hätte sie Sie angesprochen? Begründen Sie Ihre Meinung.*
- *Nun stellen Sie sich vor, Mendel Singer hätte diese Worte gehört. Wie hätten sie auf ihn gewirkt?*

Wenn man den Rückgriff auf die biblische Ijob-Erzählung also ernst nimmt, ersetzen die Ereignisse am Schluss des Romans die Antwort Gottes oder sind gar Antwort Gottes. Dies ist zu bedenken, wenn man sich mit unterschiedlichen Wertungen des wundersamen Romanendes auseinandersetzt, das von manchen Rezipienten kritisiert worden ist (**Arbeitsblatt 48**, S. 130).

- *Vergleichen Sie die unterschiedlichen Beurteilungen des Romanschlusses (Arbeitsblatt 48) miteinander.*
- *Wie wirkt der Schluss auf Sie? Stimmen Sie entweder begründet einem der Zitate zu oder verfassen Sie ein eigenes Statement.*

6.3 Der Mensch und das Leid

Im letzten Arbeitsschritt dieses Unterrichtsbausteins soll nun der Blick von der biblischen Antwort weg noch einmal gerichtet werden auf weitere literarische Auseinandersetzungen mit der Theodizeeproblematik. Dazu stehen auf den **Arbeitsblättern 49 bis 51** (S. 131 ff.) drei Texte bereit, die unterschiedliche Antwortversuche zeigen. In ihnen kommen Optionen zum Ausdruck, wie in der Theologie auf die Theodizeefrage reagiert werden kann. Entweder man interpretiert die Wirklichkeit des Leidens neu, deutet also das Leid etwa als Prüfung oder wertet seine Relevanz ab im Sinne einer Tatsache, die im Hier und Jetzt hinzunehmen ist, sich aber im Jenseits auflöst. Oder aber man interpretiert die Eigenschaften Gottes neu, indem man ihm entweder seine Güte oder seine Allmacht abspricht. Die Übersicht von Klaus von Stosch (**Arbeitsblatt 52**, S. 136) stellt diese Denkansätze grafisch zusammen.
Der erste der literarischen Texte (**Arbeitsblatt 49**, S. 131 f.) ist ein Auszug aus dem Theaterstück „Draußen vor der Tür" des deutschen Schriftstellers Wolfgang Borchert. In diesem Werk, das zur sogenannten Trümmerliteratur gehört, der Literatur, die sich unmittelbar mit den Folgen des Krieges befasst, zeigt Borchert einen Heimkehrer, der vor und in den Trümmern seines Lebens steht. In dieser Situation stellt er die Frage nach Gott. Gott selbst wird in diesem Theaterstück als armer alter Mann gezeigt, der eine schwache Figur ist. Einen Rest Hoffnung gegen alle Hoffnungslosigkeit vermittelt lediglich „Der Andere", das zuversichtliche Alter Ego Beckmanns.

- *Tauschen Sie sich darüber aus, wie die Szene aus Wolfgang Borcherts Drama „Draußen vor der Tür“ (Arbeitsblatt 49) auf Sie wirkt.*
- *Beschreiben Sie, wie Gott in dieser Szene dargestellt wird.*
- *In welchem Verhältnis steht Beckmann zu Gott?*
- *Formulieren Sie, wie diese Szene auf die Frage nach der Rechtfertigung Gottes angesichts des Leids in der Welt antwortet.*
- *Nehmen Sie Stellung zum Untertitel „Ein Stück, das kein Theater spielen und kein Publikum sehen will“, indem Sie sich vorstellen, das Stück würde an Ihrer Schule aufgeführt: Würden Sie es anschauen wollen? Begründen Sie Ihre Meinung.*

Der zweite Text (**Arbeitsblatt 50**, S. 133) stammt aus der Feder des jüdischen Holocaust-Überlebenden Elie Wiesel und ist ein Beispiel für die Vorstellung von einem mitleidenden Gott. Wiesel beschreibt eine grausame Szene der Hinrichtung eines Kindes, in der sich die Frage nach der Anwesenheit und dem Eingreifen Gottes auf radikalste Weise stellt. Wiesels Antwort lautet: Gott ist im Leid nicht fern, sondern er ist bei den Betroffenen. Er macht sich klein und ist im Wortsinne mit-leidig.

- *Beschreiben Sie, welches Gottesbild in der Erzählung von Elie Wiesel (Arbeitsblatt 50) zum Ausdruck kommt.*
- *Ijob ist nicht nur für viele Juden die Symbolgestalt für den leidenden Menschen. Erörtern Sie, welche Bedeutung gerade angesichts des Holocaust dieser Figur zukommt.*

Von dem Schweizer Schriftsteller Thomas Hürlimann stammt der dritte moderne Text (**Arbeitsblatt 51**, S. 134f.). Er zeigt einen mächtigen Staatsmann, dessen Macht mit seinem Gotteszweifel schwindet. Ausgelöst durch einen persönlichen Schicksalsschlag kann er nicht mehr an einen guten Gott glauben und erklärt die gesamte Welt als scheinhaft und im Wesen schlecht.

- *„[...] was uns jetzt, an diesem strahlenden Morgen, wie das Paradies erscheint, ist in Wahrheit eine Stätte des Übels“ (Z. 37ff.) – Fassen Sie zusammen, wie der Kater im Text von Thomas Hürlimann (Arbeitsblatt 51) seine Weltsicht begründet.*
- *Welches Gottesbild hat der Kater?*
- *Stellen Sie sich vor, Sie hätten in dieser Szene mit im Helikopter gesessen. Was hätten Sie dem Kater gerne sagen wollen?*

Allen drei Texten ist gemeinsam, dass sie die Güte und die Allmacht Gottes auf jeweils ihre Weise anfragen, bezweifeln oder verneinen. In keinem der Texte wird jedoch die Existenz Gottes negiert. Die Schülerinnen und Schüler können nun wie oben beschrieben mithilfe der Grafik des Theologen Klaus von Stosch (**Arbeitsblatt 52**, S. 136) die Antwortversuche systematisieren. In einem inszenierten Streitgespräch können alle Positionen noch einmal zu Wort kommen, mit dem Roman „Hiob“ und dem Bibeltext verknüpft und von den Schülerinnen und Schülern diskutiert werden.

- *Vergleichen Sie die drei literarischen Texte von Borchert, Wiesel und Hürlimann miteinander. Wie wird in ihnen jeweils die Frage nach Gott und dem Leid beantwortet?*

- *Ordnen Sie die Gottesbilder und Antworten auf die Theodizeefrage aus den drei Texten den Optionen im unteren Teil der Grafik von Klaus von Stosch (Arbeitsblatt 52) zu.*
- *Nehmen Sie nun noch einmal die Positionen von Mendel, Ijob und ihren Freunden in den Blick. Wo sind sie zuzuordnen?*
- *Inszenieren Sie ein Streitgespräch, an dem Vertreter der verschiedenen Positionen teilnehmen. Sie können dabei die Autoren und ihre literarischen Figuren zu Wort kommen lassen, aber auch Ihre eigenen Gedanken und Positionen einbringen.*

Drei literarische Texte zur Theodizeeproblematik

Thomas Hürlimann:	Elie Wiesel:	Wolfgang Borchert:
die Welt ist nicht gut, sondern das Böse ist wirkungsmächtig; Gott teilt seine Existenz durch seine Abwesenheit im Leid mit	Gott ist im Leid bei den Menschen, er ist nicht ein allmächtiger Außenstehender, sondern ein mit-leidender Gott	Gott als hilflose Figur; ist im Leid zwar anwesend, aber vom Glauben der Menschen abhängig
(nach Stosch: Neuinterpretation der Güte; man muss Ambivalenz aushalten lernen)	(nach Stosch: Neuinterpretation des Leidens; Mitleiden Gottes)	(nach Stosch: Neuinterpretation der Allmacht; Begriff der Allmacht ist selbstwidersprüchlich)

Notizen:

Die Frage nach dem „Warum?"

■ *Wenn ein schlimmes Unglück geschehen ist, werden an der Stelle oft Blumen und Kerzen zum Gedenken niedergelegt. Häufig legt jemand auch ein Schild mit der Frage „Warum?" dazu. Notieren Sie in einigen Sätzen, was mit dieser Frage gemeint ist, welche Gedanken in ihr stecken.*

____

____

____

____

■ *Was sind Ihre persönliche Antworten auf dieses „Warum?" im Leben?*

____

____

____

____

■ *Woher kommt das Leid in der Welt? Wie lässt sich der Glaube an einen guten Gott mit der Leiderfahrung in Einklang bringen? Formulieren Sie Ihre persönliche Antwort als glaubender, zweifelnder oder ungläubiger Mensch.*

____

____

____

____

Roger Willemsen: Das müde Glück (Auszüge)

Roger Willemsen erzählt unter dem Titel „Das müde Glück" die Geschichte von Hiob neu. Im Mittelpunkt der Erzählung stehen der Zirkusdirektor Herr Hopp und sein missgünstiger Nachbar Herr Gottlieb sowie ihre Frauen, Helga Hopp und Marianne Gottlieb, beide die genauen Gegenteile ihrer Männer. Eines Tage hat Herr Gottlieb herausgefunden, dass Herr Hopp eigentlich Hiob heißt. Er konfrontiert den Zirkusdirektor mit dieser unangenehmen Wahrheit. Von da an nimmt das Unglück seinen Lauf …

„Es kommt alles davon, dass ich Hiob bin", sagte Herr Hopp. „Und ich bin immer noch deine Frau Hiob", hätte sie jetzt sagen können. Aber sie wussten beide, manchmal ist selbst die Ehe wie Einzelhaft. Auch hat niemand je von Frau Hiob und ihrer Liebe gehört, also würde Hiob alles allein ausbaden müssen.

So fing denn sein Unglück an. Aber fühlen konnte er es noch nicht. Getröstet vom warmherzigen Augenaufschlag [des Dromedars] Gerda, der Sanftmut im Blick des Okapis, der unbeirrbaren Mobilität seiner Fische im Wasser und der Gutherzigkeit all der anderen Kreaturen, Menschen inbegriffen, legte er Frack und Zylinder an und machte sich fertig für die Nachmittagsvorstellung.

Als diese vorbei war, johlten und trampelten die Kinder so begeistert, dass der Staub von den Brettern wirbelte und in einer Wolke das Meerschweinchen verschluckte, das in einem Vogelbauer am Manegenrand keuchte, weil es an einer Stauballergie litt. Hätte man es nur rechtzeitig ins Freie getragen! Aber nein, dicht und grau zog die Wolke dahin, und als sie sich lichtete, hatte das Meerschweinchen alle viere von sich gestreckt und war aufgestiegen in den Meerschweinchenhimmel. Herr Hopp sammelte es auf, bettete es in seinen Zylinder und tröstete zwei Kinder, die mit kreisrunden Mündern zusahen, indem er sagte: „Es war müde." Am folgenden Morgen fuhren am Bahndamm zwei Züge ineinander. Ein missgelaunter Rentner warf seinen Hund aus dem Fenster im dritten Stock. Über Nacht gingen vier Banken bankrott und Stunden später zwei Länder. In Afrika legte sich das letzte Exemplar einer Rhinozerosart zum Sterben. Die Sonne war zu sengend, die Luft zu dünn, das Wasser zu wenig und die Wüste zu trocken. Die Gerippe der Tiere lagen vereint im Tod bei den Menschen. Herr Hopp aber trat vor die Tür und lobte den neuen Tag. Die kleine Stadt glänzte im Morgenlicht, frisch erwacht traten die Bewohner im Pyjama ans Fenster und gähnten in die Sonne. Als sie Herrn Hopp allein auf dem Bürgersteig erkannte, malte die kleine Viola fragend einen einzelnen Höcker in die Luft. Als Antwort spielte Herr Hopp ein Dromedar mit Gummibeinen, das sich an der Straßenlaterne anlehnen muss. Viola lachte, verstand und verschwand. Als Herr Hopp heimkehrte, kam er gerade rechtzeitig für den letzten Vorhang der Tragödie. Gerda, das Dromedar, stand nicht mehr aufrecht. Geschwankt hatte es erst bedenklich. Nachdem es dann strauchelnd das Bassin mit den Fischen mitgerissen hatte, lag es nun platt im Sand zwischen den schillernden Fischen und tat wie diese keinen Mucks mehr. Frau Hopp stieß mit der rosa Schuhspitze ein wenig in den Bauch der alten Gerda. Aber der schwappte nur wie ein Eintopf. Da drehte sie sich weg. Herr Hopp kniete nieder, streichelte den guten Kopf seines geliebten Tiers und vergoss Tränen. Er vergoss sie noch einmal, als er nachmittags am Grab stand, zwischen den Clowns, den Artisten und Pflegern und Ponys und zu den ersten Schaufeln Erde „Ruhe in Frieden" sagte. Als er dann allein war, seufzte er: „Warum ich? Erst das Meerschweinchen, die Fische, jetzt meine Gerda? Warum das mir?"

Da legte ihm der Clown Pico die Hand um die Schultern und meinte: „Jetzt mal halblang. Du hast andere aufgerichtet, doch jetzt, da es dich trifft, kannst du dich selbst nicht aufrichten? Was glaubst du denn? Dass du das Glück bewohnen kannst wie ein Eigenheim? Das Unheil geschieht nicht in der weiten Welt allein, es kann auch in deiner passieren. Also verzweifle nicht, sondern finde eine Haltung. Warum ich, fragst du? Warum nicht du?"

„Welche Haltung soll das nur sein?", klagte Herr Hopp und drehte so unglücklich an einem Knopf vorn an seiner Jacke, dass er ihn gleich darauf in der Hand hielt. „Habe ich die Freude denn für mich allein gewollt? Denk an das Kindergeschrei, das Gelächter in unsrer Manege!"

„Gewiss", erwiderte Pico. „Aber wie willst du die Freuden der Gesundheit schätzen, wenn du nie krank gewesen bist?" Und Hopp verstand. […]

Nach einer Zirkusvorstellung, in der die Tiere nicht machen, was sie sollen, der Hund einen Besucher gebissen hat und die Tribüne eingestürzt ist, beklagt Herr Hopp sein Schicksal.

„Versteh doch", sagte Helga. „Alles wandelt sich, und Glück ist immer flüchtig. Wenn es abwärts mit dir geht, wird ein anderer steigen. Bist du wichtiger als er? Hat er keine Kinder? Stehen nicht Tiere auch in anderen Ställen und möchten gestreichelt werden?"

Das war eine seltsame Art zu trösten. Sie machte ihn nur noch unglücklicher. Und Helga war noch nicht fertig: „Du glaubst, weil du einen Bauch hast, wirst du nie hungern? Du glaubst, wenn du ein Haus aus Steinen besitzt, können die Mauern nicht einstürzen und die Steine nicht zum Bau von neuen Häusern davongetragen werden? Du glaubst, wenn du ans Meer trittst, soll es nur glitzernd daliegen, sich aber nie erheben zu einer Welle, die alles wegschwemmt? Du träumst. Das ruhige Meer ist schön nur, weil wir wissen, es schläft, und sein Erwachen kann furchtbar sein!" Herr Hopp traute seinen Ohren nicht. „Was schimpfst du denn so mit mir und machst alles noch schlimmer? Siehst du nicht meine verweinten Augen?"

„Sie sind nicht zu übersehen, du nasses Hemd. Da drückt ihn sein Unglück ein einziges Mal, gleich soll das Meer sein Rauschen einstellen, damit alle Welt es hört: Dem hier, dem Hopp, ist ein Unrecht geschehen. Sein Leben will nicht, wie er es will."

„Du verspottest mich, weil ich unglücklich bin? Verdient nicht alles Unglück Respekt? Soll ich zugrunde gehen, die Würmer meine Brüder nennen? Du tust ja, als sei mein Klagen über den Kummer schlimmer als der Kummer selbst! Solange ich schreie, glaube ich an einen, der hört und antwortet. Du antwortest zwar, aber deine Worte schmecken angebrannt, deine Ratschläge versalzen." Da hing der Haussegen also mächtig schief im Hause Hopp. Helga zog sich in die Zirkuskuppel zurück und schaukelte dort wütend hin und her, während ihr Mann wortlos die Manege fegte, bis sie sich wieder herabließ. Dann legte er seine Hand an ihre Wange und sagte hilflos:

„Ich würde dir gerne Freude machen." Und sie erwiderte höhnisch: „Was für eine Freude soll das denn sein, du Komiker? Was soll es denn mit dir noch für ein Vergnügen geben?"

Da spazierte er ins Städtchen, gedankenschwer. Als er an Gottliebs Haus vorüberkam, stand Frau Margarete im Garten, sah seine Miene und sagte: „Solange Sie wachsen, Herr Hopp, sind Sie nicht verloren. Ihr Glück ist nur gerade müde. Also wachsen Sie!" […]

Nach weiteren Katastrophen im Zirkus trifft Herr Hopp auf einem Spaziergang Herrn Gottlieb. Dieser ärgert sich, dass Herr Hopp trotz allem noch nicht aufgegeben hat.

„Was wollen Sie, Gottlieb", seufzte Herr Hopp. „[…] Bin ich morgens aufgestanden, um der Welt etwas zu nehmen? Nein. Habe ich nach anderer Leuts Wohl getrachtet? Das habe ich nicht."

„Selbstgerecht sind Sie!"

„Die Erde schwebt nun einmal im Nichts. Lassen Sie mich doch hier etwas sein und etwas schaffen, das bleibt, weil es in der Erinnerung, im Leben anderer fortbesteht."

Herr Gottlieb zog erst eine Grimasse und dann von dannen. Er war ärgerlich. Immer führte Herr Hopp höhere Standpunkte ins Feld, immer machte er aus ollen Kamellen wie der Lebensfreude oder der Nächstenliebe eine Mission so groß und wichtig wie die Erfindung des Beuteltees. „Was für ein Schwindler ist er doch", meinte Herr Gottlieb daheim zu seiner Frau. Margarete widersprach: „Er hat die Menschen bewegt und beschenkt. Sie meinen es ehrlich, wenn sie fragen: Wie geht's?"

„Heute fragt ihn keiner mehr", sagte Gottlieb. „Hiob ist er, ein Unglücksvogel. Pech klebt an seinen Händen. Ich habe es allen gesagt und werde es weiter sagen." So zog er los, die unfrohe Botschaft zu verbreiten […] „Ja ja", sagten die Leute, „er sieht aus wie der Ritter von der traurigen Gestalt." „Seine guten Jahre sind vorüber." „Er passt nicht mehr in unsere Zeit." Solche Sachen sagten sie. So kann man immer reden.

Herr Hopp aber baute sich mutig vor ihrem Stammtisch auf und sagte: „Ihr könnt mir einen Ast abhacken und noch einen, ihr könnt mich sogar fällen, ich werde trotzdem frische Schösslinge treiben lassen, denn ich wurzele tiefer als euer Gift reicht. Ihr Armen! Welches Glück wäre je durch euch in die Welt gekommen?" […]

An einem Abend, die Manege liegt dunkel und leer, tappt er vor die verlassenen Tribünen. Da steht er, der früher mit Frack und Zylinder und großer Gebärde sein Rollen und seine Peitsche knallen ließ, jetzt ein gebrechlicher, einsamer Mann, und flüstert: „Ich muss meine Zunge hüten, dass ich nicht herausschreie, was ich über dies Leben denke, es ist … kein Leben ist das! Warum bin ich nicht gestorben bei meiner Geburt?" „Hiob", antwortet ihm da eine Stimme aus dem Dunkel, „sei ohne Sorge. Du hast deine Sache gut gemacht. Die Heiteren haben mit dir gelacht, als du stark warst. Die Traurigen haben sich erkannt in deiner Klage. Immer warst du, zu einem Teil deines Lebens, für alle da. Das war gut."

Margarete sitzt ganz allein auf der Tribüne und kann so sprechen, weil ihr Auge aus der Ferne immer über ihn wachte. Sie wird Herrn Gottlieb verlassen und mit Viola in „Hiobs Welt" einziehen. Sie werden den Zirkus neu erschaffen, mit unbekannten Tieren, anderen Artisten, kühnen Nummern, und Menschen werden anreisen von weit her, um ihn zu sehen. [...] und wenn dann der Alte zwischen Kindern und Enkeln dasitzt, wird man ihn gern und respektvoll bei seinem wahren Namen „Hiob" nennen. Ist das wahr? Nein, so würde es vielleicht im Märchen enden. Im Leben war es mühevoller, und manchmal musste Herr Hiob immer noch weinen. Aber einmal hat er in der leeren Manege nur für sich ein schwankendes Dromedar gespielt, das sich anlehnen muss. Von der dunklen Tribüne aus aber hatte Viola zugeschaut [und] geklatscht [...]. Da hat sich der Alte verbeugt, satt vom Leben, reich an Erfahrung, und, wie Viola fand, ein Mensch, so schön wie ein Baum, der in allen Wettern gestanden hat.

Aus: Roger Willemsen: Das müde Glück. Edition Chrismon. Frankfurt am Main: Hansisches Druck- und Verlagshaus 2012, S. 22ff.

- *Lesen Sie den Textauszug aus „Das müde Glück" von Roger Willemsen. Markieren Sie eine oder zwei Textstellen, die Sie in besonderer Weise ansprechen, sei es, weil Sie ihnen zustimmen, sei es, weil sie Ihren Widerspruch hervorrufen.*
- *Tauschen Sie sich mit Ihren Mitschülerinnen und Mitschülern aus.*

Das Gespräch zwischen Mendel und seinen Freunden
(Lösungsvorschlag)

Gesprächsgang:

Skowronnek:
Das Leid hat einen Sinn.
Es gibt vielleicht doch einen Grund, weswegen Mendel gestraft wird.

Mendel:
Gott ist grausam, sowohl gegen Gerechte wie gegen Ungerechte, gegen Schwache wie gegen Mächtige.

Rottenberg:
zieht den Vergleich zu Hiob:
Das Leid ist eine Prüfung und geht vielleicht auf die Versuchung durch das Böse zurück.

Groschel:
Gott ist nicht ungerecht, denn Mendel hat in seinem Leben schon viel Gutes erlebt.

Mendel:
weist auf seinen Schmerz hin

Rottenberg:
Mendel ist schuldig geworden, als er Menuchim zurückgelassen hat.

Mendel:
Das Zurücklassen von Menuchim geschah nicht böswillig. Die Krankheit Menuchims war bereits ein Schlag Gottes.

Menkes:
Gott tut heute keine großen Wunder mehr, aber der Mensch darf auf kleine Wunder hoffen.

Mendel:
hat den Glauben an die Güte und Macht Gottes verloren

Die Freunde:
schweigen,
beten,
betten Mendel zum Schlaf
→ müssen seine Haltung akzeptieren, da weder Reden noch Schweigen noch Beten helfen konnten.

- *Lesen Sie das Gespräch zwischen Mendel und seinen Freunden (Textausgabe, S. 118, Z. 31 – S. 123, Z. 13). Arbeiten Sie die Argumente der Freunde und Mendels heraus und stellen Sie den Gesprächsverlauf übersichtlich dar.*
- *Vergleichen Sie Ihre Lösung mit dem Vorschlag auf diesem Arbeitsblatt.*

Matthias Albani, Martin Rösel: Das Buch Hiob

„Wie kann Gott das zulassen?“, so titeln sogar Boulevardblätter bei Katastrophenmeldungen. Das ist die populärste Version der Leitfrage des Hiobbuches, in dem es darum geht, Herkunft und Sinn des menschlichen Leidens zu ergründen. Vorausgesetzt ist, dass es um *unverdientes* Leiden geht, dies nämlich stellt den Zusammenhang von Tun und Ergehen und damit die Gerechtigkeit Gottes – die Theodizee – infrage.

Das Hiobproblem gehört folglich zu den Grundfragen menschlicher Existenz, und so gehört auch der Titelheld zu den bekanntesten biblischen Gestalten überhaupt. Dabei ist zu beachten, dass es zwei verbreitete Bilder von Hiob gibt: das des frommen Dulders, der das von Gott gesandte Leid folgsam erträgt, und das des Rebellen, der gegen sein Schicksal aufbegehrt und Gott herausfordert. Beide Bilder haben ihren Anhalt in bestimmten Teilen des Buches:

1–2	*Rahmenerzählung:* Prüfung Hiobs durch Satan und Gott
3	Klage Hiobs
4–27	Hiobs *Disput mit den Freunden* Elifas, Bildad und Zofar
28	Lob der Weisheit Gottes
29–31 + 38–42,6	Hiobs *Disput mit Gott*: Hiob fordert Gott heraus, Gott antwortet aus dem Wettersturm, Hiob widerruft
32–37	Elihus *Disput mit Hiob*; Hiob gibt keine Antwort
42,7–17	*Rahmenerzählung*: Wiederherstellung Hiobs

Vorherrschendes Stilmittel ist nach dieser Übersicht also die Disputation. In den Redegängen geht es um die Frage, ob Hiob gesündigt hat, sodass sein Leiden gerechtfertigt ist. Die drei Freunde versuchen dies nachzuweisen. Hiob aber weiß, dass er unschuldig ist. Folglich muss jemand ihm ungerechtfertigt Leid zufügen. Das kann nur Gott sein, den Hiob deshalb dazu auffordert, sich und sein Tun zu erklären. Bevor es jedoch dazu kommt, ergreift ein vierter Freund, Elihu, das Wort. Er räumt ein, dass Hiob gerecht ist und dennoch leiden könnte. Das aber habe seinen guten Sinn, da es andere vom Sündigen abhalten könne. Dann erst antwortet Gott aus dem Wettersturm und zeigt Hiob, dass er den Lauf der Welt keinesfalls verstehen kann. Die Schöpfung ist die beste aller möglichen Welten, damit – aber das wird nicht deutlich gesagt – gehört auch das Leiden zur Schöpfung.

Die Dispute sind in einen Rahmen eingefügt worden, in dem Hiob als Dulder gezeichnet wird. Auch hier wird das Leiden erklärt: Es resultiert aus dem freien Willen Gottes, der allerdings von Satan (dem „Staatsanwalt“) beim Gespräch im Kreis der himmlischen Heerscharen dazu gebracht wurde.

Die Forschung der letzten Jahre hat nun gezeigt, dass das Buch in Etappen entstanden ist: Zuerst war die Rahmenerzählung, später wurde vielleicht der Satan hinzugefügt, dann kamen die Freundesreden, die Gottesreden, die Elihureden. Das Ganze lässt sich somit als ein Gespräch über die Generationen hinweg begreifen, jeder Schriftsteller hat eigene Vorschläge zur Lösung der Theodizeefrage hinzugefügt. So kommt es, dass es im Hiobbuch nicht die Lösung des Hiobproblems gibt, sondern verschiedene Ansätze, die heute gleichberechtigt nebeneinander stehen.

„Das Buch Hiob“ aus: Theologie kompakt, Altes Testament, Seite 71–73 © 2. überarb. Aufl. 2007, Calwer Verlag GmbH Bücher und Medien, Stuttgart.

- *Fassen Sie die wesentlichen Aussagen, die in diesem Text über das Buch Hiob gemacht werden, mit eigenen Worten zusammen.*
- *Das Buch Hiob zählt zu den Werken der Weltliteratur. Worin sehen Sie seine Relevanz?*

Hans Möller: Aufbau und Inhalt des Buches Hiob

I. Der Prolog (Hi 1,1–2,10)
  - A. Hiobs Frömmigkeit und Reichtum (Hi 1,1–5)
  - B. Der Satan tastet Hiobs Besitz an. (Hi 1,6–22)
  - C. Der Satan tastet Hiob selbst an. (Hi 2,1–10)

II. Das Streitgespräch (Hi 2,11–31,40)
  - A. Auftakt (Hi 2,11–3,26): Die 3 Freunde Hiobs wollen ihn trösten. Hiob macht seinem Unmut Luft.
  - B. Drei Redegänge (Hi 4–26)
    - a) 3 Freunde reden nacheinander mit Hiob (Hi 4–14): Sie vermuten Sünde als Ursache seines Leidens. Hiob beteuert seine Unschuld.
    - b) Die 3 Freunde weisen auf Gottes Gerechtigkeit hin (Hi 15–21): Gott bestraft das Böse. Hiob wirft Gott Ungerechtigkeit vor, weil er den Bösen nicht straft und den Unschuldigen leiden lässt.
    - c) Letzte Reden der 3 Freunde (Hi 22–26): Nutzen der Frömmigkeit, Schaden der Bosheit. Hiob bestreitet es.
  - C. Hiob fasst zusammen (Hi 27–31)
    - a) Hiob verwirft die Ratschläge seiner Freunde (Hi 27–28): Hiob pocht auf seine Gottesfurcht.
    - b) Hiob sagt Gott seinen Standpunkt (Hi 29–31): Klagt über sein Los, beteuert seine Unschuld.

III. Die Reden des Elihu (Hi 32–37)
  - A. Das Auftreten Elihus (Hi 32,1–5): Zorn auf Hiob, der sich für gerechter hält als Gott und auf die Freunde, die Hiob ohne rechte Antwort verdammen
  - B. 3 Erwiderungsreden zum Inhalt der 3 Redegänge (Hi 32,6–35,16)
    - a) Elihus Tadel an Hiob (Hi 32,6–33,33): Tadel der Selbstgerechtigkeit und des Hochmuts Hiobs
    - b) Elihu weist Hiobs Anklagen zurück (Hi 34): Gottes Gerechtigkeit ist nicht infrage zu stellen.
    - c) Bosheit und Gerechtigkeit (Hi 35): Sie fallen auf den Täter zurück, man warte nur auf Gottes Eingreifen.
  - C. Positive Darlegung seiner Schau (Hi 36–37): Das Leiden dient zur Warnung, zur Läuterung und zum Segen.

IV. Gottes Eingreifen – zwei Reden und ein Handeln (Hi 38–42)
  - A. Einleitung (Hi 38,1–3): Gott redet zu Hiob aus dem Sturm: Wer erklärt ohne Verstand Gottes Ratschluss für dunkel?
  - B. Erster Dialog zwischen Gott und Hiob (Hi 38,4–40,5)
    - a) Gott hält dem Hiob sein Unvermögen vor. (Hi 38,4–39,30)
    - b) Hiob bekennt, nicht befugt zu sein, Gott zurechtzuweisen. (Hi 40,1–5)
  - C. Zweiter Dialog zwischen Gott und Hiob (Hi 40,6–42,2)
    - a) Gott verweist auf seine unangreifbare Macht. (Hi 40,6–41,26)
    - b) Hiob bekennt, dass Gott alles vermag (Hi 42,1 f.); sieht ein, dass seine Vorwürfe an Gott unberechtigt waren. (Hi 42,3–6)
  - D. Epilog (Hi 42,7–17): Dritter Dialog
    - a) Gott spricht zu Eliphas: Er und seine Freunde sollen durch Opfer und Hiobs Fürbitte Gottes Zorn über sie abwenden. (Hi 42,7–9)
    - b) Nach Hiobs Fürbitte (Hi 42,10–17): Gott verdoppelt Hiobs Wohlstand und Ansehen.

Aus: Hans Möller: Alttestamentliche Bibelkunde. Evangelische Verlagsanstalt Berlin 1989, S. 154–156.

- *Orientieren Sie sich mithilfe dieser Gliederung im biblischen Buch Hiob. Lesen Sie in den Reden der Freunde Elifas, Bildad, Zofar und später Elihu nach, wie sie mit der Frage nach dem „Warum?“ umgehen.*

- *Bevor die Freundesreden einsetzen, wird berichtet, dass die Freunde zunächst sieben Tage lang schweigend Hiob in seinem Leid begleitet hätten. Überlegen Sie, inwiefern dieses Verhalten mehr oder weniger hilfreich sein kann als die Reden.*

Ijob, Kap. 9–10

Kap. 9

1 Da antwortete Ijob und sprach:

2 Wahrhaftig weiß ich, dass es so ist: Wie wäre ein Mensch bei Gott im Recht!

3 Wenn er mit ihm rechten wollte, nicht auf eins von tausend könnt er ihm Rede stehen.

4 Weisen Sinnes und stark an Macht – wer böte ihm Trotz und bliebe heil?[...]

10 Er [Gott] schuf so Großes, es ist nicht zu erforschen, Wunderdinge, sie sind nicht zu zählen.

11 Zieht er an mir vorüber, ich seh ihn nicht, fährt er daher, ich merk ihn nicht.

12 Rafft er hinweg, wer hält ihn zurück? Wer darf zu ihm sagen: Was tust du da?

13 Gott hält seinen Zorn nicht zurück [...].

14 Wie sollte denn ich ihm entgegnen, wie meine Worte gegen ihn wählen?

15 Und wär ich im Recht, ich könnte nichts entgegnen, um Gnade müsste ich bei meinem Richter flehen.

16 Wollte ich rufen, würde er mir Antwort geben? Ich glaube nicht, dass er auf meine Stimme hört.

17 Er, der im Sturm mich niedertritt, ohne Grund meine Wunden mehrt,

18 er lässt mich nicht zu Atem kommen, er sättigt mich mit Bitternis.

19 Geht es um Kraft, er ist der Starke, geht es um Recht, wer lädt mich vor?

20 War ich im Recht, mein eigener Mund spräche mich schuldig, wäre ich gerade, er machte mich krumm.

21 Schuldlos bin ich, doch achte ich nicht auf mich, mein Leben werfe ich hin.

22 Einerlei; so sag ich es denn: Schuldlos wie schuldig bringt er um. [...]

27 Sage ich: Ich will meine Klage vergessen, meine Miene ändern und heiter blicken!,

28 so graut mir vor all meinen Schmerzen; ich weiß, du sprichst mich nicht frei.

29 Ich muss nun einmal schuldig sein, wozu müh ich mich umsonst?

30 Wollte ich auch mit Schnee mich waschen, meine Hände mit Lauge reinigen,

31 du würdest mich doch in die Grube tauchen, sodass meinen Kleidern vor mir ekelt.

32 Denn du bist kein Mensch wie ich, dem ich entgegnen könnte: Lasst uns zusammen zum Gericht gehen!

33 Gäbe es doch einen Schiedsmann zwischen uns! Er soll seine Hand auf uns beide legen.

34 Er nehme von mir seine Rute, sein Schrecken soll mich weiter nicht ängstigen;

35 dann will ich reden, ohne ihn zu fürchten. Doch so ist es nicht um mich bestellt.

Kap. 10

1 Zum Ekel ist mein Leben mir geworden, ich lasse meiner Klage freien Lauf, reden will ich in meiner Seele Bitternis. [...]

8 Deine Hände haben mich gebildet, mich gemacht; dann hast du dich umgedreht und mich vernichtet.

9 Denk daran, dass du wie Ton mich geschaffen hast. Zum Staub willst du mich zurückkehren lassen.

10 Hast du mich nicht ausgegossen wie Milch, wie Käse mich gerinnen lassen?

11 Mit Haut und Fleisch hast du mich umkleidet, mit Knochen und Sehnen mich durchflochten.

12 Leben und Huld hast du mir verliehen, deine Obhut schützte meinen Geist.

13 Doch verbirgst du dies in deinem Herzen; ich weiß, das hattest du im Sinn. [...]

18 Warum ließest du mich aus dem Mutterschoß kommen, warum verschied ich nicht, ehe mich ein Auge sah?

19 Wie nie gewesen wäre ich dann, vom Mutterleib zum Grab getragen.

20 Sind wenig nicht die Tage meines Lebens? Lass ab von mir, damit ich ein wenig heiter blicken kann,

21 bevor ich fortgehe ohne Wiederkehr ins Land des Dunkels und des Todesschattens,

22 ins Land, so finster wie die Nacht, wo Todesschatten herrscht und keine Ordnung, und wenn es leuchtet, ist es wie tiefe Nacht.

- *Fassen Sie Ijobs Argumente mit eigenen Worten und in heutiger Sprache zusammen.*
- *Vergleichen Sie Ijobs Haltung mit der von Mendel Singer (Textausgabe, S. 118 ff.).*

Clemens Kreiss: Des Menschen Klage vor Gott

„Warum denn gerade ich?“ Sie kennen die Frage, und vielleicht ist es sogar Ihre eigene. „Warum denn gerade ich? Warum muss gerade mir das passieren? Ein Leben lang nur gearbeitet und geschuftet, und jetzt: „Krebs.“ „Warum denn gerade ich? Mit 45 Jahren arbeitslos, wie soll das denn weitergehen?“ „Warum denn gerade ich? Immer habe ich mich um eine gute Ehe bemüht, und jetzt hat meine Frau oder mein Mann jemand anderen.“

Zu dieser Frage gibt es eine Geschichte im Alten Testament. Die Hauptperson heißt Ijob, doch eigentlich ist das nebensächlich, denn diese Geschichte kann jedem passieren. Der Erzähler betont ausdrücklich: Ijob war ein Mann, der sich wirklich nichts hat zuschulden kommen lassen, fromm, untadelig, Gott fürchtend und entschlossen gegen das Böse (1,1). Und diesem Mann passiert das Schlimmste, was man sich vorstellen kann. Er verliert sein ganzes Hab und Gut, seine zehn Kinder kommen durch ein tragisches Unglück ums Leben, er selbst wird schwer krank, sein Körper ist voll von Geschwüren, und so sitzt er mitten in der Asche und kratzt sich mit einer Scherbe (2,8).

Drei Freunde kommen herbei, haben von seinem Unglück gehört. Sie setzen sich zu ihm hin, schweigen und trauern mit ihm, und dann beginnt eine lange Diskussion über Ijobs Schicksal. Die Freunde machen sich ihren Vers zurecht: Vielleicht hast du doch gegen Gott gesündigt und weißt es nur nicht. Oder: Gott will dich nur durch das Leid prüfen. Oder: Wer weiß, wofür das alles gut ist.

Aber Ijob ist, wie es scheint, unbelehrbar. Immer wieder beteuert er seine Unschuld, geht mit den Antworten seiner Freunde hart ins Gericht. Vor allem aber verlangt er eine Erklärung von Gott. Ihm schreit er sein Elend entgegen, klagt ihn an, beteuert seine Unschuld und macht ihm Vorwürfe: „Mein Leib ist gekleidet in Maden und Schorf, meine Haut schrumpft und eitert.“[...] [Er] stellt [...] anschaulich vor Augen, wie es um Ijob bestellt ist: Ein Mensch, für den das Leben nur noch Mühsal ist, unaufhörlicher Kriegsdienst. Sein Leben ist wie ein Hauch, ohne jede Spur von Glück.

Gibt es eine Antwort für Ijob? Gibt es eine Erklärung auf die Frage: Warum denn gerade ich?

Die Freunde jedenfalls entpuppen sich als inhaltsleere Schwätzer. Auf das Schicksal Ijobs bezogen haben sie nichts zu bieten. Sie wollten Gottes beste Verteidiger sein, doch sind sie seine schlechtesten. Wären sie nicht so blind, so hätten sie lernen können: Es gilt nicht mehr die Gleichung: Wer gerecht lebt, wird von Gott und dem Leben belohnt, wer ungerecht und schlecht lebt, der wird bestraft. Israel hat in seiner früheren Geschichte lange an diesem Grundsatz festgehalten: Gute leben gut, Böse leben schlecht. Der Psalmist konnte noch sagen: „Nie sah ich einen Gerechten verlassen noch seine Kinder betteln um Brot“ (37,25). Das Buch Ijob sagt: Das ist falsch, da gibt es keinen Zusammenhang.

Die drei Freunde hätten besser daran getan, zu schweigen, Ijobs Leiden zu teilen und ihm seine vereiterte Haut zu verbinden. Aber kluge Worte zu erfinden und sich so seine heile Welt und sein Bild von Gott zu bewahren ist viel leichter, als mit einem anderen zu leiden. Und es kostet mehr Überwindung, einem Sterbenden den Schweiß von der Stirn zu wischen und ihm seine Hand zu halten, als sich mit klugen Sprüchen aus der Affäre zu ziehen. Die wenigsten können aushalten, dass es ihnen manchmal die Sprache verschlägt und sie mit ihrem Latein am Ende sind.

Am Ende des Buches Ijob schließlich kommt Gott zu Wort. Die drei Freunde bekommen eine Abfuhr. Ijob selbst wird mit einer schier endlosen Reihe ironischer Fragen fast mundtot gemacht.

Wo warst du denn, als ich die Erde gegründet habe? (vgl. 38,4) Kannst du etwa die ganze Erde in ihrer Länge und Breite überblicken? (vgl. 38,18) Was bildest du dir eigentlich ein, meinst du etwa, du wärest weiser und klüger als ich? Kein Mitleid, kein Trost. Man ist schon fast froh, dass Gott nicht noch Ijob Vorwürfe macht für seine Kritik. Dennoch scheinen Ijob die Worte Gottes weitergeholfen zu haben. „Ich habe erkannt, dass du alles vermagst, nichts, was du sinnst, ist verkehrt. Vom Hörensagen hatte ich von dir gehört. Nun aber hat dich mein Auge gesehen.“ (42,2.5) Ein späterer Bearbeiter des Buches fügt noch ein richtiges Happy End an: Ijob wird wieder ein reicher Mann und glücklicher Familienvater. Aber das ist mehr als überflüssig. Ijob hat die Antwort Gottes vernommen, ohne dass sich seine äußere Situation geändert hat.

Diese Antwort Gottes ist durch alle Ironie hindurch zwar nicht die Lösung aller Fragen. Aber sie hilft Ijob weiter.

Das Wichtigste an der Antwort: Gott bestätigt Ijob und allen, die nach dem Grund ihres Leids fragen: Leid ist nicht zwangsläufig die Folge von falschem Verhalten, ist nicht die Bestrafung menschlicher Schuld und Sünde. Da gibt es keinen direkten Zusammenhang. Gott ist keiner, der mit Leid die Menschen bestraft.

Das Tröstende an der Antwort: Trotz des ironischen Untertons sagt Gott Ijob: „Du darfst damit rechnen,

dass ich mehr Möglichkeiten habe, als du mir zutrauen kannst. Auch, wenn du durch dein Leiden blind geworden bist, wenn deine Verzweiflung wie ein schwarzes Tuch über dir liegt, es ist noch nicht aller Tage Abend. Ich habe mehr Möglichkeiten als ein Mensch sich denken kann."
Und das Hilfreiche: Gott antwortet dem Klagenden. Er spricht zu ihm, lässt seine Klage nicht ins Leere versinken. Vielleicht ist es eine der besten Traditionen des Alten Testaments, dass das Klagen ein Weg ist, auf dem der Gläubige Kontakt zu Gott bekommt. Keiner muss sein Leben lang nur singen: Was Gott tut, das ist wohlgetan. Denn längst ist von Gott noch nicht alles wohlgetan, noch haben wir so vieles von ihm zu erwarten, noch bleibt uns manchmal nur die Hoffnung, dass Gott sich einst einmal als Gott aller Menschen zeigt.
Das Buch Ijob sagt: Es gibt keine Antwort auf die Frage: Warum denn gerade ich? Die Freunde helfen dem Leidenden, wenn sie seine Klagen, seine Fragen aushalten, ihn trösten, sein Elend lindern. Der Leidende darf klagen. Und Gott wird sein Klagen hören. Er wird ihm seine Nähe schenken. Und vielleicht wird der Leidende dann auch eines Tages mit dem Psalmisten sagen dürfen: „Das hat mein Klagen in Tanzen verwandelt."(PS 30,12)

Aus: Clemens Kreiss: Des Menschen Klage vor Gott. In: Gottes Wort im Kirchenjahr 1994, Lesejahr B, Band 1, S. 135–136, Echter Verlag, Würzburg 1993.

- *Der Pfarrer Clemens Kreiss stellt zu Beginn dieser Predigt die Frage: „Gibt es eine Antwort für Ijob? Gibt es eine Erklärung auf die Frage: Warum denn gerade ich?" – Welche Antwort gibt er darauf?*
- *Stellen Sie sich vor, Sie hätten als Gottesdienstbesucher diese Predigt gehört. Hätte sie Sie angesprochen? Begründen Sie Ihre Meinung.*
- *Nun stellen Sie sich vor, Mendel Singer hätte diese Worte gehört. Wie hätten sie auf ihn gewirkt?*

Der märchenhafte Schluss – unterschiedliche Urteile

Beim Erscheinen des Romans hat der Essayist Ludwig Marcuse den Schluss getadelt, er sei „wohl nur aufgesetzt“ und eine Verlegenheitslösung. „[E]r [der Schluss] ist zu pompös für Roths zart-intensive Striche. [...] Roths Schluss, der sich an die Parallele zum alten Hiob klammert, ist wohl nur eine kompositorische Verlegenheit.“[1] Marcuse begründet seine Wertung damit, der Schluss rücke Mendel Singer in die „märchenhafte Ferne der biblischen Menschheit“[2], statt ihn als Identifikationsfigur für die Leser zu gestalten.
In ähnlicher Weise sieht der bekannte Literaturkritiker Marcel Reich-Ranicki das märchenhafte Finale als einen Ausdruck von realitätsferner Poesie:

Hilflos und schutzbedürftig wie seine Figuren und ebenso weltfremd und versponnen, zugleich weise und einfältig irrte Roth durch das Leben. [...] Auf jene Wunder, mit denen er den Geschöpfen seiner Fantasie etwas Glück und Freude bereitete, ohne sie vor der Katastrophe bewahren zu können, wartete Joseph Roth vergeblich. Er musste sich die Wunder, die er so dringend brauchte, selbst erfinden, ihm, Joseph Roth, blieb nur die Flucht ins Märchen. Ins Märchen? Man kann auch sagen: die Flucht in die Poesie.

Aus: Marcel Reich-Ranicki: Der Romancier J.R. In: Kessler, Michael und Fritz Hackert (Hrsg.): J.R. Interpretation – Kritik – Rezeption. Akademie der Diözese Rottenburg-Stuttgart, Tübingen 1990, S. 268.

---

1 Ludwig Marcuse: Eine neue Hiob-Legende. In: Ders.: Wie alt kann Aktuelles sein? Zürich: Diogenes Verlag, 1989. [Zuerst in: Das Tagebuch 44, 1930, S. 1773]

2 a. a. O.

Dieter Schrey bezeichnet in seiner großen Studie über Hiob den wunderbaren Moment des Wiedersehens von Vater und Sohn als bedeutende „Kunst“. Er vermutet jedoch, Roth könnte diesen Schluss erst spät geplant haben:

Mit der Szene in Skowronneks Musikladen könnte der Roman enden. Mendel hat das Wunder erlebt, das ihn retten konnte – „Skowronnek, der ihn am besten kannte“, bestätigt es: „Seitdem die neuen Platten gekommen sind, ist unser Mendel ein anderer Mensch.“ [...] Mendel, der Vater, der den messianischen Sohn später in den Kreis der versammelten Juden hereinlässt, sitzt [...] „am Ende des Tisches“ im Hause der Skowronneks. Dort gilt seine Sorge eigenartigerweise „dem Gleichgewicht zwischen der Tischplatte und ihrer künstlichen Verlängerung“ durch ein gehobeltes Brett – ein Indiz für die „künstliche Verlängerung“ des Romans? Das messianische Wunder [...] – „Kunst“ oder „künstlich“?

Quelle: http://home.bn-ulm.de/~ulschrey/roth/interprtn.html [23.9.2012]

Für Fritz Hackert, den bekannten Roth-Forscher, bedeutet der Schluss, dass Mendel ein moderner Mensch geworden ist:

Aus einer archaischen Prä-Existenz ist Mendel Singer in der historischen Gegenwart angelangt, wenn er dem ‚verbotenen Verlangen‘ nachgibt und ‚die Mütze aus altem Seidenrips‘ abnimmt, um ‚die Welt‘ zu grüßen, diese Welt des zwanzigsten Jahrhunderts. Roths legendarisches Erzählen plädiert gerade nicht für die Erhaltung von Einfalt und den Ausschluss von Erfahrung.

Aus: Hackert: Zum Gebrauch der Gattung Legende bei J.R. In: Evangelische Akademie Baden (Hg.): Die Schwere des Glücks und die Größe der Wunder, Joseph Roth und seine Welt, Karlsruhe: Evangelische Akademie Baden 1994, S. 120.

- *Vergleichen Sie die unterschiedlichen Beurteilungen des Romanschlusses miteinander.*
- *Wie wirkt der Schluss auf Sie? Stimmen Sie entweder begründet einem der Zitate zu oder verfassen Sie ein eigenes Statement.*

Wolfgang Borchert: Draußen vor der Tür

Wolfgang Borchert (1921–1947) schrieb das Theaterstück „Draußen vor der Tür" im Jahr 1946, nachdem er kurz zuvor schwer krank aus französischer Kriegsgefangenschaft nach Hamburg zurückgekehrt war. Es zeigt den Kriegsheimkehrer Beckmann, der verletzt und traumatisiert feststellen muss, dass er in seiner Heimat alles verloren hat: Bei seiner Frau lebt ein anderer Mann, eine Anstellung findet er nicht, sein Elternhaus wird von einer fremden Familie bewohnt und seine Eltern haben sich selbst getötet. Borchert gab dem Stück den Untertitel „Ein Stück, das kein Theater spielen und kein Publikum sehen will".

[...] der Tod muss ganz erträglich sein. Es ist doch noch keiner wieder zurückgekommen, weil er den Tod nicht aushalten konnte. Vielleicht ist er ganz nett, der Tod, vielleicht viel netter als das Leben. Vielleicht – – – Ich glaube sogar, ich bin schon im Himmel. Ich fühl mich gar nicht mehr – und das ist, wie im Himmel sein, sich nicht mehr fühlen. Und da kommt auch ein alter Mann, der sieht aus wie der liebe Gott. Ja, beinahe wie der liebe Gott. Nur etwas zu theologisch. Und so weinerlich. Ob das der liebe Gott ist? Guten Tag, alter Mann. Bist du der liebe Gott?

GOTT (weinerlich): Ich bin der liebe Gott, mein Junge, mein armer Junge!

BECKMANN: Ach, du bist also der liebe Gott. Wer hat dich eigentlich so genannt, lieber Gott? Die Menschen? Ja? Oder du selbst?

GOTT: Die Menschen nennen mich den lieben Gott.

BECKMANN: Seltsam, ja, das müssen ganz seltsame Menschen sein, die dich so nennen. Das sind wohl die Zufriedenen, die Satten, die Glücklichen, und die, die Angst vor dir haben. Die im Sonnenschein gehen, verliebt oder satt oder zufrieden – oder die es nachts mit der Angst kriegen, die sagen: Lieber Gott! Lieber Gott! Aber ich sage nicht Lieber Gott, du, ich kenne keinen, der ein lieber Gott ist, du!

GOTT: Mein Kind, mein armes –

BECKMANN: Wann bist du eigentlich lieb, lieber Gott? Warst du lieb, als du meinen Jungen, der gerade ein Jahr alt war, als du meinen kleinen Jungen von einer brüllenden Bombe zerreißen ließt? Warst du da lieb, als du ihn ermorden ließt, lieber Gott, ja?

GOTT: Ich hab ihn nicht ermorden lassen.

BECKMANN: Nein, richtig. Du hast es nur zugelassen. Du hast nicht hingehört, als er schrie und als die Bomben brüllten. Wo warst du da eigentlich, als die Bomben brüllten, lieber Gott? Oder warst du lieb, als von meinem Spähtrupp elf Mann fehlten? Elf Mann zu wenig, lieber Gott, und du warst gar nicht da, lieber Gott. Die elf Mann haben gewiss laut geschrien in dem einsamen Wald, aber du warst nicht da, einfach nicht da, lieber Gott. Warst du in Stalingrad lieb, lieber Gott, warst du da lieb, wie? Ja? Wann warst du denn eigentlich lieb, Gott, wann? Wann hast du dich jemals um uns gekümmert, Gott?

GOTT: Keiner glaubt mehr an mich. Du nicht, keiner. Ich bin der Gott, an den keiner mehr glaubt. Und um den sich keiner mehr kümmert. Ihr kümmert euch nicht um mich.

BECKMANN: Hat auch Gott Theologie studiert? Wer kümmert sich um wen? Ach, du bist alt, Gott, du bist unmodern, du kommst mit unsern langen Listen von Toten und Ängsten nicht mehr mit. Wir kennen dich nicht mehr so recht, du bist ein Märchenbuchliebergott. Heute brauchen wir einen neuen. Weißt du, einen für unsere Angst und Not. Einen ganz neuen. Oh, wir haben dich gesucht, Gott, in jeder Ruine, in jedem Granattrichter, in jeder Nacht. Wir haben dich gerufen. Gott! Wir haben nach dir gebrüllt, geweint, geflucht! Wo warst du da, lieber Gott? Wo bist du heute Abend? Hast du dich von uns gewandt? Hast du dich ganz in deine schönen alten Kirchen eingemauert, Gott? Hörst du unser Geschrei nicht durch die zerklirrten Fenster, Gott? Wo bist du?

GOTT: Meine Kinder haben sich von mir gewandt, nicht ich von ihnen. Ihr von mir, ihr von mir. Ich bin der Gott, an den keiner mehr glaubt. Ihr habt euch von mir gewandt.

BECKMANN: Geh weg, alter Mann. Du verdirbst mir meinen Tod. Geh weg, ich sehe, du bist nur ein weinerlicher Theologe. Du drehst die Sätze um: Wer kümmert sich um wen? Wer hat sich von wem gewandt? Ihr von mir? Wir von dir? Du bist tot, Gott. Sei lebendig, sei mit uns! Lebendig, nachts, wenn es kalt ist, einsam und wenn der Magen knurrt in der Stille – dann sei mit uns lebendig, Gott. Ach, geh weg, du bist ein tintenblütiger Theologe, geh weg, du bist weinerlich, alter, alter Mann!

GOTT: Mein Junge, mein armer Junge! Ich kann es nicht ändern! Ich kann es doch nicht ändern!

BECKMANN: Ja, das ist es, Gott. Du kannst es nicht ändern. Wir fürchten dich nicht mehr. Wir lieben nicht mehr. Und du bist unmodern. Die Theologen haben dich alt werden lassen. Deine Hosen sind zerfranst, deine Sohlen durchlöchert, und deine Stimme ist leise geworden – zu leise für den Donner unserer Zeit. Wir können dich nicht mehr hören.

GOTT: Nein, keiner hört mich, keiner mehr. Ihr seid zu laut!

BECKMANN: Oder bist du zu leise, Gott? Hast du zu viel Tinte im Blut, Gott, zu viel dünne Theologentinte? Geh, alter Mann, sie haben dich in den Kirchen eingemauert, wir hören einander nicht mehr. Geh, aber sieh zu, dass du vor Anbruch der restlosen Finsternis irgendwo ein Loch oder einen neuen Anzug findest oder einen dunklen Wald, sonst schieben sie dir nachher alles in die Schuhe, wenn es schiefgegangen ist. Und fall nicht im Dunkeln, alter Mann, der Weg ist sehr abschüssig und liegt voller Gerippe. Halt dir die Nase zu, Gott. Und dann schlaf auch gut, alter Mann, schlaf weiter so gut. Gute Nacht!

GOTT: Einen neuen Anzug oder einen dunklen Wald? Meine armen, armen Kinder! Mein lieber Junge –

BECKMANN: Ja, geh, gute Nacht!

GOTT: Meine armen, armen – - (er geht ab)

BECKMANN: Die alten Leute haben es heute am schwersten, die sich nicht mehr auf die neuen Verhältnisse umstellen können. Wir stehen alle draußen. Auch Gott steht draußen, und keiner macht ihm mehr eine Tür auf.

Aus: Wolfgang Borchert, „Draußen vor der Tür" [Auszüge]
aus: Wolfgang Borchert, Das Gesamtwerk
Herausgegeben von Michael Töteberg unter Mitarbeit von Irmgard Schindler

- *Tauschen Sie sich darüber aus, wie diese Szene auf Sie wirkt.*
- *Beschreiben Sie, wie Gott in dieser Szene dargestellt wird.*
- *In welchem Verhältnis steht Beckmann zu Gott?*
- *Formulieren Sie, wie diese Szene auf die Frage nach der Rechtfertigung Gottes angesichts des Leids in der Welt antwortet.*
- *Nehmen Sie Stellung zum Untertitel „Ein Stück, das kein Theater spielen und kein Publikum sehen will", indem Sie sich vorstellen, das Stück würde an Ihrer Schule aufgeführt: Würden Sie es anschauen wollen? Begründen Sie Ihre Meinung.*

Elie Wiesel: Wo ist Gott?

Elie Wiesel (*1928 in Rumänien) ist Schriftsteller und Überlebender des Holocausts. Er lebt heute in den USA.

In seinem autobiografischen Buch „Die Nacht zu begraben, Elischa" erinnert sich Wiesel an eine Situation im Konzentrationslager Auschwitz:

Die SS schien besorgter, beunruhigter als gewöhnlich. Ein Kind vor Tausenden von Zuschauern zu hängen, war keine Kleinigkeit. Der Lagerchef verlas das Urteil. Alle Augen waren auf das Kind gerichtet. Es war aschfahl, aber fast ruhig und biss sich auf die Lippen. Der Schatten des Galgen bedeckte es ganz.

Diesmal weigerte sich der Lagerkapo (Häftling, der für „schmutzige Arbeit" Vergünstigungen erhielt), als Henker zu dienen. Drei SS-Männer traten an seine Stelle.

Die drei Verurteilten stiegen zusammen auf ihre Stühle. Drei Hälse wurden zu gleicher Zeit in die Schlingen eingeführt. „Es lebe die Freiheit!", riefen die beiden Erwachsenen. Das Kind schwieg.

„Wo ist Gott, wo ist er?", fragte jemand hinter mir. Auf ein Zeichen des Lagerchefs kippten die Stühle um. Absolutes Schweigen herrschte im ganzen Lager. Am Horizont ging die Sonne unter. „Mützen ab!", brüllte der Lagerchef. Seine Stimme klang heiser. Wir weinten. „Mützen auf!" Dann begann der Vorbeimarsch. Die beiden Erwachsenen lebten nicht mehr. Ihre geschwollenen Zungen hingen bläulich heraus. Aber der dritte Strick hing nicht reglos: Der leichte Knabe lebte noch ...

Mehr als eine halbe Stunde hing er so und kämpfte vor unseren Augen zwischen Leben und Sterben seinen Todeskampf. Und wir mussten ihm ins Gesicht sehen. Er lebte noch, als ich an ihm vorüberschritt, seine Zunge war rot, seine Augen noch nicht erloschen. Hinter mir hörte ich denselben Mann fragen: „Wo ist Gott?" Und ich hörte eine Stimme in mir antworten: „Wo ist er? Dort – dort hängt er am Galgen ..."

An diesem Abend schmeckte die Suppe nach Leichnam.

Aus: Elie Wiesel: Die Nacht © 1958 by Editions des Minuit, Paris
Alle deutschen Rechte beim Bechtle Verlag, Esslingen 1962
genehmigt durch die F. A. Herbig Verlagsbuchhandlung GmbH, München
Aus dem Französischen von Curt Meyer-Clason.

- *Beschreiben Sie, welches Gottesbild in dieser Erzählung zum Ausdruck kommt.*
- *Hiob ist nicht nur für viele Juden die Symbolgestalt für den leidenden Menschen. Erörtern Sie, welche Bedeutung gerade angesichts des Holocaust dieser Figur zukommt.*

Thomas Hürlimann: Der große Kater

Der Schweizer Autor Thomas Hürlimann verarbeitet seine eigenen Glaubensfragen literarisch unter anderem in seinem Roman „Der große Kater" von 1998. „Die Handlung führt in das Jahr 1979: Der schweizerische Bundespräsident (stets ‚Der Kater' genannt [...]) empfängt das spanische Königspaar zu einem Staatsbesuch. Während der jüngste Sohn im Sterben liegt, versucht der Präsident, das offizielle Programm durchzustehen. Sein langjähriger Rivale Dr. Pfiff, nun Chef der Sicherheitspolizei, hat die Idee, einen werbewirksamen, von der Presse und den Medien dokumentierten Besuch der Damen des Staatsempfangs am Sterbebett des Sohnes mit aufzunehmen. Kater durchschaut den Plan als Versuch, ihn aus dem Amt zu drängen. [...] Beim Galadinner zu Ehren der spanischen Monarchen greift [die Frau des Katers] ihren Mann an. Sie selbst stellt nun vor aller Öffentlichkeit die Theodizeefrage. [...] Ein Eklat! Kater spürt, dass seine politische Karriere, seine Ehe, sein Glauben an ihr Ende angelangt sind."[1]

B wie das Böse. Nach gut zwanzig Minuten Flug zeigte der Bundespräsident auf eine Alpweide hinab und rief: „Sehen Sie das Vieh, Majestät?"

Die Helme waren mit Bügelmikro und Kopfhörern ausgestattet; so konnten sie sich trotz des Rotorenlärms in Französisch verständigen. Der König und Aladin saßen auf den Rücksitzen, lehnten jetzt zur Seite und blickten hinab. Dem ausgebildeten Jetpiloten schien der Alpenritt zu gefallen, der Medienmann jedoch, der mit seinen Glacéhandschuhen eine Kotztüte umklammerte, hatte sich blassgrünlich verfärbt. Ahnte er, was kommen würde?

„Das Vieh da unten", fuhr Kater fort, „scheint genüsslich zu weiden, fernab von uns Menschen, aber schon im August werden die Alpen entladen und die armen Tiere am Fließband geschlachtet, ja, Majestät, alles, was ist, muss leiden. Auch was uns schön erscheint, was uns lieblich erscheint, es muss leiden. Majestät, bitte entschuldigen Sie die gestern Abend geäußerten Ansichten meiner Frau. Marie hätte besser geschwiegen, das Diner war gewiss nicht der Anlass, um über dergleichen zu reden. Aber ich möchte mich nicht von Ihnen verabschieden, lieber Juan Carlos, ohne Ihnen gesagt zu haben, dass meine Frau vollkommen recht hat. Unsere Welt ist mitnichten im Guten verwurzelt. Sie ist schön, zumindest an diesem Morgen, auf diesen Alpen, mild scheint die Sonne, lau geht die Luft, und die Bergwiesen stehen in blühender Pracht. Wenn wir aber Augen haben, wenn wir nachdenken, wenn wir diesen grünbunt in der Sonne schimmernden Teppich durchdringen und ins Innere der Schöpfung schauen, sehen wir Leiden, überall Leiden. Nicht das Gute, das Böse ist wirkungsmächtig. Jede Blume leidet durch die Hitze, nachts durch die Kälte, an den Gräsern rupft das Vieh, die paar Bäume klammern sich verzweifelt an den Fels, und was uns jetzt, an diesem strahlenden Morgen, wie das Paradies erscheint, ist in Wahrheit eine Stätte des Übels, des Sterbens, des Verwesens. Schon um zehn, melden meine Wetterburschen, fegt ein Gewitter heran, aus schwarzen Wolken zackt der Blitz, dann kommt der Schnee, und alles erstarrt unter dem weißen Tod. Majestät, ich bin der Vater eines Sohnes, der elend krepieren muss. Er habe, sagt Professor Bossi, ein schlechtes Los gezogen. Wie wahr! Während wir die Schönheit dieses Morgens und einer unberührten Welt erleben, liegt mein Sohn in seinem Zimmer und stirbt. Das aber heißt: Auch ich habe ein schlechtes Los gezogen. Denn ich bin sein Vater, und es zeugt von Übel, ja von einem grässlichen Widersinn der Natur, dass wir alten Tiere ins Hochgebirge einziehen – und er, der doch die Zukunft verkörpert, quält sich jämmerlich zu Tode. Zukunft? Besseres Leben? Majestät, das war ein Irrtum. Alles falsch! Falsch gedacht. Gestern Abend bin ich sehend geworden. Meine Frau hat mir die Augen aufgerissen. Sogar dieser Garten da unten, dieser schäumende Teppich, ist nichts als Leiden, nichts als Sterben, er ist ein Paradies der Verwesung!" Die Alp brach ab, Pfiff tauchte steil in die Tiefe, und die Flotte, im Keil über die Kante setzend, tauchte mit. „Ich sage das nicht als Atheist, Majestät. Ich bin und bleibe ein frommer, demütiger Mensch. Ich möchte nur einen Irrtum korrigieren. Ich möchte Ihnen sagen, dass ich bis gestern, bis zu diesem peinlichen, jedenfalls unpassenden Aufschrei meiner Gattin in eine völlig falsche Richtung gedacht und geglaubt habe. Ich habe Gott im Guten vermutet. Ich habe ihn immer wieder in die Zukunft verlegt, in eine bessere, schönere Welt, die ich gemeinsam mit meinen Freunden zu gestalten versuchte. Wie gesagt: Es war ein Irrtum. Nun bin ich klüger. Ärmer, kleiner und klüger. Ich weiß jetzt, dass es das Gute hienieden nicht gibt. Nirgendwo. Ich habe es gut gemeint, o ja. Aber mit meinen Autobahnen habe ich das Land verschandelt, und von den Maßnahmen, die mein bester Freund getroffen hat, der Chef unserer Sicherheitspolizei, will ich lieber schweigen. Er wird mein Nachfolger sein. Er wird den leisen Terror weiter perfektionieren.

[1] Langenhorst, Georg: Literarische Texte im Religionsunterricht, Herder, Freiburg i. Br. 2011, S. 224 ff.

Unser System, das will ich gern zugeben, kann sich sehen lassen. Die Landesinsassen fühlen sich wohl, die Volksgesundheit erreicht internationale Spitzenwerte, und als Innenminister darf ich mit Stolz bekennen, dass unsere Alters-, Hinterbliebenen- und Invalidenversicherung bis ins nächste Jahrtausend gesichert ist. Alles unter Kontrolle, alles i. O. Aber ich weiß auch, Majestät, dass ich Gott in diesem Staatswesen nicht finden kann. Ich finde ihn nicht im Guten, nein – im Sterben meines Sohnes offenbart mir Gott seine Abwesenheit."

Wieder näherten sie sich einem Gebirgszug. „Seine Abwesenheit", fügte Kater hinzu, „und durch diese Abwesenheit teilt er mir mit, dass es ihn gibt."

Aus: Thomas Hürlimann: Der große Kater. S. 182–185.

- *„[...] was uns jetzt, an diesem strahlenden Morgen, wie das Paradies erscheint, ist in Wahrheit eine Stätte des Übels" (Z. 37 ff.) – Fassen Sie zusammen, wie der Kater seine Weltsicht begründet.*
- *Welches Gottesbild hat der Kater?*
- *Stellen Sie sich vor, Sie hätten in dieser Szene mit im Helikopter gesessen. Was hätten Sie dem Kater gerne sagen wollen?*

Klaus von Stosch: Das Theodizeeproblem

Das Theodizeeproblem

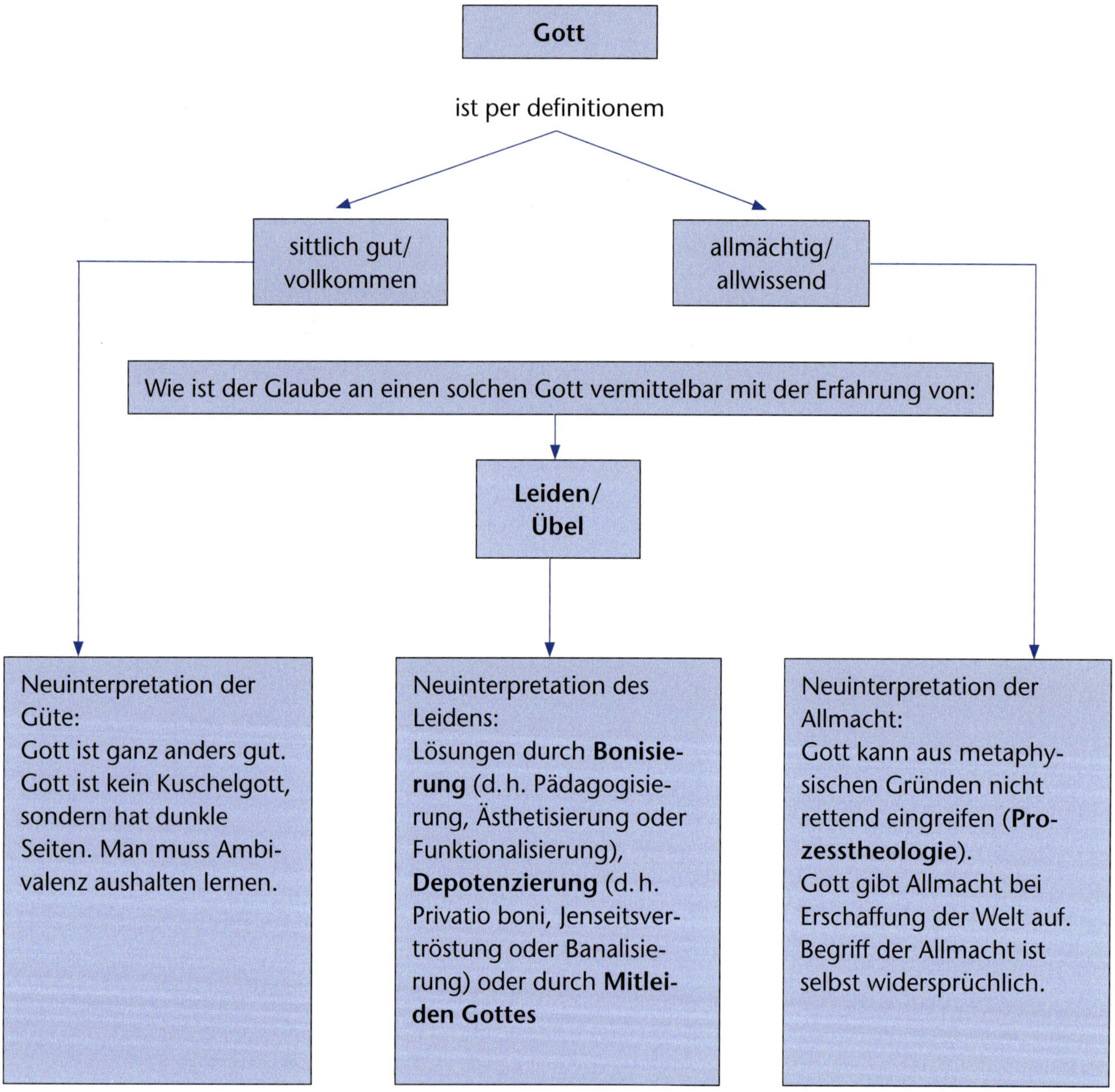

Aus: Klaus von Stosch: Einführung in die systematische Theologie. Verlag Ferdinand Schöningh, Paderborn, 2., durchgesehene Auflage 2009, UTB 2819.

- *Ordnen Sie die Gottesbilder und Antworten auf die Theodizeefrage aus den drei literarischen Texten von Borchert, Wiesel und Hürlimann den drei Optionen im unteren Teil dieser Grafik zu.*
- *Nehmen Sie nun noch einmal die Positionen von Mendel, Ijob und ihren Freunden in den Blick. Wo sind sie zuzuordnen?*
- *Inszenieren Sie ein Streitgespräch, an dem Vertreter der verschiedenen Positionen teilnehmen. Sie können dabei die Autoren und ihre literarischen Figuren zu Wort kommen lassen, aber auch Ihre eigenen Gedanken und Positionen einbringen.*

Baustein 7

Das Hiobmotiv in der Literatur und in der Kunst

7.1 Das Hiobmotiv in der Literatur

Das Hiobmotiv findet sich in vielfältigen Variationen in zahlreichen literarischen Werken. Die Frage nach dem Grund des Leids ist zeitlos aktuell und treibt nicht nur Dichter mit religiösem Hintergrund um.
In diesem Baustein sollen unterschiedliche Verarbeitungsweisen des Stoffs exemplarisch vorgestellt und erarbeitet werden.
Johann Wolfgang Goethe hat sich zeitlebens vom biblischen Buch Hiob faszinieren lassen und rekurriert in seinem Drama „Faust" bewusst darauf. Der „Prolog im Himmel" (**Arbeitsblatt 53**, S. 142f.) zeigt „den Herrn" und Mephistopheles. Letzterer spottet über die Menschen in ihrem irdischen Leben und belächelt das bisschen Vernunft, mit dem sie nach Erkenntnis streben. Schnell kommt die Rede auf Faust: Gott erwartet von ihm Gutes, Mephisto hingegen will ihn auf die Probe stellen, und so gehen beide siegesgewiss eine Wette ein.
Diese Szene ist deutlich erkennbar nach der Himmelsszene der alttestamentlichen Hiob-Erzählung gestaltet. In beiden treten die Gottessöhne/Heerscharen, darunter auch der Satan/Mephistopheles vor den Herrn, um über das Geschehen auf der Erde Bericht zu erstatten. In beiden Texten geht der Impuls zur Prüfung Hiobs/Fausts von der dunklen Macht aus. Gott wehrt sich nicht gegen den Vorschlag, sondern lässt sich sofort darauf ein. Es ist für das Verständnis der Texte wichtig, zu erkennen, dass es sich dennoch um ein hierarchisches Verhältnis handelt. Mephisto bzw. der Satan sind keine gleichwertigen Gegenspieler zur göttlichen Macht, sondern werden unter die „Gottessöhne" subsumiert bzw. im Faust von den „echten Gottessöhne[n]" (S. 142, V. 344), den Erzengeln, abgegrenzt. Die Rede von einer „Wette" ist also insofern mit Vorsicht zu verwenden, als dass es hier nicht um zwei gleichberechtigte Partner mit adäquaten „Siegchancen" geht. Geichwohl gehört die Konfrontation des Menschen mit dem Bösen zum Schöpfungsgedanken dazu, denn erst so entwickelt sich der strebende Mensch.
Ein wesentlicher Unterschied im Fortgang der Handlung des Faust und des Buches Hiob im Vergleich liegt in der Qualität der Prüfungen. Während Hiob den Verlust seines Besitzes, seiner Familie und schließlich seines körperlichen Wohlergehens erleben muss, also leidvoll geprüft wird, wird Faust durch Versuchungen auf die Probe gestellt: Mephisto führt ihn auf ein rauschendes Studentenfest in Auerbachs Keller, konfrontiert ihn mit magischen Mächten in der Walpurgisnacht und versucht ihn schließlich durch die Liebe zu einer Frau.
Während sich in der alttestamentlichen Erzählung der Mensch und sein Gottesbild bewähren müssen, stellt Goethe in seinem Drama hauptsächlich den Protagonisten auf die Probe. Faust I endet mit keiner Entscheidung: Gretchen stirbt und wird erlöst, aber Faust geht mit Mephisto fort. Erst am Ende des zweiten Teils lässt sich die Möglichkeit einer Seelenreinigung und Erlösung für Faust erkennen.

- *Lesen Sie den „Prolog im Himmel" aus Goethes Drama „Faust" (Arbeitsblatt 53). Tragen Sie zusammen, welche Wesenseigenschaften dem Menschen von Gott und von Mephisto zugeschrieben werden.*
- *Beschreiben Sie die Kräfteverhältnisse zwischen Gott und Mephisto. Ist es ein gleichberechtigtes oder ein hierarchisches Verhältnis?*

- *Aus welcher Motivation und mit welchem Ziel lassen sich beide auf die „Wette" ein?*
- *Lesen Sie den Dialog mit verteilten Rollen oder schauen Sie eine Aufnahme einer Theaterinszenierung an. Überprüfen Sie dabei Ihre Überlegungen noch einmal.*
- *Vergleichen Sie den Auszug aus Goethes Drama „Faust" mit dem Auszug aus dem Buch Ijob (Arbeitsblatt 53).*

Nicht die Szene der Übereinkunft zwischen Gott und Satan, sondern die grundsätzliche Frage nach Gott im Leid der Menschen steht im Mittelpunkt der folgenden lyrischen Verarbeitungen des Hiob-Stoffs.
Das Gedicht „Hiobs Psalm" von Peter Henisch (**Arbeitsblatt 54**, S. 144) ist geschrieben aus der Perspektive eines heutigen Hiob. Das lyrische Ich beklagt, dass den Menschen auch nach 3000 Jahren immer noch die gleichen Ängste, Klagen und Fragen plagen würden. Wie auch die biblische Erzählung zweifelt es den Tun-Ergehens-Zusammenhang (siehe Baustein 6) an („Wer sich beugt unter Gott/wird errettet schön wärs", V. 11 f.). Es leidet mit den Menschen unserer Zeit („wir") darunter, dass die Verheißungen immer noch nicht oder nur rudimentär eingelöst worden seien, und fühlt sich aufgerüttelt im Widerspruch schlafloser Wunsch- und Albträume (vgl. V. 33 f.).

- *Aus welcher Perspektive ist das Gedicht „Hiobs Psalm" (Arbeitsblatt 54) geschrieben?*
- *Formulieren Sie in einem Satz die Aussage des Gedichts.*
- *Bereiten Sie einen Textvortrag vor. Sie können dazu mit einem oder mehreren Sprechern arbeiten.*
- *Verfassen Sie eine Antwort aus der Perspektive Gottes.*[1] *Beginnen Sie zum Beispiel so: „Immer noch nicht begriffen, nach 3 000 Jahren …"*

Eine weitere verzweifelte Klage findet sich im Text „Enkel Hiobs" der jüdischen Dichterin Mascha Kaléko (Textausgabe, S. 222 f.). Auch sie rückt das Hiobgeschehen in ihre Zeit, stellt es aber zugleich in den Kontext der alttestamentlichen Verheißungen. In tiefer Verzweiflung darüber, dass die wundervolle und wirkmächtige Hilfe Gottes ausbleibt, führt sie dieses Verhalten zurück auf den entbrannten Zorn Gottes über die Menschen. Diese Aussage rahmt in zweifacher Variation das Gedicht. Das Gedicht von Mascha Kaléko ist im Jahr 1940 veröffentlicht worden; ihre Verzweiflung wird also in den grauenvollen Folgejahren der Geschichte noch mehr Gründe bekommen und die Frage „Was willst du, Herr, noch über Hiob schütten?" eine schreckliche Relevanz erhalten.
Das Gedicht „Hiob" von Johannes R. Becher (**Arbeitsblatt 55**, S. 145) ist insofern interessant, als dass es aus atheistischer Perspektive geschrieben ist. Becher nimmt das Hiobmotiv zwar zum Ausgangspunkt, führt den Gedankengang dann aber dahin, dass alles Leiden von Menschen verursacht sei. Aus einer Theodizee wird hier eine Anthropodizee.

- *Worin besteht in diesem Gedicht von Becher (Arbeitsblatt 55) der Grund des Leides?*
- *Welche Rolle kommt Hiob in diesem Text zu?*
- *Der Autor, Johannes R. Becher, war Kommunist und Atheist. Er schrieb seinen Text im Wissen um Auschwitz und Hiroshima. Inwiefern spiegelt sich diese Grundhaltung in seinem Gedicht wider?*

1 Idee nach Georg Langenhorst: Literarische Texte im Religionsunterricht. Freiburg, Basel, Wien: Herder 2011.

- *Wie würde ein gläubiger Mensch zu Bechers Text Stellung beziehen? Schreiben Sie ein kurzes Statement.*
- *Ein Stilmerkmal dieses Gedichtes ist die Häufung von Formen des Wortes „Leiden“. Ersetzen Sie einige oder alle diese Worte durch andere Begriffe (z. B. Not, Schicksal usw.).*
- *Sprechen Sie über die Wirkungen Ihrer Textvarianten im Vergleich zum Ausgangstext.*

Der Arbeitsauftrag, die Formen des Wortes „Leid“ durch andere Begriffe zu ersetzen, wurde von einer Gruppe auf einer Lehrerfortbildung einmal auf sehr ungewöhnliche Weise gelöst, nämlich durch einen konsequenten Austausch von „Leiden“ durch „Leben“. Diese Variation findet sich auf dem **Arbeitsblatt 56**, S. 146. Syntaktisch und semantisch ist diese Ersetzung möglich und es entsteht auf diese Weise ein neuer sinnvoller Text. Die Frage ist jedoch, ob dieses Gedicht noch zu Recht den Titel „Hiob“ trägt. Die Assoziation zu Jesus Christus läge in diesem Falle näher.

- *In dieser Version ist das Wort „Leiden“ durch das Wort „Leben“ ersetzt. Beschreiben Sie die Wirkung.*
- *Beurteilen Sie, ob das Gedicht in dieser Form auch zur Figur Hiob passen würde.*

Im Anhang der Textausgabe finden sich noch zwei weitere literarische Variationen, ein modernes Gedicht von Ulrich Schacht sowie ein Auszug aus „Berlin Alexanderplatz“ von Alfred Döblin. Dieser Roman ist in einer Collagetechnik gestaltet, in der einzelne Szenen und Bilder wie in einem Film aneinandergeschnitten sind. Schauplatz ist das Berlin der 1920er-Jahre als moderne Großstadt, in der die unterschiedlichsten Menschen leben, bestehen und scheitern. Der Protagonist Franz Bieberkopf wird, frisch aus dem Gefängnis entlassen, auf seiner Suche nach einem neuen Leben begleitet. Döblin verwendet in seinem Montageroman immer wieder alttestamentliche Motive – vor allem aus dem Buch Ijob – als Kontrast zum Großstadtlärm. Die Szene im Anhang der Textausgabe zeigt einen inneren Dialog zwischen Franz Biberkopf alias Hiob und einer Stimme, die ihm vorwirft, keine Hilfe annehmen zu wollen, um sein Leiden zu überwinden.

- *Stellen Sie sich vor, Mendel Singer hätte eine einsame Nacht nicht im Musikalienhandel, sonden in einem Buchladen verbracht und hätte zufällig eine Anthologie mit den literarischen Texten dieses Bausteins in die Hand genommen. Wählen Sie einen Text aus und beschreiben Sie, welche Wirkung er auf Mendel gehabt haben könnte.*
- *Spielen Sie die Szene, indem Sie Mendel zunächst den literarischen Text vorlesen lassen und ihn dann in einem (inneren) Monolog seine Gedanken dazu aussprechen lassen. Machen Sie auch durch Mimik, Gestik und Sprechweise die innere Verfasstheit Mendels deutlich.*

7.2 Aufbereitung des Romanstoffs für Bühne und Film

Der Roman „Hiob“ von Joseph Roth ist ein Stoff, der auch immer wieder auf die Theaterbühne gebracht wird. Eine solche Adaption bedeutet stets auch eine Interpretation, denn durch Bühnenbild und Regie wird ganz bewusst eine bestimmte Deutung der Vorlage transportiert. Am Beispiel zweier sehr unterschiedlicher Inszenierungen kann dies gut herausgearbeitet werden. Auf dem **Arbeitsblatt 57**, S. 147, findet sich eine Kritik zur Hamburger Inszenierung durch Klaus Schumacher, auf dem **Arbeitsblatt 58**, S. 148f., sind zwei Besprechungen der Münchner Version von Johan Simons abgedruckt (die auch als Verfilmung erhältlich ist). Den Wandel des zunächst „fundamentalistisch beschränkt[en]" (S. 147, Z. 36f.) Mendel von einem hölzernen Bewahrer alter Werte zu einem lebendigen, an die Liebe Gottes glaubenden Menschen stellt Schumacher nach Meinung des Rezensenten in den Mittelpunkt seiner Dramaturgie. Simons zeige hingegen den Mendel eher auf eine ironische Weise und lasse das Wunder am Ende als „billiges und wenig glaubhaftes Happy End" (S. 149, Z. 74f.) wirken. Möglicherweise besteht im Unterricht die Gelegenheit zum Anschauen der Verfilmung, sodass sich die Schülerinnen und Schüler ein eigenes Urteil bilden können.

- *Auf den Arbeitsblättern 57 und 58 finden Sie drei Kritiken zu zwei unterschiedlichen Inszenierungen des Romans für die Theaterbühne. Arbeiten Sie heraus, welche Aspekte die Regisseure Klaus Schumacher in Hamburg und Johan Simons in München jeweils in den Mittelpunkt ihrer Bearbeitungen gerückt haben.*
- *Wenn Sie eine dieser beiden Aufführungen besuchen könnten – für welche würden Sie sich entscheiden? Begründen Sie Ihre Wahl.*

Der Regisseur Michael Kehlmann verfilmte den Romanstoff von Joseph Roth im Jahr 1978. Er selbst äußert großen Respekt vor der literarischen Vorlage (**Arbeitsblatt 59**, S. 150) und ist sich seines interpretatorischen Zugriffs sehr bewusst. Kehlmann stellt in seinen Ausführungen die generelle These auf, ein Roman sei leichter für eine Verfilmung als für das Theater umzusetzen, da der Film die epische Erzählweise besser nachahmen könne. Als Regisseur setzt er diesen Ansatz in seiner Hiob-Verfilmung konsequent um, indem er längere Passagen gestaltet, in denen zu den gezeigten Bildern der Text des Romans fast wortwörtlich von einem Erzähler eingesprochen wird. Dennoch nimmt er kleinere, nicht unwichtige Abwandlungen vor: Auf dem Weg von Deborah zu Kapturak etwa gibt es ein Unwetter, das nach einem Stoßgebet Deborahs abrupt aufhört. Der Film bereitet so die Möglichkeit, dass es Wunder gibt, also filmisch eher vor, als Joseph Roth es im Roman tut.

- *Geben Sie wieder, welche Schwierigkeiten der Umsetzung eines Romanstoffs in eine Verfilmung in der Stellungnahme des Regisseurs Michael Kehlmann (Arbeitsblatt 59) genannt werden. Nennen Sie auch die Chancen und Möglichkeiten einer solchen Adaption.*
- *„Der Roman steht also dem Film näher als dem Theater […]." (Z. 14f.) Begründen Sie diese These aus dem Text heraus.*
- *Im letzten Absatz benennt Kehlmann seine Grundintention. Vergleichen Sie seine Deutung der Romanaussage mit denen, die die Regisseure Schumacher und Simons ihren Theaterinszenierungen zugrunde gelegt haben (Arbeitsblätter 57 und 58).*

7.3 Künstlerische Umsetzungen des Hiobmotivs

In der Kunstgeschichte finden sich zahlreiche Umsetzungen des Hiobmotivs. Einige bekannte Kunstwerke sind für den Einsatz im Unterricht im Anhang der Textausgabe abgedruckt (S. 214f.). Im Vergleich der Bilder können die Schülerinnen und Schüler unterschiedliche Deutungen und Darstellungen des Leidenden herausarbeiten. Der leidende Hiob bei Gerard

Seghers etwa wirkt aufrecht und ist der leuchtende Mittelpunkt des Bildes. In der Art seiner Darstellung erinnert er an den auferstandenen Christus. Ganz anders hingegen wirkt Walter Habdanks Hiob, der zusammengekrümmt und flehend am Boden hockt. Seine Geste kann sogleich eine bittende sein oder das Kratzen der wunden Haut darstellen.
Soll intensiver mit den Bildern gearbeitet werden, liegt eine Zusammenarbeit mit dem Fach Kunst auf der Hand. In diesem Fall ist es auch sinnvoll, die Bilder als größere und farbige Darstellungen zu verwenden. Die gängigen Internet-Suchmaschinen helfen hier weiter.
Das **Arbeitsblatt 60**, S. 151, ergänzt diese Bilder um zwei Darstellungen, die im zeitlichen Abstand von nicht einmal 20 Jahren entstanden sind. Während auf Marc Chagalls Zeichnung die Figur Hiob fast den gesamten Raum einnimmt und sich flehentlich an den Engel/das Göttliche am oberen rechten Bildrand wendet, ist auf dem Bild von Francis Gruber Hiob als verlorene Figur hinter einem Bretterzaun dargestellt. Vor ihm liegt ein Brief, vermutlich die „Hiobsbotschaft". Hiob sitzt nachdenklich und gebeugt in einer Umgebung, aus der nicht erkennbar ist, wo eine Hoffnung herkommen sollte.

- *Betrachten Sie die beiden Bilder von Marc Chagall und Francis Gruber (Arbeitsblatt 60) und lassen Sie sie auf sich wirken.*
- *Beschreiben Sie wesentliche Bildelemente, Aufbau, Technik usw.*
- *Vergleichen Sie die Darstellung des Hiob auf den beiden Bildern miteinander.*
- *Welche der beiden Darstellungen spricht Sie mehr an? Begründen Sie Ihre Meinung.*

Auf dem letzten Arbeitsblatt (**Arbeitsblatt 61**, S. 152) sind drei Bilder von Studierenden zu sehen, die sich in einem fächerübergreifenden Projekt der Bereiche Kunstpädagogik und Theologie mit der Hiob-Thematik auseinandergesetzt haben. Sie haben mit der Technik der Übermalung eigene Hiob-Bilder geschaffen. Diese Arbeiten können eine Anregung für Schülerinnen und Schüler sein, ebenfalls ihre Sicht der Thematik am Ende dieser Unterrichtsreihe künstlerisch umzusetzen. Hinweise zur Bildbearbeitung mit dem PC stellt die Universität Leipzig auf ihrer Projektseite zur Verfügung: http://www.uni-leipzig.de/ru/index.htm (Aufruf August 2012).

- *Betrachten Sie die drei Bilder von Studierenden (Arbeitsblatt 61) und beschreiben Sie ihre Wirkung auf Sie.*
- *Vergleichen Sie, auf welche Weise Hiob auf den Bildern dargestellt ist.*
- *Lassen Sie sich von den Arbeiten anregen, eigene Hiob-Bilder zu schaffen.*

Notizen:

Johann Wolfgang von Goethe: Prolog im Himmel (aus: Faust)

[...]
MEPHISTOPHELES.
Da du, o Herr, dich einmal wieder nahst
Und fragst, wie alles sich bei uns befinde,
Und du mich sonst gewöhnlich gerne sahst,
So siehst du mich auch unter dem Gesinde.
Verzeih, ich kann nicht hohe Worte machen,
Und wenn mich auch der ganze Kreis verhöhnt;
Mein Pathos brächte dich gewiss zum Lachen,
Hättst du dir nicht das Lachen abgewöhnt.
Von Sonn' und Welten weiß ich nichts zu sagen,
Ich sehe nur, wie sich die Menschen plagen.
Der kleine Gott der Welt bleibt stets von gleichem Schlag,
Und ist so wunderlich als wie am ersten Tag.
Ein wenig besser würd er leben,
Hättst du ihm nicht den Schein des Himmelslichts gegeben;
Er nennt's Vernunft und braucht's allein,
Nur tierischer als jedes Tier zu sein.
Er scheint mir, mit Verlaub von Euer Gnaden,
Wie eine der langbeinigen Zikaden,
Die immer fliegt und fliegend springt
Und gleich im Gras ihr altes Liedchen singt;
Und läg er nur noch immer in dem Grase!
In jeden Quark begräbt er seine Nase.
DER HERR.
Hast du mir weiter nichts zu sagen?
Kommst du nur immer anzuklagen?
Ist auf der Erde ewig dir nichts recht?
MEPHISTOPHELES.
Nein Herr! Ich find es dort, wie immer, herzlich schlecht.
Die Menschen dauern mich in ihren Jammertagen,
Ich mag sogar die Armen selbst nicht plagen.
DER HERR. Kennst du den Faust?
MEPHISTOPHELES. Den Doktor?
DER HERR. Meinen Knecht!
MEPHISTOPHELES.
Fürwahr! er dient Euch auf besondre Weise.
Nicht irdisch ist des Toren Trank noch Speise.
Ihn treibt die Gärung in die Ferne,
Er ist sich seiner Tollheit halb bewusst;
Vom Himmel fordert er die schönsten Sterne
Und von der Erde jede höchste Lust,
Und alle Näh und alle Ferne
Befriedigt nicht die tiefbewegte Brust.
DER HERR. Wenn er mir auch nur verworren dient,
So werd ich ihn bald in die Klarheit führen.
Weiß doch der Gärtner, wenn das Bäumchen grünt,
Dass Blüt und Frucht die künft'gen Jahre zieren.
MEPHISTOPHELES.
Was wettet Ihr? Den sollt Ihr noch verlieren,
Wenn Ihr mir die Erlaubnis gebt,
Ihn meine Straße sacht zu führen.
DER HERR. Solang er auf der Erde lebt,
Solange sei dir's nicht verboten.
Es irrt der Mensch solang er strebt.
MEPHISTOPHELES.
Da dank ich Euch; denn mit den Toten
Hab ich mich niemals gern befangen.
Am meisten lieb ich mir die vollen, frischen Wangen.
Für einem Leichnam bin ich nicht zu Haus;
Mir geht es wie der Katze mit der Maus.
DER HERR. Nun gut, es sei dir überlassen!
Zieh diesen Geist von seinem Urquell ab,
Und führ ihn, kannst du ihn erfassen,
Auf deinem Wege mit herab,
Und steh beschämt, wenn du bekennen musst:
Ein guter Mensch, in seinem dunklen Drange,
Ist sich des rechten Weges wohl bewusst.
MEPHISTOPHELES.
Schon gut! Nur dauert es nicht lange.
Mir ist für meine Wette gar nicht bange.
Wenn ich zu meinem Zweck gelange,
Erlaubt Ihr mir Triumph aus voller Brust.
Staub soll er fressen, und mit Lust,
Wie meine Muhme, die berühmte Schlange.
DER HERR. Du darfst auch da nur frei erscheinen;
Ich habe deinesgleichen nie gehasst.
Von allen Geistern, die verneinen,
Ist mir der Schalk am wenigsten zur Last.
Des Menschen Tätigkeit kann allzu leicht erschlaffen,
Er liebt sich bald die unbedingte Ruh;
Drum geb ich gern ihm den Gefallen zu,
Der reizt und wirkt und muss als Teufel schaffen.
Doch ihr, die echten Göttersöhne[1],
Erfreut euch der lebendig reichen Schöne!

[1] Gemeint sind die himmlischen Heerscharen, v. a. die drei Erzengel Raphael, Gabriel und Michael, die den Prolog mit einem Lob des Schöpferwerks Gottes eröffnen.

Das Werdende, das ewig wirkt und lebt,
Umfass' euch mit der Liebe holden Schranken,
Und was in schwankender Erscheinung schwebt,
Befestigt mit dauernden Gedanken.
(Der Himmel schließt, die Erzengel verteilen sich.)
MEPHISTOPHELES. *(allein)*:
Von Zeit zu Zeit seh ich den Alten gern
Und hüte mich, mit ihm zu brechen.
Es ist gar hübsch von einem großen Herrn,
So menschlich mit dem Teufel selbst zu sprechen.

Johann Wolfgang von Goethe: Faust. Der Tragödie erster Teil. Paderborn: Schöningh Verlag 1999, S. 14–16.

- *Tragen Sie zusammen, welche Wesenseigenschaften dem Menschen in diesem Dialog von Gott und von Mephisto zugeschrieben werden.*
- *Beschreiben Sie die Kräfteverhältnisse zwischen Gott und Mephisto. Ist es ein gleichberechtigtes oder ein hierarchisches Verhältnis?*
- *Aus welcher Motivation und mit welchem Ziel lassen sich beide auf die „Wette" ein?*
- *Lesen Sie den Dialog mit verteilten Rollen oder schauen Sie eine Aufnahme einer Theaterinszenierung an. Überprüfen Sie dabei Ihre Überlegungen noch einmal.*
- *Vergleichen Sie den Auszug aus Goethes Drama „Faust" mit der folgenden Anfangsszene aus dem Buch Hiob.*

Ijob 1,6–12

[6] Nun geschah es eines Tages, da kamen die Gottes-
söhne, um vor den Herrn hinzutreten; unter ihnen
kam auch der Satan. [7] Der Herr sprach zum Satan:
Woher kommst du? Der Satan antwortete dem Herrn
und sprach: Die Erde habe ich durchstreift, hin und
her. [8] Der Herr sprach zum Satan: Hast du auf meinen
Knecht Ijob geachtet? Seinesgleichen gibt es nicht
auf der Erde, so untadelig und rechtschaffen, er
fürchtet Gott und meidet das Böse. [9] Der Satan ant-
wortete dem Herrn und sagte: Geschieht es ohne
Grund, dass Ijob Gott fürchtet? [10] Bist du es nicht,
der ihn, sein Haus und all das Seine ringsum be-
schützt? Das Tun seiner Hände hast du gesegnet; sein
Besitz hat sich weit ausgebreitet im Land. [11] Aber
streck nur deine Hand gegen ihn aus und rühr an all
das, was sein ist; wahrhaftig, er wird dir ins Ange-
sicht fluchen. [12] Der Herr sprach zum Satan: Gut, all
sein Besitz ist in deiner Hand, nur gegen ihn selbst
streck deine Hand nicht aus! Darauf ging der Satan
weg vom Angesicht des Herrn.

Peter Henisch: Hiobs Psalm

Nicht zur Ruhe gekommen
seit 3000 Jahren

Unsere Klagen
nicht ernst genommen

Unsere Ängste
verspottet unsere Hoffnungen

Unsere Fragen
nicht beantwortet

Der Gottlose
geht zugrund
wer sich beugt unter Gott
wird errettet schön wärs
Verträge
nicht eingehalten Versprechungen
nicht eingelöst

Vertröstungen
statt Trost

Warte noch
eine kleine Weile
Wie lang?

Was damals Zukunft war
ist Vergangenheit
Wir sind Gegenwart

Ewige Geistes-
gegenwart O Dein
Zynismus Ich
Dein Ebenbild &
Dein Gegenbild

Was bisher geschah
ist zu wenig
zu viel zu

wenig so
alpträumen wir so
wunschträumen wir

nach wie vor
schlaflos

- *Aus welcher Perspektive ist dieses Gedicht geschrieben?*
- *Formulieren Sie in einem Satz die Aussage des Gedichts.*
- *Bereiten Sie einen Textvortrag vor. Sie können mit einem oder mehreren Sprechern arbeiten.*
- *Verfassen Sie eine Antwort aus der Perspektive Gottes. Beginnen Sie zum Beispiel so: „Immer noch nicht begriffen, nach 3 000 Jahren …"*

Johannes R. Becher: Hiob

Er bittet nicht, dass Gott sein Leiden wende,
Mitleiden ist es und ist Vorerleiden,
Und aller Leiden leidet er zu Ende.
In seiner Brust und in den Eingeweiden

Liegt bloß die Welt in ihrem Leidensgrund.
O Leidensabgrund, der wird offenbaren
Den Menschen sich nach abertausend Jahren,
vorhergesagt aus seinem, Hiobs, Mund.

Und dennoch hat er mit dem Leid gestritten,
Als wäre in dem Leid ein Widersinn,
Den er hat seiner Zeit vorausgelitten ...
Als er sich leidend fragte einst: „Worin

Besteht das Leid, womit uns Gott geschlagen?“,
Erkannte er – o unsagbare Pein –:
Das Unerträgliche, das wir ertragen,
Ist Menschenwerk und müsste nicht so sein.

Johannes R. Becher: Gesammelte Werke. 18 Bände (Hrsg. vom Johannes-R.-Becher-Archiv der Akademie der Künste der Deutschen Demokratischen Republik); Band 6: Gedichte 1949–1958 © Aufbau Verlag GmbH & Co. KG, Berlin 1973 (Das Werk erschien erstmals 1973 im Aufbau-Verlag; Aufbau ist eine Marke der Aufbau Verlag GmbH & Co. KG)

- *Worin besteht in diesem Gedicht von Becher der Grund des Leides?*
- *Welche Rolle kommt Hiob in diesem Text zu?*
- *Der Autor, Johannes R. Becher, war Kommunist und Atheist. Er schrieb seinen Text im Wissen um Auschwitz und Hiroshima. Inwiefern spiegelt sich diese Grundhaltung in seinem Gedicht wider?*
- *Wie würde ein gläubiger Mensch zu Bechers Text Stellung beziehen? Schreiben Sie ein kurzes Statement.*
- *Ein Stilmerkmal dieses Gedichtes ist die Häufung von Formen des Wortes „Leiden“. Ersetzen Sie einige oder alle diese Worte durch andere Begriffe (z. B. Not, Schicksal usw.).*
- *Sprechen Sie über die Wirkungen Ihrer Textvarianten im Vergleich zum Ausgangstext.*

Variation des Gedichtes von Becher

[...]
Er bittet nicht, dass Gott sein Leben wende,
Mitleben ist es und ist Vorleben,
Und aller Leben lebt er zu Ende.
In seiner Brust und in den Eingeweiden

Liegt bloß die Welt in ihrem Lebensgrund.
O Lebensabgrund, der wird offenbaren
Den Menschen sich nach abertausend Jahren,
vorhergesagt aus seinem, [...], Mund.

Und dennoch hat er mit dem Leben gestritten,
Als wäre in dem Leben ein Widersinn,
Den er hat seiner Zeit vorausgelebt ...
Als er sich lebend fragte einst: „Worin

Besteht das Leben, womit uns Gott geschlagen?“,
Erkannte er – o unsagbare Pein –:
Das Unerträgliche, das wir ertragen,
Ist Menschenwerk und müsste nicht so sein.

erarbeitet im Rahmen einer Lehrerfortbildung, nach: Johannes R. Becher: Gesammelte Werke. 18 Bände (Hrsg. vom Johannes-R.-Becher-Archiv der Akademie der Künste der Deutschen Demokratischen Republik); Band 6: Gedichte 1949–1958. © Aufbau Verlag GmbH & Co. KG, Berlin 1973 (Das Werk erschien erstmals 1973 im Aufbau-Verlag; Aufbau ist eine Marke der Aufbau Verlag GmbH & Co. KG)

- *In dieser Version ist das Wort „Leiden“ durch das Wort „Leben“ ersetzt. Beschreiben Sie die Wirkung.*
- *Beurteilen Sie, ob das Gedicht in dieser Form auch zur Figur Hiob passen würde.*

Ulrike Cordes: Joseph Roths „Hiob" packt das Theaterpublikum in Hamburg

Fremdsein auf Erden, Mangel an Liebe und Glaubensverlust in unruhiger, leidvoller Zeit – davon erzählt Joseph Roth in seinem 1930 erschienenen, bis heute viel gelesenen Roman „Hiob".

Dessen Titelhelden, einem armen, konservativ frommen Ostjuden, nimmt das Schicksal Familie, Heimat, Beruf, sodass er schließlich Gott lästert und sich von ihm abwendet. Doch am Ende der Geschichte, die auf einem zentralen Text des Alten Testaments beruht, erlebt dieser Mendel Singer ein Wunder. Mit einer archaisch einfachen Version des „Hiob" zieht nun Regisseur Klaus Schumacher am Deutschen Schauspielhaus in Hamburg das Publikum in den Bann.

Spürbar hoch konzentriert folgten die Zuschauer bei der Premiere am Samstagabend der Bühnenfassung von Koen Tachelet. Nach zweieinhalb Stunden gab es für Schumacher und sein Ensemble viel Beifall. Großes Schauspielertheater ohne Regiemätzchen, eine geistig existenzielle Thematik in klarer, eindringlicher Form […]

Alles wirkt wie in Aufruhr, als der Abend beginnt. Nervöse Klänge zurren durch die Luft. Der gewölbte, safrangelbe Boden, der an das Erdenrund erinnert, kreist unaufhörlich – damit auch die Handvoll Menschen, die auf ihm stehen (Bühne: Karin Plötzky). An der schwankenden Lampe hängt ein kranker Knabe (Martin Wißner), er fällt herunter. „Gliederzucken", diagnostiziert ein Arzt (Erik Schäffler). Am Rande der Szene sitzt, völlig ungerührt, auf einem Stapel Holz ein schwarz gekleideter Mann (Michael Prelle) und studiert die Bibel: Mendel Singer. Unerschütterlich erscheint die Glaubensgewissheit des Lehrers, der von sich sagt: „Ich bin ein ganz gewöhnlicher, alltäglicher Jude."

Dabei wirkt der Mann aber auch fundamentalistisch beschränkt in seiner Weltsicht – die den Horizont verdeckende Wand im Hintergrund deutet es an. Gottergeben will Singer etwa seinen jüngsten Sohn nicht medizinisch behandeln lassen. Für den Lebenshunger seiner erwachsenen Kinder (Julia Nachtmann, Stephan Schad, Stefan Haschke) zeigt er so wenig Verständnis wie für seine Frau (Marlen Diekhoff), deren Körper er nicht mehr begehrt. Erst nach dem Verlust seiner Heimat und seiner Familie, als er sich mutterseelenallein im kapitalistischen Amerika durchschlägt, bricht er mit seinem Herrn im Himmel: „Mehr als sechzig Jahre war ich verrückt, jetzt bin ich es nicht mehr. Der Teufel ist gütiger als Gott."

Inszenierung am Deutschen Schauspielhaus Hamburg, 2011

Bei sparsamster Gestik und Mimik verkörpert Prelle den erst wie aus Holz geschnitzten, dann erschütterten Bewahrer alter Werte, dem am Schluss Wundersames widerfährt. Singer lernt es, als Mensch unter Menschen zu leben, deren Liebe und die Gottes zu spüren. Wie selbstverständlich transportiert Schumacher, sonst erfolgreicher Leiter der Jugendsparte des Schauspielhauses, die Zeitlosigkeit der Geschichte Roths durch die Wahl märchenhaft simpler Theatermittel. Ihre Aktualität spricht für sich. In einem Interview hatte der 1965 geborene Regisseur zuvor sinniert: „Mit Milchkaffeeschlürfen im Szenecafé kommen wir nicht sehr weit. Uns fehlt ein spiritueller Überbau."

- *Auf den Arbeitsblättern 57 und 58 finden Sie drei Kritiken zu zwei unterschiedlichen Inszenierungen des Romans für die Theaterbühne. Arbeiten Sie heraus, welche Aspekte die Regisseure Klaus Schumacher in Hamburg und Johan Simons in München jeweils in den Mittelpunkt ihrer Bearbeitungen gerückt haben.*
- *Wenn Sie eine dieser beiden Aufführungen besuchen könnten – für welche würden Sie sich entscheiden? Begründen Sie Ihre Wahl.*

Zwei Kritiken zur Aufführung des „Hiob" in den Münchner Kammerspielen

Andres Müry: Hiobs wahre Botschaft

[...] Das galizische Schtetl vor dem Ersten Weltkrieg. Dort lebt die jüdische Gemeinde in der Furcht vor Gott und in Angst vor dem nächsten Pogrom. Der Vater grämt sich wegen des Umgangs der schönen Tochter. Da kommt Tevje, der Milchmann, um die Ecke: „Wenn ich einmal reich wär – didel-didel ..."

Unter Freunden. Johan Simons und André Jung, zwei Herren mit Bässen und Bäuchen, kriegen die Szene in der Kantine der Münchner Kammerspiele zwerchfellerschütternd gut hin. Doch natürlich bringt nicht das Musical „Anatevka" den Regisseur mit seinem Lieblingsschauspieler am Ort zusammen. Es ist Joseph Roths Roman „Hiob" von 1930, den die Kammerspiel-Dramaturgie ihrem künftigen Intendanten Simons gemäß dem Spielzeitmotto „Migration" zur Adaption vorschlug.

Die Bearbeitung von Buch- und Filmstoffen für die Bühne zählt zu Simons Spezialitäten. [...] Bei Roth, dem österreichischen Romancier mit galizischen Wurzeln, wandert der Dorfschullehrer Mendel Singer mit Frau und Tochter nach Amerika aus. Sie reisen einem Sohn nach, der dort schon Karriere gemacht hat. Der Jüngste aber, der Epileptiker Menuchim, bleibt wegen der Einwanderungsbestimmungen im Schtetl zurück. Wenngleich ihm ein Wunderrabbi Heilung und obendrein Großes weissagte.

In New York schlägt das Schicksal zu, das Mendel Singer zum alttestamentarischen Hiob, zum Ankläger Gottes macht. Er verliert die Familie. Und dann geschieht das Wunder à la Hollywood: Menuchim taucht auf, geheilt. Er ist erfolgreicher Musiker geworden und beschert dem Vater am Lebensende die „Schwere des Glücks".

Wie kommt man diesem „Wunder" auf der Bühne bei? Mit Ironie? Und was bedeutet es im Licht des Holocausts, der die Welt des Schtetls auslöschte? Auf die Frage ist Simons gefasst. „Die muss ja kommen in Deutschland." Aber es gehe „nicht um jiddische Folklore, Roth ist Weltliteratur". Und das Jüdische? „Das steckt im Humor, in der Musikalität der Sprache und natürlich in der Ironie", sekundiert Jung.

In Simons voll gekritzeltem Regiebuch findet sich die Bühnenbildskizze von Bert Neumann: der Teller eines Grammofons als Spielfläche. Hier ist das „Wunder" auf eine ironische Chiffre gebracht. Die erste Botschaft, die Mendel Singer vom geheilten Sohn erreicht, ist sein Plattenhit „Menuchims Lied".

[...] in „Hiob" [wird] alles in die Figuren, in Dialog und Monolog gelegt. Auf das Etikett „episches Theater" will der Regisseur, der bis zu seinem Amtsantritt 2010 noch das Theater in Gent leitet, jedoch keinesfalls festgelegt werden.

Biblisch. Übrigens glaube er an Wunder, sagt er zum Schluss, „auch ganz privat". Erwarten darf man also mindestens: ein Theaterwunder.

Wolf Banitzki: Hiob – umstritten nach wie vor

Osterfest. Die kleine jüdische Gemeinde in New York erwartet den Messias. Herein tritt Menuchim. Der Kretin aus dem russischen Schtetl Zuchnow, jetzt aufrecht, charismatisch, ein berühmter Komponist und Dirigent, sucht Deborah, die Frau von Mendel Singer. Sie ist inzwischen vor Gram gestorben. Also schließt der junge Mann, dem die Welt zu gehören scheint, den Vater in die Arme. Der erwacht aus seinem alttestamentarischen Kummer und sieht sich dem Glück erbarmungslos ausgeliefert, ebenso wie der Leser des Romans oder der Zuschauer in den Münchner Kammerspielen. Ein Kloß blähte sich im Hals und als der Vorhang fiel, konnte man sich, wie es schien, nur mit frenetischem Applaus von ihm erlösen.

Der Plot erinnert an schlechte Hollywoodfilme der 50er-Jahre. Man möchte ihn dreist nennen, wenn, ja, wenn er nicht so wunderbar funktionieren würde. Dass er funktioniert, macht ihn literarisch nicht besser. Es ist die Vorgeschichte, die ihn (scheinbar) legitimiert. [...]

Bühnenbildner Bert Neumann hatte den Singerschen Kosmos in einem Kinderkarussell eingefangen. Hier befand sich die elende Küche in Zuchnow und die Suite des Astor-Hotels in New York. Wenn es sich bewegte, verging die Zeit. Zwischen Geburt und Tod war die Liebe plakatiert, ein frommer Wunsch für diesen Weltenentwurf. André Jung erspielte einen Mendel, der nicht selten eine Karikatur seiner selbst zu sein schien. Immer wieder taumelte er zwischen Unentschlossenheit, die auch schon mal in Feigheit ausartete, und verbohrtem Festhalten an Traditionen hin und her. Jung schuf eine fast clowneske Figur, deren Komik im Selbstverweis auf seine eigene Unzulänglichkeit bestand. Mit dieser eigenen Unzulänglichkeit rechtfertigte er das Elend, das ihm widerfuhr. Und da es ein großes Elend war, hatte er nicht selten fatalistische Züge.

Leider fehlte dieser Inszenierung die Präzision [...] So wurde viel gestammelt, geschrien, genörgelt und vieles von dem ging in Unkenntlichkeit unter. Es wurde häufig an den Vorhängen des Karussells genestelt, ohne dass deutlich wurde, warum. Die Darsteller betraten die Szene und verließen sie, ohne in die Handlung eingegriffen zu haben. Die Rollenwechsel erschienen gelegentlich so lässig, dass Übergänge schwer nachvollziehbar wurden. Es herrschte wenig Klarheit, außer, wenn Hildegard Schmahl auftrat. Als Ehefrau Deborah war sie der Gegenentwurf zu Jungs Mendel. Sie hielt sich nicht mit religiösen Glaubenssätzen auf und schritt zur Tat, wenn es notwendig war. Die Klarheit ihres pragmatischen Handelns steigerte die Komik Mendels zusätzlich, führte seine Haltung nicht selten ad absurdum. Edmund Telgenkämper und Steven Scharf als Schemarjah und Jonas überzeugten durch wuchtige Präsenz. In der Bühnenfassung war ihnen ohnehin kaum mehr zugestanden als Katalysatorenfunktion. Ebenso begrenzt waren die Möglichkeiten von Wiebke Puls als die „alle Männer liebende“ Schwester Mirjam. Sie spielte direkt und ging bis an die Grenzen natürlicher Scham. Bemerkenswert war die physische Leistung von Sylvana Krappatsch. In der Figur des Menuchim verlieh sie geistigem und körperlichem Kretinismus[1] glaubhaft Gestalt, ohne in billigen Realismus abzugleiten. In ihrem letzten Auftritt als berühmter Musiker erspielte sie eine Haltung, die den neuen Menschen, wenn er denn Gegenstand der Darstellung sein sollte, in keinem sehr menschlichen Licht erscheinen ließ. Unterkühlt und emotional beherrscht führte Sylvana Krappatsch den Vater Mendel ab in die luxuriöse Welt eines genialen Künstlerdaseins.

Es blieb ein billiges und wenig glaubhaftes Happy End, das dennoch einen Sturm der Begeisterung entfachte. Wie viel Hoffnungslosigkeit muss in der Welt sein, wenn ein so simpel gestrickter, lange voraussehbarer Plot so eine Wirkung entfalten kann. Da klingt es beinahe wie eine Entschuldigung, wenn Dramaturg Koen Tachelet darauf verweist, dass „mit dem Happy End im Roman Hiob für uns die Tragödie unserer eigenen neueren Geschichte erst beginnt“. Es ist, als beschwöre man nachträglich den Reflex, der bei uns Deutschen ausgelöst wird, wenn das Wort Jude fällt. Er funktioniert schon beinahe so verlässlich wie der Pawlow'sche und führt nicht selten zur Paralyse. Aber dieser Aspekt steht im 1930 erschienenen Roman nicht drin und wurde auch von der Bühne der Kammerspiele herab nicht explizit erzählt.

Joseph Roth, der an den Folgen seiner durchaus verständlichen Alkoholsucht starb, verschied in dem tiefen Bewusstsein, dass das Ende der Welt gekommen sei. Schon 1936 bemerkte er: „Der neuzeitliche Mensch hat gewissermaßen vergessen, dass er das sittliche Gesetz von Gott am Sinai bekommen hat.“

Wolf Banitzki: Hiob – umstritten nach wie vor
http://www.theaterkritiken.com/index.php?option=com_content&view=article&id=139&catid=40

Inszenierung Münchner Kammerspiele

1 schwere kindliche Schilddrüsenerkrankung; hier Menuchims Krankheitsbild

- *Arbeiten Sie heraus, welche Aspekte die Regisseure Klaus Schumacher in Hamburg (Arbeitsblatt 57) und Johan Simons in München jeweils in den Mittelpunkt ihrer Bearbeitungen gerückt haben.*
- *Wenn Sie eine dieser beiden Aufführungen besuchen könnten – für welche würden Sie sich entscheiden? Begründen Sie Ihre Wahl.*

Regisseur Michael Kehlmann über seine Verfilmung von Joseph Roths Roman „Hiob"

Literatur im Film muss mehr sein als die Bebilderung einer literarischen Vorlage. Es gilt, den epischen Fluss des Romans fühlbar zu machen, sichtbar werden zu lassen, die Welt, in der seine Figuren atmen, erkennbar wieder ins Leben zu rufen, den weit ausholenden Lauf der Handlung in Bildern zu erzählen. Das Kunstmittel „Film" kann – wie der Roman – sich einer epischen Erzählweise bedienen, während das Theater beim Dramatischen bleiben sollte, wenn man von Brecht einmal absieht. Der Roman steht also dem Film näher als dem Theater, daher glückte auch der Versuch, Literatur in das ihr näherliegende Medium zu transformieren, bisher öfter als die Versuche, Episches für die Bühne aufzubereiten.

Zu transformieren, nicht zu deformieren. Also muss man mit Vorsicht zu Werke gehen. Zur Vorsicht gehört aber auch das Wissen, dass der wirklich gelungene, bedeutende Roman – und Hiob gehört zum Bedeutendsten, das in diesem Jahrhundert zu Papier gebracht wurde – immer eher für den Leser als für den Betrachter gemeint ist. Darum nämlich, weil die Fantasie des Lesers die Bilder beim Lesen mitschafft, weil die Fantasie also indeterminiert ist, weil der Leser sich vorstellen kann, was er will und wie er's will. Der Film hingegen schafft Abbilder, die sich Regisseur und Drehbuchautor gemacht haben, er legt somit fest, konkretisiert und determiniert gnadenlos, denn der Film ist ein Kunstmittel, das nur in realistischer Weise zu gebrauchen ist. Was er zeigt, ist real, und was er verschweigt, kommt einfach nicht vor. Er kann aber, in seinen glücklichen und gelungenen Momenten, hinter der Wirklichkeit ein Symbol, hinter dem Abbild eine Wahrheit ahnen lassen, eine Über- oder Unterwelt der Dinge, die sich freilich nicht jedem mitzuteilen braucht.

Trotz all dieser Hemmnisse und Schwierigkeiten habe ich mich wieder an Joseph Roth herangewagt. Weil ich ihn mit Bewunderung liebe, weil er mir nahesteht, weil er, wie keiner in unserer Sprache, in Bildern zu erzählen vermag, weil er so groß ist, dass es vielleicht möglich ist, einen Teil seiner lyrisch-balladesken Kraft in den Film zu retten, ins Bild zu bannen, weil seine verhaltene Melancholie – von seinem Genie einmal abgesehen – vielen zugänglich gemacht werden soll, auch jenen, die nun einmal nicht Romane von Joseph Roth lesen. Und weil die große Allegorie dieses Werkes jeden angeht – und jeden betrifft: Hinter Mendel Singer und seinem Kampf mit und gegen Gott steht die Auflehnung jedes Menschen, der ein Schicksal zu erleiden hat, das ihm zu schwer, das ihm nicht mehr erträglich scheint. Die Auflehnung gegen Gott, gegen die Qual, die manch einem zugemessen wurde, die ewige Frage „Warum gerade ich, warum gerade mir ...?" steht als erkennbares Symbol hinter dieser Legende, die auf die Frage eine Antwort sucht, ob wir das Walten eines blindwütigen Schicksals, des grausamen Zufalls im Chaos, zu ertragen haben oder ob es einen Willen dahinter gibt, eine Macht darüber ...

In diesem qualvollen Jahrhundert, dessen Schrecknisse die Qualen der schwarzen Pest früherer Jahrhunderte zu einem unangenehmen Insektenstich werden lassen, in diesem Jahrhundert, das Lager erschuf, deren Brutalität erst vollkommen wurde, weil sie sich der Technik zu bedienen lernte, hat Österreichs größter Dichter eine Begebenheit aus dem Alten Testament neu erzählt, sie in die Sprache seiner Zeit gebracht. Vielleicht kann mein Film Auflehnung und Demut Joseph Roths und Mendel Singers, von dem etwas in uns allen ist, sein sollte, sichtbar machen.

Aus: Michael Kehlmann: Interne Mitteilung des ORF vom 15.3.1978.

- *Geben Sie wieder, welche Schwierigkeiten der Umsetzung eines Romanstoffs in eine Verfilmung im Text genannt werden. Nennen Sie auch die Chancen und Möglichkeiten einer solchen Adaption.*
- *„Der Roman steht also dem Film näher als dem Theater [...]." (Z. 14 f.) Begründen Sie diese These aus dem Text heraus.*
- *Im letzten Absatz benennt Kehlmann seine Grundintention. Vergleichen Sie seine Deutung der Romanaussage mit denen, die die Regisseure Schumacher und Simons ihren Theaterinszenierungen zugrunde gelegt haben (Arbeitsblätter 57 und 58).*

Zwei Hiob-Bilder im Vergleich

Marc Chagall: Hiob (1960)

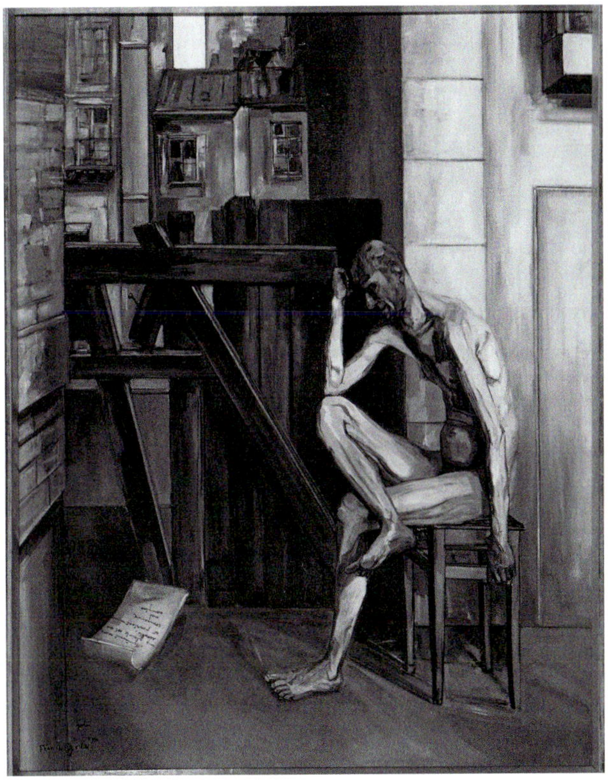

Francis Gruber: Hiob (1944)

- *Betrachten Sie die beiden Bilder von Marc Chagall und Francis Gruber und lassen Sie sie auf sich wirken.*
- *Beschreiben Sie wesentliche Bildelemente, Aufbau, Technik usw.*
- *Vergleichen Sie die Darstellung des Hiob auf den beiden Bildern miteinander.*
- *Welche der beiden Darstellungen spricht Sie mehr an? Begründen Sie Ihre Meinung.*

Drei Werke von Studierenden zu Hiob

- *Die drei Bilder auf diesem Arbeitsblatt sind Werke von Studierenden der Universität Leipzig, die in einem fächerübergreifenden Seminar der theologischen Fakultät und der Kunstpädagogik entstanden sind.*

H. Kuhfus: Hiob und das Leid (Übermalung, 1999)

L. Colditz: Hiob (Übermalung, 1999)

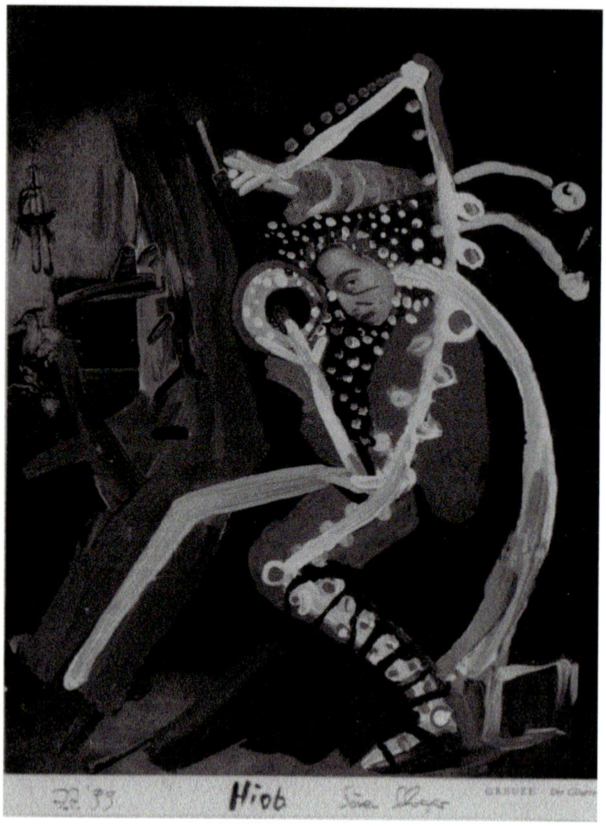

S. Schreyer: Hiob (Übermalung, 1999)

- *Betrachten Sie die drei Bilder und beschreiben Sie ihre Wirkung auf Sie.*
- *Beschreiben Sie, auf welche Weise Hiob auf den Bildern dargestellt ist.*
- *Lassen Sie sich von den Bildern anregen, eigene Hiob-Bilder zu schaffen.*

Eine literarische Figur charakterisieren – Tipps und Techniken

In einer literarischen Charakterisierung werden neben äußeren Merkmalen besonders die Wesenszüge einer literarischen Person analysiert. Gegebenenfalls muss auch ihre Entwicklung im Werk erfasst werden. Dazu ist es wichtig, die im Text vermittelten Informationen zu sammeln, zu ordnen und zu werten. Bei einem dramatischen Text ist es wichtig, nicht nur die Figurenreden zu untersuchen, sondern auch die Regieanweisungen.

Auf diesem Wege gelangt man zu einer Gesamtinterpretation der Figur. Das Wesentliche soll nicht in beschreibender, sondern in argumentierender Form dargelegt werden. Alle Behauptungen, die man über eine Figur aufstellt, müssen begründet, d. h. in der Regel durch eine oder mehrere Textstellen belegt werden. Das Tempus ist das Präsens.

Für die Erarbeitung einer literarischen Charakterisierung können unter anderem folgende Aspekte und Leitfragen von Bedeutung sein:

1. Personalien, sozialer Status und äußeres Erscheinungsbild

- Was erfahren wir über Name, Geschlecht, Alter und Beruf der Figur?
- Werden auffällige äußere Merkmale beschrieben?
- Wie werden die Lebensverhältnisse und das soziale Umfeld der Figur dargestellt?
- Gibt es Informationen zur Vorgeschichte der Figur?

2. Wesentliche Charaktereigenschaften und Verhaltensweisen

- Zeigt die Figur typische Verhaltenseigenschaften und Gewohnheiten?
- Was sind ihre hervorstechenden Wesensmerkmale und Charakterzüge?
- Welche Umstände prägen und bestimmen ihre Existenz?
- Welches Selbstbild hat die Figur?
- Welche inneren Einstellungen, welches Weltbild hat sie?
- Zeigt die Figur eine Veränderung in ihren äußeren Merkmalen oder eine innere Entwicklung?
- Wie wird sie von den anderen Figuren wahrgenommen?
- In welcher Beziehung steht sie zu den anderen Figuren?

3. Sprachgebrauch und Sprachverhalten

- Wie kann man den Sprachgebrauch der Figur allgemein beschreiben (Sprachebene, Sprachstil)?
- Welche Auffälligkeiten lassen sich auf Satz- und Wortebene erkennen (Satzbau, Wortwahl, ...)?
- Welche Botschaften werden durch nonverbale Kommunikation übermittelt (Mimik, Gestik, Körperhaltung)?
- Welches Gesprächsverhalten, welche Gesprächsstrategien verfolgt die Figur?

4. Zusammenfassende Bewertung

- Wie lässt sich die Funktion der Figur für den Roman beschreiben?
- Handelt es sich um einen Charakter oder bloß einen Typus?
- Inwieweit sind festgestellte charakterliche Merkmale gesellschaftlich bedingt?
- Welche Gesamtdeutung der Figur ergibt sich aus den gewonnenen Erkenntnissen?

Aus: Claudia Müller-Völkl, Michael Völkl: Georg Büchner – Woyzeck ... verstehen. Paderborn Schöningh 2010, S. 69 f.

Michael Tilly: Der Sabbat

Am Freitagabend beginnt der wichtigste jüdische Feiertag, der Sabbat (jüdischdeutsch: „Schabbes"), der siebte Tag der Woche. Der Sabbattag, der traditionell bei Einbruch der Dunkelheit beginnt und mit dem Sichtbarwerden von drei Sternen am Himmel über Jerusalem wieder endet, ist frei von jeglicher Arbeit und somit frei für die Begegnung mit Gott. Für alle Juden ist der Sabbat ein Tag der körperlichen und seelischen Ruhe, der allgemeinen Freude und des Friedens, ein Tag des Torastudiums und des Gebets.

Ein Siebentagezyklus ist bereits in älteren vorderorientalischen Kulturen bezeugt. Das Gebot des Sabbats als eines wöchentlichen Tabu- bzw. Ruhetags findet sich in den ältesten Bestandteilen der biblischen Festkalender (Ex 23,12; 34,21) und wurde später in zwei Fassungen im Dekalog verankert. Die eine davon (Ex 20,8–11) bietet eine schöpfungstheologische Begründung des allwöchentlichen Rhythmus von Arbeit und Muße. Indem sie Gottes Ruhetag wiederholen, ehren die Frommen seine Schöpfung. Die andere Version (Dtn 5,12–15) verknüpft den Sabbattag unter Betonung seiner sozialen Bedeutung mit der Exoduserinnerung. Zahlreiche Sabbate wie z. B. der „Sabbat ha-Gadol" („großer Sabbat"), der letzte vor dem Pessachfest, haben ihren Namen von ihrem Platz im Jahreszyklus her bekommen. Durch seine Verankerung im Schöpfungs- und im Exodusgeschehen wurde der Sabbat im Judentum zum erinnernden Zeichen der Treue Gottes.

Entstanden ist der Sabbatfeiertag als Bundeszeichen und Gruppenmerkmal wahrscheinlich zur Zeit des babylonischen Exils. Der dortigen judäischen Gemeinde, fernab der Heimat und des Jerusalemer Tempels, diente er der religiösen und kulturellen Identitätsstiftung und -bewahrung. Dieser unmittelbare Zusammenhang von Bekenntnis zum Judentum und Sabbat zeigte sich Jahrhunderte später auch darin, dass zur Zeit des Antiochos IV. Epiphanes (175–164 v. Chr.) machthungrige und radikal modernistische jüdische Kreise das Verbot von Beschneidung und Sabbat erwirkten, um hierdurch die jüdische Identität der „Altgläubigen" bzw. der bisherigen priesterlichen Machthaber gewaltsam zu unterdrücken (1. Makk 1,48.51; 2. Makk 6,11).

In der rabbinischen Traditionsliteratur wurde umfassend und minutiös festgelegt, welche Verrichtungen als „Arbeit" an einem Sabbat untersagt sind. So sind z. B. Nahrungserzeugung, Textilerzeugung, Lederverarbeitung, Schreibarbeiten, Feuermachen – darunter fällt auch elektrisches Licht –, Handwerken und Lastentragen als „Hauptarbeiten" verboten. In früheren Zeiten übernahm oft ein nicht jüdischer „Schabbesgoi" im jüdischen Haushalt die Verrichtung der am Sabbat den Juden nicht erlaubten Arbeiten. Niemand darf sich am Sabbat mehr als 2 000 Ellen (ca. 1 500 m) von seinem Wohnort fortbewegen (vgl. Ex 16,29). Diese Sabbathalacha betrifft nicht nur das Erwerbsleben, sondern auch den privaten und häuslichen Bereich. Akute Gefahr für Leib und Leben bricht allerdings grundsätzlich das Sabbatgebot.

Der Sabbat wird in der Synagoge und im Haus feierlich begangen. Die gemeinschaftlichen Gebete, Psalmen und Gesänge während des synagogalen Gottesdienstes am Vorabend des Sabbats betonen die Freude über das Anbrechen der Sabbatzeit als eines Vorgeschmacks der Heilszeit. Aus kabbalistischer Tradition stammt die bekannte hebräische Dichtung „Lecha Dodi" („Geh, mein Geliebter"), die den Empfang des Sabbattags wie den Empfang einer geliebten Braut feiert. Die Beter verbeugen sich dabei zu Ehren der himmlischen Braut des irdischen Israels in Richtung des Synagogenportals. Am Ende des Gottesdienstes in aschkenasischen Gemeinden nimmt der Kantor einen mit Wein gefüllten Becher, wendet sich der Gemeinde zu und spricht den „Kiddusch", die zeremonielle Heiligung des göttlichen Namens am Sabbat über den Wein, in der er Gott für diesen festlichen Freudentag dankt.

Im Mittelpunkt des synagogalen Sabbatmorgengottesdienstes steht die Verlesung des wöchentlichen Abschnitts aus der Tora durch Angehörige der Gemeinde oder durch den Kantor. Der gesamte Text der fünf Bücher Moses kommt dabei im einjährigen (babylonischen; so in traditionellen Gemeinden) bzw. im dreijährigen (palästinischen; so in vielen Reformgemeinden) Lesezyklus zum Vortrag. Der Toralesung folgt eine kürzere, sachlich auf diese bezogene Lesung aus den prophetischen Büchern.

Im Haus zündet die Frau zu Beginn des Sabbattags die beiden Sabbatleuchter auf dem Esstisch an, spricht einen Segen darüber und breitet über den Kerzen die Hände aus, um das Licht symbolisch im ganzen Raum zu verteilen. Am Sabbattag, der als solcher ausdrücklich kein Fastentag ist, sind drei Mahlzeiten obligatorisch; insbesondere begeht man in den Familien abends zu Beginn der Dämmerung eine gemeinsame, festliche häusliche Mahlzeit. Im traditionellen Judentum rezitiert dabei das Familienoberhaupt zunächst Spr. 31,10 ff., den biblischen Lobpreis der tüchtigen Frau, und spricht einen Segen über die Kinder. Beim häuslichen Kiddusch wird unmittelbar vor der Mahlzeit ein randvoll mit Wein gefüllter Becher nach einem Segensspruch geleert und sodann ein weiterer Lobspruch über das (meist zopfartig geflochtene) Sabbatbrot gesprochen. Ist kein Wein im Haus, kann der Kiddusch auch über zwei Brotlaibe gesprochen werden. Ist kein Mann im Haus, führt die Frau den Kiddusch durch. Der Kidduschzeremonie folgt die eigentliche festliche Sabbatmahlzeit.

Den Ausgang des Sabbattages und seine Trennung vom Alltag markiert die Zeremonie der „Hawdala" („Unterscheidung"). Der Hausvater preist Gott mit drei Benediktionen und hält dabei im Schein einer Kerze mit mehreren Dochten einen randvoll gefüllten Weinbecher und eine dekorative Besamimbüchse mit duftenden Gewürzen, zumeist Nelken und Zimt, in den Händen. Der randvolle Weinbecher symbolisiert den Überfluss der Gnade Gottes. Die Kerze wird schließlich mit Wein gelöscht. Der Wohlgeruch der Gewürze soll in den kommenden sechs Werktagen an die freudige Zeit des gerade zu Ende gehenden Sabbats erinnern und die Hoffnung auf den kommenden Sabbat wachhalten. Die übliche Gruß- und Wunschformel am Sabbatausgang lautet „Schavua tov" („Eine gute Woche!").

Die Frage der Einhaltung der Sabbathalacha im jüdischen Alltag zeigt die breite Skala gelebter jüdischer Frömmigkeit. Viele Anhänger des Reformjudentums beachten die für den Sabbat geltenden Weisungen überhaupt nicht oder nur partiell. Im konservativen Judentum ist z. B. die Verwendung eines Automobils am Sabbat gestattet, um vom Wohnort zur Synagoge zu fahren. Während die Orthodoxie auch den Gebrauch von Elektrizität am Sabbat untersagt, weil sie ihn als Verwendung von Feuer einstuft, und Vertreter einer besonders strengen Auslegung selbst das Tragen eines Hörgeräts am Sabbat verbieten, suchen viele traditionelle jüdische Haushalte praktische Mittel und Wege der Modifikation der Gebote. So ermöglichen – mit Billigung von rabbinischen Autoritäten – vor dem Sabbat aufgeladene Batterien, spezielle Sabbatsteckdosen oder Schaltuhren die Inbetriebnahme elektrischer Geräte, ohne den Sabbat zu verletzen.

Aus: Michael Tilly: Das Judentum, marixverlag GmbH, 4. korrigierte und ergänzte Auflage, Wiesbaden 2012

- *In Joseph Roths Roman „Hiob" wird mehrfach auf die Vorbereitungen und die Feier des Sabbats hingewiesen. Welche Bedeutung kommt dem Fest für Mendel Singer und seine Familie zu?*
- *Weisen Sie im Einzelnen nach, welche Sitten und Gebräuche Roth in seine Romanhandlung übernommen hat.*

Hans Riebsamen: Ein Wunderrabbi für alle Fälle

30.01.2005 [...]
Die Verzweiflungsrufe kommen zuweilen aus fernen Ländern: „Ich finde keine Frau." Oder: „Hilfe, ich bekomme kein Kind." Dann weiß Shlomo Raskin, was er zu tun hat. Er fährt nach Michelstadt zum jüdischen Friedhof und betet am Grabe des Wunderrabbis Seckel Löb Wormser. Dieser Wundermann, Thora-Lehrer, Kabbalist, Vegetarier, der einst der guten Luft wegen von Frankfurt in den schönen Odenwald gezogen ist, hat schon vielen geholfen, nicht nur Juden, sondern auch Gojim, Nichtjuden, wie Shlomo Raskin herausgefunden hat. Die Michelstädter hätten im Ersten Weltkrieg dank ihres „Baal Schems" keinen einzigen Ortsangehörigen an der Front verloren, dagegen umso mehr im Zweiten Weltkrieg, weil Antisemiten das Grab des Seckel Löb Wormser zerstört hätten.

Längst ist des Rabbis letzte Ruhestätte wiederhergestellt, seine Verwandten haben bald nach dem Krieg dafür gesorgt, und längst pilgern wieder Gläubige aus aller Welt nach Michelstadt, um am Grab zu beten und zu bitten: „Wunder-Rabbi, zeige mir die richtige Frau!"; „Schenke mir einen Sohn!"; „Heile mich von meinem Leiden!" Ob's wirkt? Aber gewiss doch, Shlomo Raskin allein hat drei Fälle erlebt, dass die Bitte in Erfüllung gegangen ist. Er, der religiöse Leiter des jüdischen Altersheims an der Bornheimer Landwehr, von chassidischer Gläubigkeit und Fröhlichkeit, ist überzeugt davon, dass Rabbi Seckel Löb Wormser im Himmel so viel Wirbel macht, dass Gott gar nicht anders kann, als für des Rabbis Klienten die Sache zum Guten zu wenden.

1847 ist der Wunder-Rabbi in Michelstadt gestorben, er gilt bis heute unter Juden als der berühmteste Zaddik der Rhein-Main-Region. Zaddik, das bedeutet so viel wie „heiliger Mensch". Einmal im Monat besucht Shlomo Raskin seine Grabstätte und betet – nicht um eine gute Frau, er hat schließlich eine und dazu fünf Kinder. Nein, er betet im Auftrag. In seinem Notizbuch hat der ob seines Bartes und seiner Kipa unschwer als gläubiger Jude zu identifizierende Mann zahlreiche Namen von Kunden aufgeschrieben, wenn man diesen profanen Ausdruck in diesem heiligen Zusammenhang verwenden darf. Denn Shlomo Raskin betet natürlich aus Menschenliebe für das Wohl jener, die ihn um Hilfe gebeten haben. Aber er nimmt dafür auch gerne einen kleinen Obolus. Wie im Restaurant sei das, der Kellner müsse seine Aufgabe tun, aber wenn er ein Trinkgeld bekomme, tue er sie freudiger. Im Übrigen habe auch der Wunderrabbi von Michelstadt das Geld nicht verachtet. Als er einmal davon träumte, sein Haus werde abbrennen, ließ er es versichern – was sich auszahlte, als es dann tatsächlich ein Raub der Flammen wurde.

26 Gräber von Wunder-Rabbinern und heiligen Menschen gibt es in Askenasien, wie Shlomo Raskin Deutschland nennt: in Worms, Mainz, Speyer, Karlsruhe, Hamburg, Frankfurt und Michelstadt. Oder besser gesagt, Gräber, zu denen Pilger kommen. Der Mann aus Israel, der im Auftrag der Frankfurter Jüdischen Gemeinde für das religiöse Wohl der Altenheim-Bewohner sorgt, hat sie in einem Buch alle aufgezählt. Jetzt will er das Werk in deutscher Sprache herausbringen, in einer gut bebilderten Ausgabe.

Darin wird auch das Wichtigste zu erfahren sein über Resale Sofer, die einzige Frau unter den 26 Zaddiks, beerdigt auf dem alten jüdischen Friedhof an der Battonnstraße in Frankfurt – Shlomo Raskins Lieblingsgrab. Hier tun seine Gebete ganz besonders ihre Wirkung, glaubt er, denn: „Gott wird nicht Nein sagen, wenn eine Frau kommt." Resale Sofer ist die himmlische Spezialistin für böse Augen. Wenn jemand sich verflucht sieht von einem neidischen anderen, sollte er sich an die gute Jüdin aus Frankfurt wenden.

Wer mehr an die himmlische Durchsetzungskraft von Männern glaubt, sollte sich dagegen dem Rebbe Israel Perlow anvertrauen, Frankfurts erstem Wunderrabbi, der auf dem jüdischen Friedhof an der Rat-Beil-Straße beerdigt ist. Er starb 1922 in Bad Nauheim an einem Herzinfarkt, konnte aber wegen des jüdischen Neujahrsfestes nicht – wie es bei Juden Brauch ist – sofort begraben werden und fand seine letzte Ruhestätte nur dank eines Tricks in Frankfurt: Man packte die Leiche zwei Tage nach dem Exitus in einen Wagen und transportierte sie in die Stadt, wo ein Arzt freundlicherweise feststellte, dass der Rebbe eben erst verschieden sei.

Als Heiliger galt Israel Perlow schon seit seinem dritten Lebensjahr, in seiner Heimatstadt im russischen Stolin kamen viele zu dem Knaben, der Fragen der Ratsuchenden mit Ja oder Nein zu beantworten pflegte. Später, als Erwachsener, gab dieser „Vollkommene", eine der führenden Persönlichkeiten der Glaubensgemeinschaft der Chassidim, der auch der Maler Marc Chagall angehörte, mehr als nur kurze Antworten, sprach vielmehr in weisen Sätzen. Und heute liest er vermutlich die „Kwitls", die kleinen Zettel mit Bitten und Wünschen, die seine meist mit schwarzen Kaftanen und Hüten bekleideten Besucher aus New York, London und Antwerpen an sein Grab stecken, und wendet sich damit an Gott. Was des Rebbes Spezialität ist? Er ist ein Wundermann, weiß Shlomo Raskin, und hilft in allen Fällen.

Hans Riebsamen: Ein Wunderrabbi für alle Fälle. Artikel vom 30.01.2005 auf FAZ net: http://www.faz.net/aktuell/rhein-main/frankfurt/judentum-ein-wunderrabbi-fuer-alle-faelle-1209958.html.

- *Fassen Sie die Romanszene, in der Deborahs Konsultation des Wunderrabbis beschrieben wird, mit eigenen Worten zusammen.*
- *Welche Hoffnung der Menschen führt dazu, dass auch heute noch der Glaube an die Taten eines „Wunderrabbi" verbreitet ist?*
- *Kennen Sie auch ähnliche Personen und Riten aus Ihrer eigenen oder anderen Religionen?*

Franz Kafka: Samstag beim Wunderrabbi

14. (September 1915) mit Max und Langer Samstag beim Wunderrabbi. Žizkov, Harantova ulice. Viele Kinder auf dem Trottoir und den Treppenstufen. Ein Gasthaus. Oben vollständig finster, blindlings paar Schritte mit vorgehaltenen Händen. Ein Zimmer mit bleichem Dämmerlicht, weißgraue Wände, einige kleine Frauen und Mädchen, weiße Kopftücher, blasse Gesichter, stehn herum, kleine Bewegungen; Eindruck des Blutleeren. Nächstes Zimmer. Alles schwarz, voll mit Männern und jungen Leuten. Lautes Beten. Wir drücken uns in eine Ecke. Kaum sehen wir uns ein wenig um, ist das Gebet zu Ende, das Zimmer leert sich. Ein Eckzimmer mit zwei Fensterwänden mit je 2 Fenstern. Wir werden zu einem Tisch gedrängt, rechts vom Rabbi. Wir wehren uns, „Ihr seid doch auch Juden." Das stärkste väterliche Wesen macht den Rabbi. Alle Rabbi sehen wild aus, sagte Langer. Dieser im Seidenkaftan, darunter schon Unterhosen sichtbar. Haare auf dem Nasenrücken. Mit Fell eingefasste Kappe, die er immerfort hin und her rückt. Schmutzig und rein, Eigentümlichkeit intensiv denkender Menschen. Kratzt sich am Bartansatz, schneuzt durch die Hand auf den Fußboden, greift mit den Fingern in die Speisen – wenn er aber ein Weilchen die Hand auf dem Tisch liegen lässt, sieht man das Weiß der Haut, wie man ein ähnliches Weiß nur in Vorstellungen der Kindheit gesehn zu haben glaubt. Damals allerdings waren auch die Eltern rein.

Aus: Kafka, Franz: Tagebücher 1910–1923. Herausgegeben von Max Brod. Frankfurt am Main: Fischer Taschenbuch Verlag 1976.

- *Analysieren Sie, wie Kafka seine Wahrnehmung des Rabbi sprachlich darstellt.*
- *Welche Wirkung übt der Rabbi in der Rückschau auf den jungen Kafka aus?*
- *Vergleichen Sie diesen Tagebucheintrag mit Deborahs Begegnung mit dem Wunderrabbi.*
- *Schreiben Sie einen Tagebucheintrag, wie ihn Deborah am Abend notiert haben könnte.*

Das Märchen vom Fischer und seiner Frau

Es war einmal ein Fischer und seine Frau, die wohnten zusammen in einem alten Pott dicht an der See, und der Fischer ging alle Tage hin und angelte, und er angelte und angelte. So saß er auch einmal mit seiner Angel und schaute immer in das klare Wasser hinein, und er saß und saß.

Da ging die Angel auf den Grund, tief, tief hinab, und wie er sie heraufholte, da zog er einen großen Butt heraus. Da sagte der Butt zu ihm: „Höre, Fischer, ich bitte dich, lass mich leben, ich bin kein richtiger Butt, ich bin ein verwünschter Prinz. Was hilft es dir, wenn du mich tötest? Ich würde dir doch nicht recht schmecken. Setz mich wieder ins Wasser und lass mich schwimmen!"

„Nun", sagte der Mann, „du brauchst nicht so viele Worte zu machen, einen Butt, der sprechen kann, werde ich doch wohl schwimmen lassen." Damit setzte er ihn wieder in das klare Wasser hinein, und der Butt schwamm zum Grund hinab und ließ einen langen Streifen Blut hinter sich. Der Fischer aber stand auf und ging zu seiner Frau in den alten Pott.

„Mann", sagte die Frau, „hast du heute nichts gefangen?"

„Nein", sagte der Mann, „ich habe einen Butt gefangen, der sagte, er sei ein verwünschter Prinz, da habe ich ihn wieder schwimmen lassen."

„Hast du dir denn nichts gewünscht?", sagte die Frau.

„Nein", sagte der Mann, „was sollte ich mir denn wünschen?"

„Ach", sagte die Frau, „es ist doch übel, hier immer in dem alten Pott zu wohnen, der stinkt und ist so eklig; du hättest uns doch eine kleine Hütte wünschen können. Geh noch einmal hin und rufe den Butt und sage ihm, wir wollen eine kleine Hütte haben. Er tut das gewiss."

„Ach", sagte der Mann, „was soll ich da noch mal hingehen?"

„I", sagte die Frau, „du hast ihn doch gefangen gehabt und hast ihn wieder schwimmen lassen, er tut das gewiss. Geh nur gleich hin!" Der Mann wollte noch nicht so recht; aber er wollte auch seiner Frau nicht zuwiderhandeln, und so ging er denn hin an die See. Als er da nun hinkam, war die See ganz grün und gelb und gar nicht mehr so klar. Da stellte er sich denn hin und rief:

„Manntje, Manntje, Timpe Te,
Buttje, Buttje in der See,
myne Fru, de Ilsebill,
will nich so, as ik wol will."

Da kam der Butt angeschwommen und sagte: „Na, was will sie denn?"

„Ach", sagte der Mann, „ich hatte dich doch gefangen, nun sagt meine Frau, ich hätte mir etwas wünschen sollen. Sie mag nicht mehr in dem alten Pott wohnen, sie wollte gerne eine Hütte."

„Geh nur hin", sagte der Butt, „sie hat sie schon."

Da ging der Mann hin, und seine Frau saß nicht mehr in dem alten Pott, aber es stand nun eine kleine Hütte da, und seine Frau saß vor der Tür auf einer Bank. Da nahm ihn seine Frau bei der Hand und sagte zu ihm: „Komm nur herein, siehst du, nun ist das doch viel besser."

Da gingen sie hinein, und in der Hütte war ein kleiner Vorplatz und eine kleine hübsche Stube und eine Kammer, wo für jeden ein Bett stand, und Küche und Speisekammer und ein Geräteschuppen waren auch da, und alles war auf das Schönste und Beste eingerichtet mit Zinnzeug und Messingzeug, wie sich das so gehört. Und hinter der Hütte, da war auch ein kleiner Hof mit Hühnern und Enten und ein kleiner Garten mit Gemüse und Obst.

„Siehst du", sagte die Frau, „ist das nicht nett?"

„Ja", sagte der Mann, „so soll es bleiben; nun wollen wir recht vergnügt leben."

„Das wollen wir uns bedenken", sagte die Frau. Und dann aßen sie etwas und gingen zu Bett.

So ging das wohl acht oder vierzehn Tage, da sagte die Frau: „Hör, Mann, die Hütte ist auch gar zu eng, und der Hof und der Garten sind so klein. Der Butt hätte uns wohl auch ein größeres Haus schenken können. Ich möchte wohl in einem großen steinernen Schloss wohnen. Geh hin zum Butt, er soll uns ein Schloss schenken!"

„Ach, Frau", sagte der Mann, „die Hütte ist ja gut genug, was sollen wir in einem Schloss wohnen?"

„I was", sagte die Frau, „geh du nur hin, der Butt kann das wohl tun."

„Nein, Frau", sagte der Mann, „der Butt hat uns erst die Hütte gegeben, ich mag nun nicht schon wieder kommen, das könnte den Butt verdrießen."

„Geh doch!", sagte die Frau. „Er kann das recht gut und tut das gern, geh du nur hin!" Dem Manne war das Herz so schwer, und er wollte nicht. Er sagte bei sich selbst: Das ist nicht recht, er ging aber doch hin. Als er an die See kam, war das Wasser ganz violett und dunkelblau und grau und dick und gar nicht mehr so grün und gelb, doch war es noch still. Da stellte er sich hin und rief:

„Manntje, Manntje, Timpe Te,
Buttje, Buttje in der See,
myne Fru, de Ilsebill,
will nich so, as ik wol will."

„Na, was will sie denn?", sagte der Butt.

„Ach", sagte der Mann halb bekümmert, „sie will in einem großen Schlosse wohnen."

„Geh nur hin, sie steht schon vor der Tür", sagte der Butt.

Da ging der Mann fort und dachte, er wollte nach Hause gehen, aber als er da ankam, stand da nun ein großer, steinerner Palast, und seine Frau stand eben auf der Treppe und wollte hineingehen. Da nahm sie ihn bei der Hand und sagte: „Komm nur herein!" Darauf ging er mit ihr hinein, und in dem Schlosse war eine große Diele mit marmelsteinernem Boden, und da waren so viele Bediente, die rissen die großen Türen auf, und die Wände glänzten von schönen Tapeten, und in den Zimmern waren lauter goldene Stühle und Tische, und kristallene Kronleuchter hingen an der Decke, und in allen Stuben und Kammern lagen Teppiche. Und das Essen und der allerbeste Wein standen auf den Tischen, als wenn sie brechen sollten. Und hinter dem Hause war auch ein großer Hof mit Pferd- und Kuhstall und mit Kutschwagen auf das Allerbeste, und da war auch noch ein großer, prächtiger Garten mit den schönsten Blumen und feinen Obstbäumen und ein Lustwäldchen, wohl eine halbe Meile lang, darin waren Hirsche und Rehe und Hasen, alles, was man sich nur immer wünschen mag.

„Na", sagte die Frau, „ist das nun nicht schön?"

„Ach ja", sagte der Mann, „so soll es auch bleiben, nun wollen wir in dem schönen Schlosse wohnen und wollen zufrieden sein."

„Das wollen wir uns bedenken", sagte die Frau, „und wollen es beschlafen." Und damit gingen sie zu Bett. Am andern Morgen wachte die Frau zuerst auf, es wollte gerade Tag werden, und sie sah aus ihrem Bette das herrliche Land vor sich liegen. Der Mann reckte sich noch, da stieß sie ihn mit dem Ellenbogen in die Seite und sagte: „Mann, steh auf und guck mal aus dem Fenster! Sieh, könnten wir nicht König werden über all das Land? Geh hin zum Butt, wir wollen König sein!"

„Ach, Frau", sagte der Mann, „was sollen wir König sein! Ich mag nicht König sein!"

„Na", sagte die Frau, „willst du nicht König sein, so will ich König sein. Geh hin zum Butt, ich will König sein."

„Ach, Frau", sagte der Mann, „was willst du König sein? Das mag ich ihm nicht sagen."

„Warum nicht?", sagte die Frau. „Geh stracks hin, ich muss König sein."

Da ging der Mann hin und war ganz bekümmert, dass seine Frau König werden wollte. Das ist nicht recht und ist nicht recht, dachte der Mann. Er wollte gar nicht hingehen, ging aber doch hin.

Und als er an die See kam, da war die See ganz schwarzgrau, und das Wasser gärte so von unten herauf und roch ganz faul. Da stellte er sich hin und rief:

„Manntje, Manntje, Timpe Te,
Buttje, Buttje in der See,
myne Fru, de Ilsebill,
will nich so, as ik wol will."

„Na, was will sie denn?", sagte der Butt.

„Ach", sagte der Mann, „sie will König werden."

„Geh nur hin, sie ist es schon", sagte der Butt.

Da ging der Mann hin, und als er zum Palast kam, da war das Schloss viel größer geworden und hatte einen großen Turm und herrlichen Zierrat daran, und die Schildwachen standen vor dem Tor, und da waren so viele Soldaten und Pauken und Trompeten. Und als er in das Haus kam, da war alles von purem Marmelstein mit Gold und samtenen Decken und großen goldenen Quasten. Da gingen die Türen vom Saal auf, in dem der ganze Hofstaat war, und seine Frau saß auf einem hohen Thron von Gold und Diamant und hatte eine große goldene Krone auf und das Zepter in der Hand von purem Gold und Edelstein, und auf jeder Seite von ihr standen sechs Jungfrauen in einer Reihe, eine immer einen Kopf kleiner als die andere.

Da stellte er sich hin und sagte: „Ach, Frau, bist du nun König?"

„Ja", sagte die Frau, „nun bin ich König."

Da stand er da und sah sie an, und als er sie so eine Zeit lang angesehen hatte, da sagte er: „Ach, Frau, was steht dir das schön, wenn du König bist! Nun wollen wir auch nichts mehr wünschen."

„Nein, Mann", sagte die Frau und war ganz unruhig, „mir wird schon die Zeit und Weile lang, ich kann das nicht mehr aushalten. Geh hin zum Butt, König bin ich, nun muss ich Kaiser auch werden."

„Ach, Frau", sagte der Mann, „was willst du Kaiser werden!"

„Mann", sagte sie, „geh hin zum Butt, ich will Kaiser sein."

„Ach, Frau", sagte der Mann, „Kaiser kann er nicht machen, ich mag dem Butt das nicht sagen; Kaiser ist nur einer im Reich. Kaiser kann der Butt ja nicht machen, das kann und kann er nicht."

„Was", sagte die Frau, „ich bin König, und du bist bloß mein Mann, willst du gleich hingehen? Sofort gehst du hin. Kann er König machen, kann er auch Kaiser machen. Ich will und will Kaiser sein, gleich geh hin!" Da musste er hingehen.

Als der Mann aber hinging, da war ihm ganz bang, und als er so ging, dachte er bei sich: Das geht und geht nicht gut. Kaiser ist zu unverschämt. Der Butt wird das am Ende doch müde. Und da kam er nun an die See, da war die See ganz schwarz und dick und fing schon an, so von unten herauf zu gären, dass es Blasen gab, und da ging ein Windstoß darüber hin, dass es nur so schäumte, und dem Manne graute. Da stellte er sich hin und rief:

„Manntje, Manntje, Timpe Te,

Buttje, Buttje in der See,
myne Fru, de Ilsebill,
will nich so, as ik wol will."

„Na, was will sie denn?", sagte der Butt.

„Ach, Butt", sagte er, „meine Frau will Kaiser werden."

„Geh nur hin", sagte der Butt, „sie ist es schon."

Da ging der Mann fort, und als er ankam, da war das ganze Schloss von poliertem Marmelstein mit alabasternen Figuren und goldenem Zierrat. Vor dem Tor marschierten die Soldaten, und sie bliesen Trompeten und schlugen Pauken und Trommeln.

Aber im Hause, da gingen die Barone und Grafen und Herzoge nur so als Bedìente herum. Da machten sie ihm die Türen auf, die waren von lauter Gold. Und als er hereinkam, da saß seine Frau auf einem Thron, der war von einem Stück Gold und war wohl zwei Meilen hoch. Und sie hatte eine große goldene Krone auf, die war drei Ellen hoch und mit Brillanten und Karfunkelsteinen besetzt. In der einen Hand hatte sie das Zepter und in der anderen Hand den Reichsapfel, und auf beiden Seiten neben ihr, da standen die Trabanten so in zwei Reihen, einer immer kleiner als der andere, von dem allergrößten Riesen, der war zwei Meilen hoch, bis zu dem allerkleinsten Zwerg, der war nur so groß wie mein kleiner Finger. Und vor ihr standen viele Fürsten und Herzöge.

Da stellte sich der Mann dazwischen und sagte: „Frau, bist du nun Kaiser?"

„Ja", sagte sie, „ich bin Kaiser."

Da stand er da und sah sie so recht an, und als er sie eine Zeit lang angesehen hatte, da sagte er: „Ach, Frau, was steht dir das schön, wenn du Kaiser bist."

„Mann", sagte sie, „was stehst du da herum? Ich bin nun Kaiser, nun will ich aber auch Papst werden, geh hin zum Butt!"

„Ach, Frau", sagte der Mann, „was willst du denn noch? Papst kannst du nicht werden, Papst ist nur einer in der Christenheit, das kann er doch nicht machen."

„Mann", sagte sie, „ich will Papst werden, geh gleich hin, ich muss heute noch Papst werden."

„Nein, Frau", sagte der Mann, „das mag ich ihm nicht sagen! Das geht nicht gut, das ist zu grob, zum Papst kann dich der Butt nicht machen."

„Mann, was für ein Geschwätz", sagte die Frau, „kann er Kaiser machen, kann er auch Papst machen. Geh sofort hin! Ich bin Kaiser, und du bist bloß mein Mann, willst du wohl hingehen?"

Da kriegte er Angst und ging hin, ihm war aber ganz flau, und er zitterte und bebte, und die Knie und die Waden bibberten ihm. Da fuhr ein Wind über das Land, und die Wolken flogen, dass es dunkel wurde wie am Abend, die Blätter wehten von den Bäumen, und das Wasser ging und brauste, als ob es kochte, und schlug an das Ufer, und weit draußen sah er die Schiffe, die gaben Notschüsse ab und tanzten und sprangen auf den Wellen. Der Himmel war in der Mitte noch so ein bisschen blau, aber an den Seiten, da zog es herauf wie ein schweres Gewitter. Da stellte er sich ganz verzagt in seiner Angst hin und sagte:

„Manntje, Manntje, Timpe Te,
Buttje, Buttje in der See,
meine Frau, die Ilsebill,
will nicht so, wie ich wohl will."

„Na, was will sie denn?", sagte der Butt.

„Ach", sagte der Mann, „sie will Papst werden."

„Geh nur hin, sie ist es schon", sagte der Butt.

Da ging er fort, und als er ankam, war da eine große Kirche von lauter Palästen umgeben. Da drängte er sich durch das Volk. Innen war aber alles mit tausend und tausend Lichtern erleuchtet, und seine Frau war in lauter Gold gekleidet und saß auf einem noch viel höheren Thron und hatte drei große goldene Kronen auf, und rings um sie herum standen viele vom geistlichen Stand, und auf beiden Seiten neben ihr, da standen zwei Reihen Lichter, das größte so dick und so groß wie der allergrößte Turm bis hinunter zum allerkleinsten Küchenlicht, und alle die Kaiser und die Könige, die lagen vor ihr auf den Knien und küssten ihr den Pantoffel.

„Frau", sagte der Mann und sah sie so recht an, „bist du nun Papst?"

„Ja", sagte sie, „ich bin Papst."

Da stand er da und sah sie recht an, und das war, als ob er in die helle Sonne sähe. Als er sie nun eine Zeit lang angesehen hatte, da sagte er: „Ach, Frau, was steht dir das schön, dass du Papst bist!" Sie saß aber da so steif wie ein Baum und rüttelte und rührte sich nicht.

Da sagte er: „Frau, nun sei auch zufrieden, jetzt wo du Papst bist, jetzt kannst du doch nichts anderes mehr werden."

„Das will ich mir bedenken", sagte die Frau. Damit gingen sie beide zu Bett, aber sie war nicht zufrieden, und die Gier ließ sie nicht schlafen, sie dachte immer, was sie noch mehr werden könnte.

Der Mann schlief recht gut und fest, er war den Tag viel gelaufen, die Frau aber konnte gar nicht einschlafen und warf sich von einer Seite auf die andere, die ganze Nacht hindurch, und dachte nur immer, was sie wohl noch werden könnte, und konnte sich doch auf nichts mehr besinnen. Schließlich wollte die Sonne aufgehen, und als die Frau das Morgenrot sah, da richtete sie sich in ihrem Bett auf und sah sich das an, und als sie nun im Fenster die Sonne heraufkommen sah, da dachte sie: Ha, könnte ich nicht auch die Sonne und den Mond aufgehen lassen?

„Mann", sagte sie und stieß ihn mit dem Ellenbogen in die Rippen, „wach auf, geh hin zum Butt, ich will werden wie der liebe Gott." Der Mann war noch halb im Schlaf, aber er erschrak so, dass er aus dem Bette fiel. Er meinte, er hätte sich verhört, rieb sich die Augen aus und fragte: „Ach, Frau, was hast du gesagt?“

„Mann“, sagte sie, „wenn ich nicht die Sonne und den Mond kann aufgehen lassen und muss das so mit ansehen, wie Sonne und Mond aufgehen – ich kann das nicht aushalten und habe keine ruhige Stunde mehr, dass ich sie nicht selber kann aufgehen lassen.“ Da sah sie ihn so recht grausig an, dass ihn ein Schauder überlief. „Sofort gehst du hin, ich will werden wie der liebe Gott.“

„Ach, Frau“, sagte der Mann und fiel vor ihr auf die Knie, „das kann der Butt nicht. Kaiser und Papst kann er machen, ich bitte dich, sei vernünftig und bleib Papst!“

Da kam sie in Wut, die Haare flogen ihr wild um den Kopf, sie riss sich das Leibchen auf und trat nach ihm mit dem Fuß und schrie: „Ich halte und halte das nicht länger aus. Willst du wohl gleich hingehen!“ Da zog er sich die Hosen an und rannte los wie ein Verrückter.

Draußen aber ging der Sturm und brauste, dass er kaum noch auf seinen Füßen stehen konnte. Die Häuser und die Bäume wurden umgeweht, und die Berge bebten, und die Felsbrocken rollten in die See, und der Himmel war pechschwarz, und es donnerte und blitzte, und die See rollte daher in hohen schwarzen Wogen, so hoch wie Kirchtürme und Berge, und sie hatten alle darauf eine weiße Krone von Schaum. Da schrie er und konnte sein eigenes Wort nicht hören:

„Manntje, Manntje, Timpe Te,
Buttje, Buttje in der See,
meine Frau, die Ilsebill,
will nicht so, wie ich wohl will.“

„Na, was will sie denn?“, fragte der Butt.

„Ach“, sagte er, „sie will wie der liebe Gott werden.“

„Geh nur hin, sie sitzt schon wieder in dem alten Pott.“

Und da sitzen sie noch bis heute und auf diesen Tag.

Aus: Brüder Grimm: Die schönsten Kinder- und Hausmärchen. Hille und Partner 2009.

- *Tauschen Sie sich über Ihre Gedanken zu diesem Märchen aus.*
- *Wie schätzen Sie das Verhalten von Ilsebill ein?*
- *Vergleichen Sie Ilsebills Verhalten und ihre Motive mit der Figur Deborah in Joseph Roths Roman „Hiob“.*

Joseph und seine Brüder.
Nacherzählt von Margret Nußbaum

Endlich waren Jakob, seine vier Frauen, die elf Söhne, seine Diener und Herden in Kanaan angekommen. Doch schon bald kam großes Leid über Jakob. Rahel, seine Lieblingsfrau, starb bei der Geburt ihres zweiten Sohnes Benjamin. In seiner Verzweiflung klammerte sich der Vater an Rahels ersten Sohn Joseph. Er hatte große Ähnlichkeit mit Rahel und erinnerte ihn sehr an sie. Joseph war Jakobs Lieblingssohn. Ihn behandelte er wie einen Erstgeborenen – obwohl die zehn anderen Brüder älter waren als er. Darüber waren sie sehr böse.

Jakob schenkte seinem Lieblingssohn einen besonders wertvollen Mantel mit langen Ärmeln. Seine älteren Söhne waren außer sich vor Zorn, und sie begannen, Joseph zu hassen. Als Joseph seinen Brüdern einmal beim Hüten der Schafe half, war er entsetzt über deren Faulheit und Nachlässigkeit. Er erzählte es seinem Vater. Und von da an wurde alles noch schlimmer. Die Brüder sprachen kein Wort mehr mit ihm.

Eines Morgens erzählte Joseph den Brüdern seinen Traum: „Wir waren alle draußen auf dem Feld und banden Garben aus Getreide. Plötzlich richtete sich meine Garbe auf. Eure Garben aber stellten sich im Kreis um meine herum auf und verneigten sich vor ihr." Seine Brüder waren sauer und schrien Joseph an: „Was bildest du dir ein?! Glaubst du etwa, wir würden uns vor dir verneigen?!"

Einige Tage später hatte Joseph wieder einen merkwürdigen Traum. Diesmal erzählte er ihn seinem Vater: „Stell dir vor, Vater! Ich träumte, dass die Sonne, der Mond und elf Sterne vor mir niederknieten." Jakob war entsetzt. Sollten die Sonne und der Mond etwa ihn und seine Lieblingsfrau Rahel darstellen und die elf Sterne Jakobs Brüder? Er wurde ärgerlich und sagte zu Joseph: „So ein Hochmut! Möchtest du dich höher stellen als deine Eltern?" Doch Jakob dachte weiter über den Traum seines Sohnes nach. Ob Gott ihm so mitteilen wollte, dass Joseph etwas ganz Besonderes war und dass er ihn vor allen anderen seiner Familie auserwählt hatte? Die zehn älteren Brüder aber hatten an der Tür gelauscht, als Joseph seinem Vater den zweiten Traum erzählte. Nun hatten sie endgültig genug von diesem Aufschneider und Wichtigtuer. Und sie warteten auf eine Gelegenheit, es ihrem Bruder gründlich heimzuzahlen.

Diese Gelegenheit kam schneller, als sie dachten. Denn schon bald forderte Jakob seinen Sohn Joseph auf: „Deine Brüder müssten längst zurück sein. Ich mache mir Sorgen um sie. Geh zu den Herden und sieh nach, ob alles in Ordnung ist!" Joseph machte sich auf den Weg. Schon von Weitem erkannten ihn die Brüder an seinem kostbaren Mantel. „Am besten töten wir Joseph", sagte einer der Brüder, „dann sind wir ihn ein für alle Mal los." Die anderen stimmten ihm zu – bis auf Ruben, Jakobs ältester Sohn. Er sagte: „Nein, damit bin ich nicht einverstanden. Wir sind doch keine Mörder. Aber lasst uns ihn in den ausgetrockneten Brunnen dort hinten werfen! Das wird ihm eine Lehre sein."

Als Joseph sich den Brüdern näherte, packten sie ihn, zogen ihm den kostbaren Mantel aus und warfen ihn in den Brunnen. Joseph schrie um Hilfe. Aber seine Brüder kümmerten sich nicht um ihn. Sie ließen sich zum Essen nieder. In der Ferne erblickten sie eine Karawane. Es mussten reiche Kaufleute sein, denn ihre Kamele waren voll mit kostbaren Gewürzen beladen. Die Männer wollten nach Ägypten, um dort Handel zu betreiben. Juda, einer von Josephs älteren Brüdern, hatte eine Idee: „Lasst uns Joseph an die Händler verkaufen. Es ist viel besser, als ihn zu töten. Denn da bekommen wir wenigstens noch etwas Geld." Alle waren einverstanden – bis auf Ruben, der weggegangen war. Einige Brüder verhandelten mit den Kaufleuten, die anderen zerrten Joseph aus dem Brunnen. Die Händler sahen, dass Joseph kräftig und gesund war. Auf dem Sklavenmarkt würden sie gutes Geld für ihn bekommen. Schnell wurden sie sich mit den Brüdern handelseinig und kauften Joseph für 20 Silberlinge. Dann fesselten sie Joseph und nahmen ihn mit nach Ägypten.

Kurze Zeit später kam Ruben zum Brunnen zurück. Er wollte Joseph heimlich befreien und ihn nach Hause bringen. Als er den Brunnen leer vorfand, war er entsetzt. Hatten seine Brüder Joseph umgebracht? Sie erklärten ihm, dass sie Joseph an Händler verkauft hatten. Nun mussten sie überlegen, was sie ihrem Vater erzählten. Da schlachteten sie einen Ziegenbock und tauchten Josephs kostbaren Mantel in dessen Blut. Zu Hause zeigten sie dem Vater Josephs blutbefleckten Mantel und sagten: „Diesen Mantel haben wir gefunden. Gehörte er nicht unserem Bruder?" Jakob weinte und schrie: „Bestimmt wurde Joseph von einem wilden Tier getötet. Nun habe ich nicht nur meine geliebte Rahel verloren, sondern auch noch meinen über alles geliebten Sohn!"

Katholisch.de, http://www.katholisch.de/25961.html

■ *Inwiefern spiegelt sich die biblische Josephsgeschichte im Schicksal Menuchims wider?*

Bestimmung der Erzählinstanz

Im Gegensatz zu lyrischen und dramatischen Texten zeichnen sich **erzählende Texte** dadurch aus, dass in ihnen in der Regel eine **in der Zeit fortschreitende Handlung** dargestellt wird. Dies geschieht durch einen **Erzähler**, der für den Leser mehr oder weniger deutlich erkennbar ist.

Autor – Erzähler
Vom Autor eines Erzähltextes unterscheidet man den Erzähler, der als vermittelnde Instanz zwischen Autor und Leser tritt. Auch wenn der Erzähler Ähnlichkeiten mit dem Autor aufweisen kann, z. B. wenn autobiografische Erfahrungen verarbeitet werden, muss immer zwischen Autor und Erzähler getrennt werden.

Erzählform
Der Erzähler kann zwei Erzählformen benutzen, nämlich die **Ich-Erzählung** (der Erzähler tritt selbst in Erscheinung, spricht von sich und verwendet das Personalpronomen 1. Person Singular) oder die **Er-/Sie-Erzählung** (der Erzähler berichtet über andere und tritt selbst in den Hintergrund).

Erzählperspektive und Erzählerstandort
Man unterscheidet hier zum einen die **Innen-** und die **Außensicht**. Der Erzähler kann sich auf das beschränken, was er als Betrachter von außen wahrnehmen kann (Außensicht); er kann aber auch in die Figuren hineinsehen und ihre Wahrnehmungen, Gedanken und Gefühle mitteilen; dann erzählt er aus der Innensicht der Figuren. Er vermittelt dem Leser so das Gefühl, unmittelbarer am Geschehen teilzuhaben. Zum anderen ist es wichtig, welchen **Standort** der Erzähler zum erzählten Geschehen einnimmt. Er kann außerhalb der von ihm erzählten Welt stehen und als an der Handlung Unbeteiligter berichten. Er erzählt dann aus großer **Distanz**, hat zumeist den Überblick über die gesamte Handlung und kennt auch deren Vorgeschichte und Fortgang; man spricht von einem **olympischen** oder **allwissenden** Erzähler.
Der Erzähler kann aber auch Teil der von ihm erzählten Welt sein. Er ist sehr **nah am Geschehen** und hat in der Regel nur eine **eingeschränkte Perspektive** auf die Figuren und die Handlung.
Wie wir das Erzählte wahrnehmen, hängt ganz wesentlich davon ab, wie Erzählperspektive und Erzählerstandort gewählt werden. Diese können innerhalb eines Textes wechseln.

Erzählverhalten
Man unterscheidet zwischen auktorialem, personalem und neutralem **Erzählverhalten**.

- Beim **auktorialen Erzählverhalten** tritt eine Erzählerfigur deutlich hervor, die das erzählte Geschehen arrangiert und kommentiert und sich dabei auch direkt an den Leser wenden kann. Der auktoriale Erzähler weiß in der Regel mehr als die handelnden Figuren, überblickt das Geschehen und gibt dem Leser Hinweise auf Geschehnisse, die vor der erzählten Handlung liegen oder erst später ausgeführt werden. Der Erzählerstandort ist meistens der des allwissenden Erzählers.
- Beim **personalen Erzählverhalten** beschränkt sich der Erzähler auf die Sicht einer oder mehrerer Figuren. Der Leser erlebt das Geschehen sowie die Wahrnehmungen, Gedanken und Gefühle der handelnden Figur(en) scheinbar unmittelbar aus deren Sicht. Der Erzähler tritt beim personalen Erzählverhalten weitgehend hinter die Figur(en) zurück.
- Beim **neutralen Erzählverhalten** wird das Geschehen vom Erzähler wie von einem unbeteiligten Beobachter dargestellt. Er wird vom Leser in der Regel nicht bemerkt und konzentriert sich auf die äußerlich wahrnehmbaren Vorgänge.

Das Erzählverhalten kann innerhalb eines Textes wechseln.

Erzählhaltung
Der Erzähler kann dem von ihm erzählten Geschehen und den von ihm dargestellten Figuren **neutral** gegenüberstehen, er kann aber auch eine **wertende Einstellung** einnehmen. Sie kann zustimmend oder ablehnend, ironisierend, satirisch, kritisch oder humorvoll sein.

Zeitstruktur
Viele erzählende Texte sind gekennzeichnet von einer **chronologischen Abfolge** der Handlungsschritte. Die chronologische Ordnung des Geschehens kann der Erzähler aber durch **Rückwendungen** und **Vorausdeutungen** durchbrechen.
Die Zeitspanne, die man braucht, um einen Text zu lesen, bezeichnet man als **Erzählzeit**; die **erzählte Zeit** dagegen ist die Zeitspanne, über die sich das erzählte Geschehen erstreckt. Man spricht von **zeitdeckendem Erzählen**, wenn Erzählzeit und erzählte Zeit gleich sind; oft wird aber auch **zeitdehnend** (Erzählzeit größer als erzählte Zeit) oder **zeitraffend** (erzählte Zeit größer als Erzählzeit) erzählt. Zeitraffung gelingt z. B. durch Aussparungen und Zeitsprünge.

Raum
Der Raum ist in einem erzählenden Text zunächst der **Handlungsort**, an dem sich das Geschehen zu-

trägt. Dieser kann zur **Charakterisierung der Figuren** oder zur Ausgestaltung der **Atmosphäre** beitragen, aber auch **symbolische Bedeutung** haben.

Darbietungsformen

Der Erzähler kann das Geschehen auf verschiedene Weise darbieten; grundlegend ist hier zu unterscheiden zwischen dem **Erzählerbericht** und der **Personenrede**.

In seinem **Erzählerbericht** kann der Erzähler **berichten, beschreiben** und **kommentieren/erörtern**. Diese Passagen sind als Äußerungen des Erzählers erkennbar.

Als **Personenrede** bezeichnet man alle Äußerungen, die erkennbar einer Figur der Handlung zugeordnet werden können; hierzu gehören auch unausgesprochene Gedanken und Empfindungen einer Figur.

Die Personenrede lässt sich auf verschiedene Weise darstellen. Oft tritt sie als **direkte** oder **indirekte** Rede auf. Viele Romane enthalten Passagen in direkter Rede, z. B. wenn ein Dialog zwischen zwei oder mehreren Figuren dargestellt wird. Solche Passagen nehmen dann fast den Charakter einer Dramenszene an. Auch die Wiedergabe der Gedanken einer Figur gehört zur Personenrede. Der Erzähler kann durch den Einsatz eines **inneren Monologs** den Eindruck großer Unmittelbarkeit erreichen und weitgehend hinter die Figur zurücktreten. Der **innere Monolog** steht in der 1. Person Singular (meistens Präsens Indikativ) und wird ohne Anführungszeichen dargeboten. Er gibt unmittelbar die Wahrnehmungen, Empfindungen, Überlegungen und Assoziationen einer Figur wieder.

Aus: P.A.U.L. D 10. Paderborn: Schöningh, 2009, S. 284.

Joseph Roth: Die vertriebene deutsche Literatur (Auszug)

Ein Blick in die Zukunft?

Schon eine politische Voraussage ist bekanntlich schwer und gefährlich. Eines kann man aber sagen: Unsachliche Schwätzereien wie „die Fahne hochhalten“, „die Tradition aufrechterhalten“, „den Mut nicht verlieren“ – das sind leere Phrasen, die an schreierische, jetzt überall verbreitete deutsche Reklame erinnern, wie „Deutsche, trinkt deutsches Bier!“ usw. Wir müssen uns eingestehen, dass unsere einzige Waffe das Wort ist. Es ist eine mächtige, gefährliche und sogar magische Waffe, aber sie ist weder scharf noch direkt. Gegenüber den Kanonen von Krupp, den Giftgasen der Leuna-Werke, den Flugzeugen von Göring, den Konzentrationslagern, der Geheimpolizei, der Unfreundlichkeit der Länder, in denen man den deutschen Literaten zwar Gastrecht gewährt, aber in ihnen geduldete Ausländer sieht – dem allem gegenüber sind wir nur „arme Schriftsteller“. Die vertriebenen deutschen Schriftsteller sind fremd, wie Israel Ägypten fremd war. Überall, so weit das Auge reicht, sind neue Pharaonen zu sehen. Und nur der Glaube an ein Wunder befähigt die Schriftsteller, ihre Existenz physisch und literarisch fortzuführen. Es ist aber ein berechtigter Glaube an ein Wunder. Denn am Anfang war das Wort – nicht die Phrase.

(e1937)

Aus: Joseph Roth: Werke. Band 3. Das journalistische Werk. Herausgegeben von Klaus Westermann. Köln: Kiepenhauer & Witsch 1989, S. 972.

- *Fassen Sie die Hauptaussage des Textes mit eigenen Worten zusammen.*
- *Analysieren Sie den Text sprachlich und arbeiten Sie dabei die verschiedenen Motivbereiche heraus.*

Wolfgang Borchert: Draußen vor der Tür (Auszug)

Beckmanns Gegenüber in der folgenden Szene steht für die zuversichtliche Seite in ihm:

BECKMANN: (leise) Ich halte es nicht aus! Ich halte es nicht aus! Ich halte es nicht aus!

DER ANDERE: Doch, Beckmann, doch! Man hält das aus.

BECKMANN: Nein! Ich will das nicht mehr aushalten! Geh weg! Du blödsinniger Jasager! Geh weg!

DER ANDERE: Nein, Beckmann. Deine Straße ist hier oben. Komm, bleib oben, Beckmann, deine Straße ist noch lang. Komm! Werd nicht müde, Beckmann. Komm. Lebe!

BECKMANN: Dieses Leben? Nein, dieses Leben ist weniger als Nichts. Ich mach nicht mehr mit, du. Was sagst du? Vorwärts, Kameraden, das Stück wird selbstverständlich brav bis zu Ende gespielt. Wer weiß, in welcher finsteren Ecke wir liegen oder an welcher süßen Brust, wenn der Vorhang endlich, endlich fällt. Fünf graue verregnete Akte!

DER ANDERE: Mach mit. Das Leben ist lebendig. Beckmann. Sei mit lebendig!

BECKMANN: Sei still. Das Leben ist so:

1. Akt: Grauer Himmel. Es wird einem wehgetan.
2. Akt: Grauer Himmel. Man tut wieder weh.
3. Akt: Es wird dunkel und es regnet.
4. Akt: Es ist noch dunkel. Man sieht die Tür.
5. Akt: Es ist Nacht, tiefe Nacht, und die Tür ist zu. Man steht draußen. Draußen vor der Tür. An der Elbe steht man, an der Seine, an der Wolga, am Mississippi. Man steht da, spinnt, friert, hungert und ist verdammt müde. Und dann auf einmal plumpst es, und die Wellen machen niedlich kleine kreisrunde Kreise, und dann rauscht der Vorhang.

DER ANDERE: Beckmann! Beckmann!

BECKMANN: (ganz nah) Hm – – (Er schläft ein.)

DER ANDERE: Beckmann, du schläfst ja!

BECKMANN: (im Schlaf) Ja, ich schlafe,

DER ANDERE: Wach auf, Beckmann, du musst leben!

BECKMANN: Nein, ich denke gar nicht daran, aufzuwachen. Ich träume gerade. Ich träume einen wunderschönen Traum.

DER ANDERE: Träum nicht weiter, Beckmann, du musst leben.

BECKMANN: Leben? Ach wo, ich träume doch gerade, dass ich sterbe.

DER ANDERE: Steh auf, sag ich! Lebe!

BECKMANN: Nein. Aufstehen mag ich nicht mehr. Ich träume doch gerade so schön. Ich liege auf der Straße und sterbe. Vielleicht ist er ganz nett, der Tod. Vielleicht viel netter als das Leben. Vielleicht – – Ich glaube sogar, ich bin schon im Himmel. Ich fühl mich gar nicht mehr – – und das ist, wie im Himmel sein, sich nicht mehr fühlen. Und da kommt auch ein alter Mann, der sieht aus wie der liebe Gott. Ja, beinahe wie der liebe Gott. Wer hat ihn eigenlich so genannt: „lieber Gott“? Die Menschen? Ja? Seltsam, ja, das müssen ganz seltsame Menschen sein, die ihn so nennen. Das sind wohl die Zufriedenen, die Satten, die Glücklichen und die, die Angst vor ihm haben. Die im Sonnenschein gehen, verliebt oder satt oder zufrieden – – oder die es nachts mit der Angst kriegen, die sagen: Lieber Gott! Lieber Gott! Aber ich sage nicht Lieber Gott, ich kenne keinen, der ein lieber Gott ist!
Wann bist du eigentlich lieb, lieber Gott! Warst du lieb, als du meinen Jungen von einer brüllenden Bombe zerreißen ließt! Warst du da lieb, als du ihn ermorden ließt, lieber Gott, ja? Du hast ihn nicht ermorden lassen; nein, richtig, du hast es nur zugelassen. Du hast nicht hingehört, als er schrie und als die Bomben brüllten. Wo warst du eigentlich, als die Bomben brüllten, lieber Gott? Oder warst du lieb, als von meinem Spähtrupp elf Mann fehlten? Elf Mann zu wenig, lieber Gott, und du warst nicht da, lieber Gott. Die elf Mann haben gewiss laut geschrien in dem einsamen Wald, aber du warst nicht da, einfach nicht da, lieber Gott. Warst du in Stalingrad lieb, lieber Gott, warst du da lieb, wie? Wir haben nach dir gebrullt, geweint, geflucht! Wo warst du da, lieber Gott? Deine Kinder haben sich von dir gewandt, nicht umgekehrt? Geh weg, alter Mann. Du verdirbst mir meinen Tod. Geh weg, du bist nur ein weinerlicher Theologe. Du drehst die Sätze um: Wer kümmert sich um wen? Wer hat sich von wem gewandt? Ihr von mir? Wir von dir? Du bist tot, Gott. Oder bist du zu leise, Gott? Hast du zu viel Tinte im Blut, Gott, zu viel dünne Theologentinte? Geh, alter Mann, die Theologen haben dich in den Kirchen eingemauert, wir hören einander nicht mehr. Die alten Leute haben es am schwersten, die sich nicht mehr auf die neuen Verhältnisse umstellen können. Wir stehen alle draußen. Auch Gott steht draußen, und keiner macht ihm mehr eine Tür auf. Nur der Tod, der Tod hat zuletzt doch eine Tür für uns. Und dahin bin ich unterwegs.

DER ANDERE: Du musst nicht auf die Tür warten, die der Tod uns aufmacht. Das Leben hat tausend Türen. Wer verspricht dir, dass hinter der Tür des Todes mehr ist als nichts?

BECKMANN: Und was ist hinter den Türen, die das Leben uns aufmacht?

DER ANDERE: Das Leben! Das Leben selbst! Komm, du musst weiter.

Aus: Wolfgang Borchert, „Draußen vor der Tür" [Auszüge]
aus: Wolfgang Borchert, Das Gesamtwerk
Herausgegeben von Michael Töteberg unter Mitarbeit von Irmgard Schindler

- *Lesen Sie den Text mit verteilten Rollen oder spielen Sie ihn.*
- *Machen Sie die unterschiedlichen inneren Haltungen von Beckmann und dem Anderen deutlich.*
- *Wie wirkt die Aufforderung des Anderen an Beckmann, sich dem Leben zu stellen, auf Sie?*
- *Wer oder was könnte der Andere Ihrer Meinung nach sein?*

Werner Trutwin: Das Problem von Schuld und Leid im Alten Testament

Die uralte Menschheitsfrage, wie sich gute und böse Taten zu Glück und Leid verhalten, hat unter dem Einfluss des Jahwe-Glaubens im Alten Testament eine fortschreitende Vertiefung gefunden.

1. Die älteste Antwort ist irdisch-kollektiv. Zunächst teilte Israel die altorientalische Auffassung von der schicksalwirkenden Tat. Sie besagt, dass dem Menschen der Lohn seiner Taten sichtbar in diesem Leben zuteilwerde. Es bestehe ein unlösbarer Zusammenhang von Tun und Ergehen. Die böse Tat schlage unheilvoll auf den Menschen zurück. Allerdings zeige sich das hauptsächlich am Schicksal der Sippe, in der der Übeltäter lebt. Damals verstand sich der Mensch noch kaum als Individuum, sondern in erster Linie als ein Glied der Gemeinschaft. Darum hatte die Tat ihre Auswirkung auf die Sippe. Eine Verletzung der Gesetze schadet der Gemeinschaft. Sie erzeugt Leid. Umgekehrt gilt dasselbe: Wo irgendein Leid ist, wird dies als Strafe für Schuld verstanden. Diese Auffassung konnte dem Einzelnen insofern noch ein Trost sein, als sein eigenes Leiden nicht unbedingt durch seine eigene Schuld verursacht war.

[...]

2. Diesen furchtbaren Zusammenhang von Tat und Schicksal hat der Jahwe-Glaube allmählich durchbrochen. Die Wirkung der Tat (Leid, Strafe) trifft nun nicht mehr die Gemeinschaft, sondern den Täter, allerdings zunächst noch nur in diesem Leben. Diese Auffassung ist irdisch-individuell. Letztlich erwächst sie aus der Frage (Ez 18): „Warum müssen die Söhne für die Sünden der Väter büßen?" – Hier deutet der Einzelne sein Leid als Strafe für seine Schuld.

[...]

3. Das Buch Job wendet sich mit Nachdruck gegen jeden Zusammenhang von Leid und Schuld. Die alte Vergeltungslehre wird endgültig überwunden. Jobs Erfahrung spricht dagegen, dass sein Leid durch Schuld verursacht wurde, wie seine Freunde noch meinen. Der Mensch kann das Geheimnis des Leidens nicht verstehen. Doch kann er sich in sein Leid ergeben, wenn Gott zu ihm spricht. Jesus lehnt ebenfalls jeden Zusammenhang zwischen Leid und Schuld ab. In Jo 9,3 sagt er:

„Weder er (ein Blindgeborener) noch seine Eltern haben gesündigt."

4. Das Alte Testament und das Neue Testament eröffnen später nochmals neue Perspektiven. Seit der Makkabäerzeit ist der Gedanke an eine Vergeltung nach dem Tode lebendig. Der Fromme darf auf eine Auferstehung der Toten nach diesem Leben hoffen. Dieser neue Vergeltungsglaube ist individuell-eschatologisch.

[...]

5. Die tiefste Sicht des Leidens ist bei Deutero-Isaias angebahnt. In den Liedern vom Gottesknecht gewinnt das Leiden sühnenden Charakter für die Schuld anderer. (Vgl. 34. Kapitel II.) Das Neue Testament schreibt dem Leiden Jesu erlösenden Wert zu.

Aus: Werner Trutwin: Gesetz und Propheten. Düsseldorf 1967, S. 228.

- *Stellen Sie grafisch dar, wie sich die Auffassung von Schuld und Leid im Laufe der Zeit geändert hat.*
- *Erläutern Sie, welche Auffassung dem Buch Ijob zugrunde liegt.*
- *Erörtern Sie, inwiefern auch Joseph Roth diese Auffassung für seinen Roman „Hiob" übernommen hat.*

Peter Härtling: Lest, Leute! Lest weiter!

Es gibt eine Menge von mehr oder weniger geistreichen Aufsätzen über Romananfänge, doch, soviel ich weiß, nicht einen einzigen über den, der einen Roman zu lesen beginnt. Das ist kaum zu glauben. Denn hier hätte man die Gelegenheit, über veritables[1] Glück zu schreiben. Oder ist es kein Glück, zum ersten Mal diesen einen langen, die Szene bereitenden Satz lesen zu dürfen, auf eine Musik zu lauschen, von der man gleich sicher weiß, dass sie einen dieses Buch, dieses Leben lang begleiten wird?

„In Front des schon seit Kurfürst Georg Wilhelm von der Familie von Briest bewohnten Herrenhauses zu Hohen-Cremmen fiel heller Sonnenschein auf die mittagsstille Dorfstraße, während nach der Park- und Gartenseite hin ein rechtwinklig angebauter Seitenflügel einen breiten Schatten erst auf einen weiß und grün quadrierten Fliesengang und dann über diesen hinaus auf ein großes, in seiner Mitte mit einer Sonnenuhr und an seinem Rande mit Canna indica und Rhabarberstauden besetztes Rondell warf."

Jeden beneide ich um die erste Begegnung mit Effi Briest, den Ruf zu hören, der sie von der Schaukel und aus der Kindheit reißt. Könnte ich doch, ohne Erinnerung, von Neuem in die Geschichte hineinfallen, Erfahrungen sammeln, Menschen kennenlernen, den alten Briest oder Instetten, sie lieben, gegen sie aufbegehren, auf sie einreden, sie in meine Träume verschleppen – aber ich habe ja noch Bücher mit ihren Gestalten, Städten, Landschaften vor mir, habe längst noch nicht alle denkbaren und beschriebenen Emotionen und Sensationen erkundet, genossen oder verabscheut. Außerdem kann man Bücher, die man besonders lieb gewonnen hat, immer frisch entdecken, indem man sich mit dem eigenen Leben gewissermaßen an den ihren beteiligt. Wer sich, denke ich mir, als Siebzehnjähriger auf einen spröden Beginn wie diesen einlässt: „Mein Vater war ein Kaufmann. Er bewohnte einen Teil des ersten Stockwerkes eines mäßig großen Hauses in der Stadt, in welchem er zu Miete war –", wer nicht gleich, eingeschüchtert, den dicken Band zur Seite legt, der wird dennoch vieles, was den angehenden Geologen Heinrich Drendorf und seinen Gastgeber im Rosenhaus, den Freiherrn von Risach, verbindet, für gesponnen, zeitfern und unnötig halten und die Lektüre von Stifters „Nachsommer" abbrechen.

Das ist bedauerlich, doch kein Fehler, verfügt er über die Geduld, die Ausdauer des eingefleischten Lesers. Sein Gedächtnis bewahrt, wenn auch noch ziemlich gleichgültig, die Fragmente. Und es ist durchaus möglich, dass sie mit der Zeit wieder deutlicher sprechen. Es können Jahrzehnte vergehen, bis er das Buch ein zweites Mal aufschlägt und hineingeht, alles das mitbringt, was er inzwischen erfuhr, sammelte, begriff. Er steht, lesend, nicht mehr im Schatten des jungen Heinrich, beteiligt sich, weiter denkend, an den Unterhaltungen, und die oft allzu gravitätische[2] Liebe zwischen Drendorf und Natalia greift ihm, als Mitwisser, ans Herz und bekommt einen ganz anderen, ungleich zarteren und nahen Ton.

Ja, ich schwärme. Ich tu's, seit ich lese, und ich tu's nun mit Vorsatz. Denn mein Neid auf die Erfahrung des ersten Satzes trifft leider viel zu wenige. Fast alle leidenschaftlichen Türöffner und mitreißenden Aufblätterer sind verschwunden. Eine Zeit lang, als man vor lauter Literatur-Theorie und Linguistik[3] die Praxis des Lesens vernachlässigte, hat man ihnen ihre Narrheit vergällt. Und heute graben sich eben die jüngeren Lehrer, die Germanistik-Studenten, wenn überhaupt, in die Sekundärliteratur und behandeln die Bücher, die ihr zugrunde liegen, als eine wissenschaftliche Legende, als „Primär-Texte". Das hört sich nach gewaschenen Wörtern an, nach Silbenknöchelchen, doch nicht nach Erzählungen, Gedichten, Romanen.

Die Buchhändler stehen den Wissenschaftlern darin nicht nach. Sie legen allerdings Wert auf Primär-Texte, die sie primär zu verkaufen trachten, und sonst gar nichts. Natürlich stößt man da wie dort auf Ausnahmen. Und sie werden gottlob wieder ein bisschen gehätschelt. Aber dass den Kunden in jeder Buchhandlung, klein oder groß, ein Enthusiast erwartet, ein Kenner, der gleichermaßen berät wie beeinflusst, können wir uns nicht mehr vorstellen.

Darum provoziere ich jüngere Leute, die schon mit Büchern umgehen, sich zu ihrer Liebe zu bekennen, über ihre Lektüre zu reden, als ging's um Leben, als kehrten sie zurück von einer unerhörten Reise, die jeder, wenn er mag und wenn es ihm darauf ankommt, „buchen" kann. Es geht ja nicht nur um schöne, schreckliche, spannende Geschichten, sondern genauso gut um Informationen, Neuigkeiten, Entdeckungen oder um Gedanken, Ideen, die uns voranstoßen, erheben oder zerstören können. Auch da braucht's keine Lockvögel. Es genügen Sätze – wie halb geöffnete Türen zu noch unbekannten Kammern, Zimmern, Sälen.

„Wer sind wir? Wo kommen wir her? Wohin gehen wir? Was erwarten wir? Was erwartet uns?" Vor

[1] veritabel: wahrhaft, wirklich

[2] gravitätisch: würdevoll, gemessen

[3] Linguistik: moderne Form der Sprachwissenschaft

fünfundzwanzig Jahren las ich diese Fragen zum ersten Mal. Sie zogen mich hinter sich her in ein Abenteuer, das noch kein Ende hat, auch deshalb, weil das Buch zu einer unerschöpflichen Prüfung auswucherte und nicht aufhört, mich mit Bildern, gewaltigen Bruchstücken, Ausrufen, Klagen, Einsichten, heimzusuchen: So hat Blochs „Prinzip Hoffnung" eine Spur in mein Leben gezeichnet, und von ihr ließe sich schon wieder erzählen.

Das Glück des Lesens ist teilbar, mitteilbar. Wer liest, liest auch schon vor. Der Anblick eines über ein Buch gebeugten, ganz und gar in die in ihm tönende Stimme verlorenen Menschen bewegt und zieht an.

Und es könnte ja sein, dass er aufschaut und zu reden beginnt, noch ganz atemlos, zum Beispiel von jenem alten Juden und dem Kind, weißt du, das Kind ist krank, und wie es sich später herausstellt, doch nicht, bloß – ach, lies es doch selber. Du wirst nicht mehr aufhören können, sage ich dir – „Vor vielen Jahren lebte in Zuchnow ein Mann namens Mendel Singer. Er war fromm, gottesfürchtig und gewöhnlich, ein ganz alltäglicher Jude. Er übte den schlichten Beruf eines Lehrers aus. In seinem Haus, das nur aus einer geräumigen Küche bestand, vermittelte er Kindern die Kenntnis der Bibel." Da sollte nun schon Joseph Roths „Hiob" aufgeschlagen liegen. Damit es keine Pause gibt. Damit ich bitten kann: Lest, Leute! Lest weiter!

Peter Härtling: „Lest, Leute! Lest weiter" In: Literaturbeilage „Buch und Zeit" der Süddeutschen Zeitung Nr. 236 vom 14.10.1981.

- *Haben Sie auch schon einmal die Erfahrung gemacht, dass die ersten Sätze eines Buches Sie in ihren Bann gezogen haben? Berichten Sie davon.*
- *Wie wirken die ersten Sätze des Romans „Hiob" auf Sie? Angenommen, Sie müssten den Roman nicht für die Schule lesen – hätten Sie weitergelesen oder das Buch aus der Hand gelegt?*
- *Der Autor schwärmt von der „Erfahrung des ersten Satzes". Mit welchen rhetorischen Mitteln versucht er, seine Begeisterung auf den Leser zu übertragen?*

Beispiel für einen Klausur-Beurteilungsbogen

Zum Klausurvorschlag 1, S. 15

Jgst. ____, ____ Deutsch Name: ________________________

Bewertungsbogen zur ___. Klausur im ___ Deutsch

Thema: Joseph Roth: Hiob

Inhaltsleistung

Der Prüfling	**AFB**	**Punkte**	
formuliert eine Einleitung, die Titel, Autor und Thema des Romans benennt und die Aufgabenstellung klärt.	I	3	
gibt den Inhalt der Szene treffend wieder und bettet sie in den Kontext des Gesamtromans ein.	I/II	6	
beschreibt Deborahs Wahrnehmung ihres Körpers, in der sie ungnädig in ihrer Wahrnehmung und in ihrem Urteil über sich selbst ist.	I/II	6	
analysiert den Kontrast zwischen Setting (Sommermorgen, harmonische Stimmung, S. 18, Z. 24 ff., S. 19, Z. 16 ff.) und Deborahs innerer Verfassung („ihr Gedanke hart, ihr Herz kühl", S. 18, Z. 30).	II	9	
deutet exemplarisch die metaphorische Gestaltung („stählenden Fingerspitzen", S. 18, Z. 35; „mit einer harten Zange aus zwei Fingern", S. 19, Z. 1 etc.).	II	6	
erkennt die Fremdheit, die für Deborah von den Lebensäußerungen Mendels ausgeht („Er räusperte sich im Schlaf. Er schnarchte.", S. 18, Z. 33; „ihr Blick stieß erschrocken", S. 19, Z. 6; „und der Mann atmete", S. 19, Z. 33 etc.).	II	6	
analysiert den Satzbau der Szene (vorwiegend parataktisch, zum Teil anaphorisch: „Er räusperte", „Er schnarchte.", S. 18, Z. 33; „Sie fuhr", „Sie glaubte", Sie wandte", S. 18, Z. 34 ff.).	II	6	
erkennt, dass die beiden wörtlichen Reden ohne Antwort bleiben, und deutet sie als ausbleibende Kommunikation (S. 19, Z. 7, S. 20, Z. 1).	II	6	
analysiert den Wechsel zwischen personalem und auktorialem Erzählverhalten sowie die Erzählperspektive (Innensicht Deborahs).	II	6	
weist Deborahs übersensible Sinneswahrnehmung nach, die das Geschehen aus Zeit und Raum entrückt (S. 19, Z. 24 ff.), und analysiert ihre sprachliche Darstellung durch Reihungen („unbekannte, neue Sinne", „Sie sah, hörte, fühlte" (S. 19, Z. 26 f.).	II/III	9	
beurteilt die Bedeutung der Szene als vorausdeutend für das weitere Unglück der Familie (S. 20, Z. 7 ff.).	II/III	9	
erfüllt ein weiteres aufgabenbezogenes Kriterium. (5)			
Summe Inhaltsleistung		72	

Darstellungsleistung

Der Prüfling		
strukturiert seinen Text schlüssig, stringent und gedanklich klar: – angemessene Gewichtung der Teilaufgaben in der Durchführung, – gegliederte und angemessen gewichtete Anlage der Arbeit, – schlüssige Verbindung der einzelnen Arbeitsschritte, – schlüssige gedankliche Verknüpfung von Sätzen.	6	
formuliert unter Beachtung der fachsprachlichen und fachmethodischen Anforderungen: – Trennung von Handlungs- und Metaebene, – begründeter Bezug von beschreibenden, deutenden und wertenden Aussagen, – Verwendung von Fachtermini in sinnvollem Zusammenhang, – Beachtung der Tempora, – korrekte Redewiedergabe (Modalität).	6	
belegt die Aussagen durch angemessenes und korrektes Zitieren: – sinnvoller Gebrauch von vollständigen oder gekürzten Zitaten in begründeter Funktion.	3	
drückt sich allgemeinsprachlich präzise, stilistisch sicher und begrifflich differenziert aus: – sachlich-distanzierte Schreibweise, – Schriftsprachlichkeit, – begrifflich abstrakte Ausdrucksfähigkeit.	5	
formuliert lexikalisch und syntaktisch sicher, variabel und komplex (und zugleich klar).	5	
schreibt sprachlich richtig.	3	
Summe Darstellungsleistung	**28**	

Punktsumme: ________/100 Note: ______________________________